中国石化
SINOPEC

2025版

中国石化团青组织标准化规范化建设

指导手册

共青团中国石油化工集团有限公司委员会◎编

中国经济出版社
CHINA ECONOMIC PUBLISHING HOUSE
中国石化出版社
HTTP://WWW.SINOPEC-PRESS.COM

图书在版编目（CIP）数据

中国石化团青组织标准化规范化建设指导手册：2025 版 / 共青团中国石油化工集团有限公司委员会编 . 北京：中国经济出版社：中国石化出版社，2025. 3.
ISBN 978 - 7 - 5136 - 8100 - 1

Ⅰ. D297. 1 - 62

中国国家版本馆 CIP 数据核字第 2025YP0823 号

责任编辑　孙晓霞　井　铭
责任印制　李　伟
封面设计　任燕飞设计工作室

出版发行　中国经济出版社
印 刷 者　北京艾普海德印刷有限公司
经 销 者　各地新华书店
开　　本　710mm × 1000mm　1/16
印　　张　23. 75
字　　数　316 千字
版　　次　2025 年 3 月第 1 版
印　　次　2025 年 3 月第 1 次
定　　价　66. 00 元
广告经营许可证　京西工商广字第 8179 号

中国经济出版社　**网址** http://epc. sinopec. com/epc/　**社址** 北京市东城区安定门外大街 58 号　**邮编** 100011
本版图书如存在印装质量问题，请与本社销售中心联系调换（联系电话：010 - 57512564）

编写组

组　长：张　昆

副组长：刘仁俊　邓　尚

成　员：（按姓氏笔画排序）

丁　敏　王　威　王恩民　王澜玉
朱　珠　刘　琳　刘天金　刘仕成
刘政序　刘威澎　李　扬　杨晓军
邹安琪　张军峰　陈　冲　郑　晨
侯　辉　姜亚琳　聂　凯　郭培培
曹馨予　崔　璟　董　杰　詹瑜璐
窦凤杰　熊　琳　戴暮云

CONTENTS | 目录

第一章

团支部标准化规范化建设

第一节　团支部团员大会　/ 3

1. 工作要求　/ 3

2. 工作流程　/ 6

3. 工作模板　/ 7

模板 1－1－1　团支部团员大会会议记录　/ 7

第二节　团支部委员会　/ 8

1. 工作要求　/ 8

2. 工作流程　/ 10

3. 工作模板　/ 11

模板 1－2－1　团支部委员会会议记录　/ 11

第三节　团小组会　/ 12

1. 工作要求　/ 12

2. 工作流程　/ 14

3. 工作模板　/ 15

模板 1－3－1　团小组会会议记录　/ 15

第四节　团员教育评议制度　/ 16
1. 工作要求　/ 16
2. 工作流程　/ 19
3. 工作模板　/ 20
模板 1－4－1　团员民主评议登记表　/ 20
模板 1－4－2　团支部书记民主测评表　/ 21
模板 1－4－3　团员民主测评表　/ 22
模板 1－4－4　民主评议团员评议等次汇总表　/ 23
模板 1－4－5　关于××年度民主评议等次为“优秀”的团员公示　/ 24
第五节　团员年度团籍注册制度　/ 25
1. 工作要求　/ 25
2. 工作流程　/ 27
第六节　团课　/ 29
1. 工作要求　/ 29
2. 工作流程　/ 31
第七节　组织生活会　/ 32
1. 工作要求　/ 32
2. 工作流程　/ 34
3. 工作模板　/ 35
模板 1－7－1　组织生活会主持词　/ 35
第八节　团支部推优入党　/ 37
1. 工作要求　/ 37
2. 工作流程　/ 40
3. 工作模板　/ 42
模板 1－8－1　中国石化团支部推优入党大会申请表　/ 42

模板 1－8－2　中国石化团支部推优入党大会记录　/ 43
模板 1－8－3　中国石化团组织推荐优秀共青团员成为入党积极分子审核表　/ 44
模板 1－8－4　中国石化 35 周岁以下青年入党意见表（团支部）　/ 45
第九节　发展团员　/ 46
1. 工作要求　/ 46
2. 工作流程　/ 49
3. 工作模板　/ 52
模板 1－9－1　入团申请书书写要求　/ 52
模板 1－9－2　会议主持词　/ 53
模板 1－9－3　入团介绍人的意见　/ 55
模板 1－9－4　接收团员表决票　/ 56
模板 1－9－5　支部大会决议　/ 57
模板 1－9－6　报送所需材料　/ 58
第十节　超龄离团　/ 59
1. 工作要求　/ 59
2. 工作流程　/ 61
第十一节　团费收缴、使用和管理　/ 62
1. 工作要求　/ 62
2. 团费收缴　/ 63
3. 团费使用　/ 64
4. 团费管理　/ 65

第二章

青年工作组织标准化规范化建设

第一节　青年工作组织设置　/ 69

第一条　职能定位　/ 69

1. 基本定位　/ 69

2. 基本要求　/ 69

3. 基本原则　/ 69

第二条　设/成立青年工作组织　/ 71

1. 设置原则　/ 71

2. 工作流程　/ 73

3. 工作模板　/ 74

模板 2-1-1　关于设/成立××（单位或部门名称）青年工作部（组、小组）的函　/ 74

模板 2-1-2　关于同意设/成立××（单位或部门名称）青年工作部（组、小组）的复函　/ 75

第三条　基本职责　/ 76

第四条　调整青年工作组织负责人　/ 78

1. 工作要求　/ 78

2. 工作流程　/ 79

3. 工作模板　/ 80

模板 2-1-3　关于××等同志任××（青年工作组织负责人岗位名称）征求意见的函　/ 80

模板 2-1-4　关于同意××等任××（青年工作组织负责人岗位名称）的复函　/ 81

第五条　青年工作组织名称更改　/ 82

1. 工作要求　/ 82

2. 工作流程 / 83
3. 工作模板 / 84
模板 2-1-5 关于变更××（原单位或部门名称）青年工作部（组、小组）名称的请示 / 84
模版 2-1-6 关于同意××（原单位或部门名称）青年工作部（组、小组）更名的批复 / 85
第六条 青年工作组织建制更改 / 86
1. 工作要求 / 86
2. 工作流程 / 87
3. 工作模板 / 88
模板 2-1-7 关于××（单位或部门青年工作组织名称）升/降格的请示 / 88
模板 2-1-8 关于同意××（单位或部门青年工作组织名称）升/降格的批复 / 89
第二节 青年工作组织运行 / 90
第一条 青年工作组织运行原则 / 90
第二条 青年大会 / 91
1. 工作要求 / 91
2. 工作流程 / 93
3. 工作模板 / 94
模板 2-2-1 青年大会会议记录 / 94
第三条 青年工作部（组）会议 / 95
1. 工作要求 / 95
2. 工作流程 / 97
3. 工作模板 / 98
模板 2-2-2 青年工作部（组）会议记录 / 98

第四条　青年工作组织推优入党　/ 99
1. 工作要求　/ 99
2. 工作流程　/ 100
3. 工作模板　/ 101
模板 2－2－3　中国石化 35 周岁以下青年入党意见表（青年工作组织）　/ 101
第五条　青年工作组织工作经费使用和管理　/ 102
1. 工作要求　/ 102
2. 经费使用　/ 102
3. 经费管理　/ 103

第三章

团组织、团干部协管

第一节　新建立团组织　/ 107
1. 基本定位　/ 107
2. 设置原则　/ 107
3. 基本要求　/ 107
4. 工作流程　/ 110
5. 工作模板　/ 111
模板 3－1－1　关于成立共青团××（单位名称）委员会征求意见的函　/ 111
模板 3－1－2　关于同意成立共青团××（单位名称）委员会的复函　/ 113
第二节　团组织换届选举　/ 114
1. 工作要求　/ 114
2. 工作流程　/ 119

3. 工作模板　/ 120
模板 3－2－1　关于召开共青团××（单位名称）第×次代表大会的请示　/ 120
模板 3－2－2　关于同意召开共青团××（单位名称）第×次代表大会的批复　/ 122
模板 3－2－3　关于共青团××（单位名称）第×届委员会书记、副书记、委员候选人预备人选征求意见的函　/ 123
模板 3－2－4　关于同意共青团××（单位名称）第×届委员会书记、副书记、委员候选人预备人选的复函　/ 126
模板 3－2－5　在共青团××（单位名称）第×次代表大会预备会议上的主持词　/ 127
模板 3－2－6　共青团××（单位名称）第×次××会议到会情况报告单　/ 129
模板 3－2－7　共青团××（单位名称）第×次代表大会选举办法（草案）　/ 130
模板 3－2－8　在共青团××（单位名称）第×次代表大会第一次全体会议（开幕式）上的主持词　/ 132
模板 3－2－9　在共青团××（单位名称）第×次代表大会第二次全体会议（闭幕式）上的主持词　/ 134
模板 3－2－10　共青团××（单位名称）第×届委员会委员选票　/ 140
模板 3－2－11　共青团××（单位名称）第×次××会议选举投票箱检验情况报告单　/ 141
模板 3－2－12　共青团××（单位名称）第×次××会议发出收回选票情况报告单　/ 142
模板 3－2－13　共青团××（单位名称）第×次××会议选举计

票结果报告单　/ 143
模板 3－2－14　共青团××（单位名称）第×次××会议选举结果报告单　/ 144
模板 3－2－15　在共青团××（单位名称）第×届委员会第一次全体会议上的主持词　/ 145
模板 3－2－16　共青团××（单位名称）第×届委员会第×次全体会议选举办法（草案）　/ 149
模板 3－2－17　共青团××（单位名称）第×届委员会书记、副书记选票（票样）　/ 151
模板 3－2－18　关于共青团××（单位名称）第×次××会议和第×届委员会第一次全体会议选举结果的报告　/ 152
模板 3－2－19　关于同意共青团××（单位名称）第×次××会议和第×届委员会第一次全体会议选举结果的批复　/ 154
模板 3－2－20　关于共青团××（单位名称）委员会延期换届选举的请示　/ 155
模板 3－2－21　关于同意共青团××（单位名称）委员会延期换届选举的批复　/ 156
模板 3－2－22　关于推动共青团××（单位名称）委员会按期换届的函　/ 157
第三节　届中增选团的委员会委员、书记、副书记　/ 158
1. 工作要求　/ 158
2. 工作流程　/ 160
3. 工作模板　/ 161
模板 3－3－1　关于召开共青团××（单位名称）代表大会增选共青团×××委员会委员的请示　/ 161

模板 3－3－2　关于同意召开共青团××（单位名称）代表大会增选共青团×××委员会委员的批复　/ 162
模板 3－3－3　关于共青团××（单位名称）第×届委员会增选委员候选人预备人选的请示　/ 163
模板 3－3－4　关于同意共青团××（单位名称）第×届委员会增选委员候选人预备人选的批复　/ 164
模板 3－3－5　关于共青团××（单位名称）第×届委员会增选书记、副书记候选人预备人选征求意见的函　/ 165
模板 3－3－6　关于同意共青团××（单位名称）第×届委员会增选书记、副书记候选人预备人选的复函　/ 166
模板 3－3－7　关于共青团××（单位名称）代表大会选举结果的报告　/ 167
模板 3－3－8　关于同意共青团××（单位名称）代表大会选举结果的批复　/ 168
第四节　党组织届中调动指派团的委员会书记、副书记　/ 169
1. 工作要求　/ 169
2. 工作流程　/ 171
3. 工作模板　/ 172
模板 3－4－1　××（单位名称）党委关于调整××（单位名称）团委书记/副书记征求意见的函　/ 172
模板 3－4－2　关于同意调整××（单位名称）团委书记/副书记的复函　/ 173
第五节　团组织名称更改　/ 174
1. 工作要求　/ 174
2. 工作流程　/ 175
3. 工作模板　/ 176

模板 3－5－1　关于共青团××（单位名称）委员会更名的请示　/ 176
模板 3－5－2　关于共青团××（单位名称）委员会更名的批复　/ 177

第六节　团组织建制更改　/ 178

1. 工作要求　/ 178
2. 工作流程　/ 179
3. 工作模板　/ 180

模板 3－6－1　关于××（单位名称）团组织建制升格/降格的请示　/ 180
模板 3－6－2　关于同意××（单位名称）团组织建制升格/降格的批复　/ 181

第七节　团的关系归属调整　/ 182

1. 工作要求　/ 182
2. 工作流程　/ 184
3. 工作模板　/ 185

模板 3－7－1　关于××（单位名称）团的关系划转的函　/ 185
模板 3－7－2　关于同意××（单位名称）团的关系划转的复函　/ 186
模板 3－7－3　关于同意××（单位名称）团的关系归属××（拟转入上级团组织）的复函　/ 187

第四章

中国石化“青字号”品牌特色工作

第一节　青年精神素养提升工程　/ 191

强化思想政治引领　促进青年素养提升　/ 192

打造“三维矩阵”引领青春建功　为华东油气田高质量发展注入青春动能　/ 196

坚定奋斗信仰　强化使命担当　为端牢能源饭碗贡献蓬勃青春力量　/ 200

第二节　青年马克思主义者培养工程　/ 204

扎实推进“青马工程”　为油田高质量发展蓄势赋能　/ 205

“三点发力”提升“青马工程”为党育人实效　/ 209

点亮信仰之灯　铸就信念之魂　多措并举深入实施“青马工程”　/ 213

第三节　共青团推优入党　/ 217

建“1234”体系　创“推优入党”品牌　/ 218

党建带团建链式培育“推优入党”　/ 222

严把“推优”规范关　畅通入党“高速路”　/ 225

第四节　青年宣讲　/ 229

念好四字诀，基层宣讲接地气、聚人心　/ 230

构建“三全”模式，推动青年宣讲见行见效　/ 234

打造“543”青年宣讲矩阵，唱响团结奋斗最强音　/ 238

第五节　青年突击队　/ 242

锚定“碧水”突击　现场实现成长　/ 243

牢记殷切嘱托　在推动重大项目建设中彰显青春力量　/ 247

挺膺担当砺青春　矢志奋进绽光芒　在推动高质量发展的火热实践中突击向前　/ 251

第六节　青年文明号　/ 255

凝聚青春力量　激发青春活力　打造新时代青年文明号　/ 256

“三位一体”唱响青春号歌　/ 261

彰显青春担当　吹响文明号角　/ 265

第七节　青年岗位能手　/ 269

聚焦岗位能手培养　奏响青春建功强音　/ 270

打造青年岗位能手成长“快车道”　夯实企业高质量发展人才支撑　/ 274

打造青年岗位能手“孵化器”　点燃高质量发展“人才引擎”　/ 278

第八节　青年安全生产示范岗　/ 282

抓思想　重实践　强规范　以“青”字号品牌建设筑牢安全生产防线　/ 283

保障安全当先锋　示范引领建新功　/ 287

坚持“三个聚焦”　青安岗助力安全生产　/ 292

第九节　青年赛事　/ 296

创新引领未来　创效推动发展　/ 297

“青论会”助力青年成长　/ 301

持续打响英语大赛“青字号”品牌　助力国际化经营高质量发展　/ 305

第十节　青年志愿服务　/ 309

坚持三个面向，深化志愿服务　/ 310

让青春在火热的志愿奉献中绽放绚丽之花　/ 315

“小邮箱”志愿服务　化作微光陪伴湘西山区孩子　/ 319

第五章

中国石化团支部优秀工作法

第一节　引领凝聚青年　/ 325

创新“135”工作法　凝聚红星“青”力量　/ 326

“四抓四好”引领凝聚青年力量　/ 327

多措并举培养“特种部队”　党建引领打造“政治铁军”　/ 328

三强赋能　三维联合　引领服务青年技术人才成长　/ 329

引领凝聚青年“五抓五落实”工作法　/ 330

“四有”工作法提升青年工作质效　/ 331

儋州团支部开展“四季常青”品牌建设　/ 332

三储备三运用　引领凝聚青年　/ 333

第二节　组织动员青年　/ 334

“三步走”工作法　/ 335

创新“1 + N”工作法，聚力青年攻坚创效　/ 336

聚力“三提升”，引领青年绽放青春之花　/ 337

“三创三助”工作法　构建青年科技创新建功体系　/ 338

“三型双带”工作法　/ 339

建强“三个平台”工作法　/ 340

“三个三”工作法　/ 341

“智慧施工管理 Plus”团建工作法　/ 342

第三节　联系服务青年　/ 343

“1 + 3”联系服务青年工作法　/ 344

关爱成长　服务成才　打造“暖心筑梦”团支部　/ 345

联系服务青年“三心”工作法　/ 346

联系服务青年“4 个 1”工作法　/ 347

坚持“三聚焦”服务青年、凝聚青年　/ 348

联系服务青年“三问三提升”工作法 / 349
“三心”工作法 “零距离”联系服务青年 / 350
“三优”工作法构建青年成才新格局 / 351
第四节 加强团支部建设 / 352
“三抓三创”工作法锻造青春堡垒 / 353
“五大引领”齐聚力 建强青春团组织 / 354
“四抓”助推“青年装置通”工作的创新与实践 / 355
搭建“四个平台”，打造科研先锋队 / 356
“三抓建三型”工作法 / 357
青春聚力浇灌大山深处的“希望之花” / 358
“三聚焦”工作法激发青年创新活力 / 359
协同联动 三“团”工作法 / 360

01 第一章

团支部标准化规范化建设

第一节 团支部团员大会

1. 工作要求

基本概念：

团支部团员大会是指由团的支部委员会召集的支部全体团员参加的会议，又称支部大会，是团支部的最高领导机构，在支部中享有最高决策权、选举权和监督权。

基本要求：

支部大会一般每季度召开 1 次，根据工作需要可随时召开。

（1）支部大会应由团支部书记主持，如团支部书记空缺或因故缺席，可由团支部副书记或团支部委员主持。

（2）一般情况下，参加会议的团员应超过支部团员总数的二分之一。

（3）根据工作需要，经支部委员会研究决定，支部大会可邀请入团积极分子、优秀青年代表及有关人员列席。列席人员有发言权，没有表决权、选举权和被选举权。

制度依据：《中国共产主义青年团基层组织“三会两制一课”实施细则（试行）》（中青发〔2017〕5 号）

<table>
<tr><th>工作程序</th><th colspan="2">工作内容及要求</th><th>附件</th></tr>
<tr><td rowspan="12">确定主要议题和任务</td><td colspan="2">召开支委会拟定支部大会议题</td><td></td></tr>
<tr><td rowspan="11">主要议题和任务</td><td>学习党的理论，学习习近平总书记系列重要讲话精神</td><td></td></tr>
<tr><td>传达学习党的路线、方针、政策和团的政策文件、重要会议精神，传达同级党组织、上级团组织的决议、指示，研究制定贯彻落实的计划和措施等</td><td></td></tr>
<tr><td>听取和讨论支部委员会的工作报告，对支部委员会的工作进行审议和监督</td><td></td></tr>
<tr><td>选举新的团支部委员会和出席上级团代会的代表，增补和罢免团支部委员</td><td></td></tr>
<tr><td>讨论接收新团员</td><td></td></tr>
<tr><td>开展团员教育评议工作</td><td></td></tr>
<tr><td>研究决定对团员的奖励，推荐优秀团员作入党积极分子</td><td></td></tr>
<tr><td>讨论通过对团员的处分</td><td></td></tr>
<tr><td>决定除名要求退团和自行脱团的团员</td><td></td></tr>
<tr><td>开好组织生活会，开展批评和自我批评，每年至少召开一次</td><td></td></tr>
<tr><td>研究决定本支部其他重要事项</td><td></td></tr>
<tr><td>发布通知</td><td colspan="2">发出会议通知，缺席团员需会前请假</td><td></td></tr>
<tr><td rowspan="6">召开会议</td><td colspan="2">召开支部大会（到会团员应超过支部团员总数的二分之一方可召开）</td><td></td></tr>
<tr><td colspan="2">会议主持人清点到会人数，报告本支部团员出、缺席情况</td><td></td></tr>
<tr><td colspan="2">宣布会议议题，围绕议题进行民主讨论</td><td></td></tr>
<tr><td colspan="2">支部大会进行表决时，本支部到会的有表决权的团员超过应到会团员总数的三分之二，方可进行表决。对需要形成决议的问题，应当发扬民主，在团员充分发表意见的基础上进行表决，作出决议。对多个事项或多个名单进行表决时，应逐一表决。支部大会选举和讨论接收新团员采用无记名投票的方式，其他表决可采取举手或无记名投票的方式，按照少数服从多数的原则作出。表决赞成票数超过到会有表决权团员数的二分之一即为通过。</td><td></td></tr>
<tr><td colspan="2">宣布表决结果，形成决议</td><td></td></tr>
<tr><td colspan="2">做好会议记录，并长期保存</td><td>模板 1-1-1</td></tr>
</table>

续表

工作程序	工作内容及要求	附件
会后落实	向同级党组织和上级团组织报告会议情况，包括大会时间、地点、团员出席情况、主要议程、讨论情况、选举结果、重要事项决议等	
	将会议情况和大会决议及时传达到所有团员，特别是缺席团员	
	及时维护石化党建平台团青子系统信息	

2. 工作流程

团支部团员大会流程

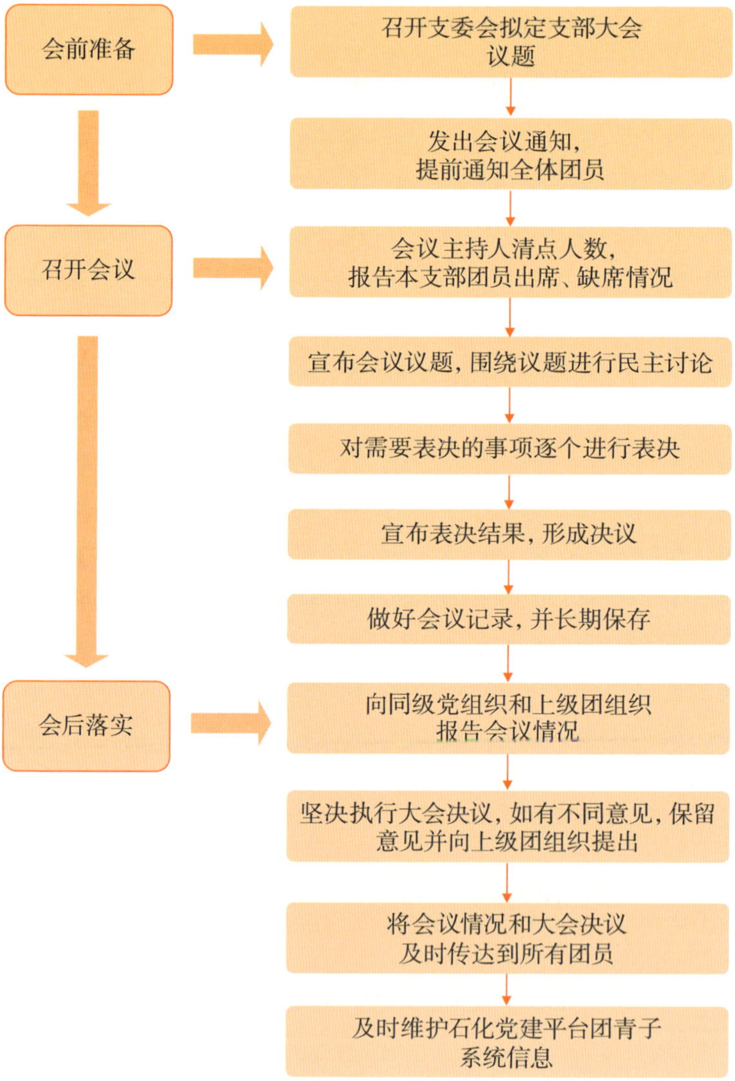

3. 工作模板

模板 1－1－1
团支部团员大会会议记录

时　　间：　　　　　　　　　　地　　点：

主要议题：　　　　　　　　　　主 持 人：

参加人员：　　　　　　　　　　缺席人员及原因：

记 录 人：

1. 会议内容：（主要议程内容）

……

2. 讨论发言：（简要记录每个人的发言）

××：……

××：……

××：……

3. 总结：（选举结果、重要事项决议）

……

主持人：××（签名）

记录人：××（签名）

备注：团支部团员大会会议记录需体现研究、讨论过程，记录发言要点。学习贯彻类会议重点记录团员谈认识体会和意见建议情况，发展团员及推优入党类会议重点记录发表意见及表决情况。

第二节　团支部委员会

1. 工作要求

基本概念：

团支部委员会由支部大会选举产生，是支部在大会闭会期间的领导机构，负责支部的日常工作，向同级党组织、上级团组织和支部大会报告工作。

基本要求：

（1）支部委员会会议一般每月召开1次，根据工作需要可随时召开。

（2）支部委员会会议应当由团支部书记召集。团支部书记不能参会的可以委托团支部副书记或团支部委员召集。

（3）到会委员超过支部委员总数的二分之一方可召开。根据工作需要，支委会可以邀请团小组长或有关团员代表列席。列席人员有发言权，没有表决权、选举权和被选举权。

（4）重要事项在提交团支部团员大会决定前，一般应当经支部委员会会议讨论。

制度依据：《中国共产主义青年团基层组织“三会两制一课”实施细则（试行）》（中青发〔2017〕5号）

工作程序		工作内容及要求	附件
确定主要议题和任务		根据工作要求，结合实际，拟定议题	
	主要议题和任务	学习党的理论，学习习近平总书记系列重要讲话精神	
		学习传达党的路线、方针、政策和团的政策文件、重要会议精神，执行同级党组织、上级团组织的决议、指示等	
		贯彻落实团支部团员大会的决议和工作安排	
		研究制定团支部工作计划，起草工作报告	
		研究确定提交团支部团员大会审议的议题	
		研究确定入团积极分子和团员发展对象	
		研究讨论支部团员教育评议意见，决定对团员奖励，研究提出团员处分意见	
		讨论检查支部自身建设工作，研究制定支部相关制度	
		研究解决支部、团员的问题和困难	
		开好团支部委员会组织生活会	
		研究其他需要支部委员会讨论决定和贯彻执行的事项	
发布通知		发出会议通知，缺席委员需会前请假	
召开会议		召开团支部委员会议（到会委员超过支部委员总数的二分之一方可召开）	模板1－2－1
		主持人清点到会人数，确认会议有效	
		宣布会议议题，围绕议题进行民主讨论	
		对需要表决的事项逐个进行表决（参加表决的委员超过应到委员总数的三分之二，方可进行表决。对需要形成决议的问题，应当发扬民主，在委员充分发表意见的基础上进行表决，作出决议。对多个事项或多个名单进行表决时，应逐一表决。表决可采取举手、口头、无记名投票或记名投票方式，按照少数服从多数的原则作出。表决赞成票数超过应到会委员数的二分之一即为通过。重要事项提交团支部团员大会决定前，一般应当经团支部委员会会议讨论）	
		宣布表决结果，形成决议	
		明确分工职责，推动贯彻落实	
会后落实		向同级党组织和上级团组织报告会议情况，包括会议时间、地点、委员出席情况、主要议程、讨论情况、选举结果、重要事项决议等	
		制定具体落实措施，支委分头落实，书记及时督导	
		及时维护石化党建平台团青子系统信息	

2. 工作流程

团支部委员会会议流程

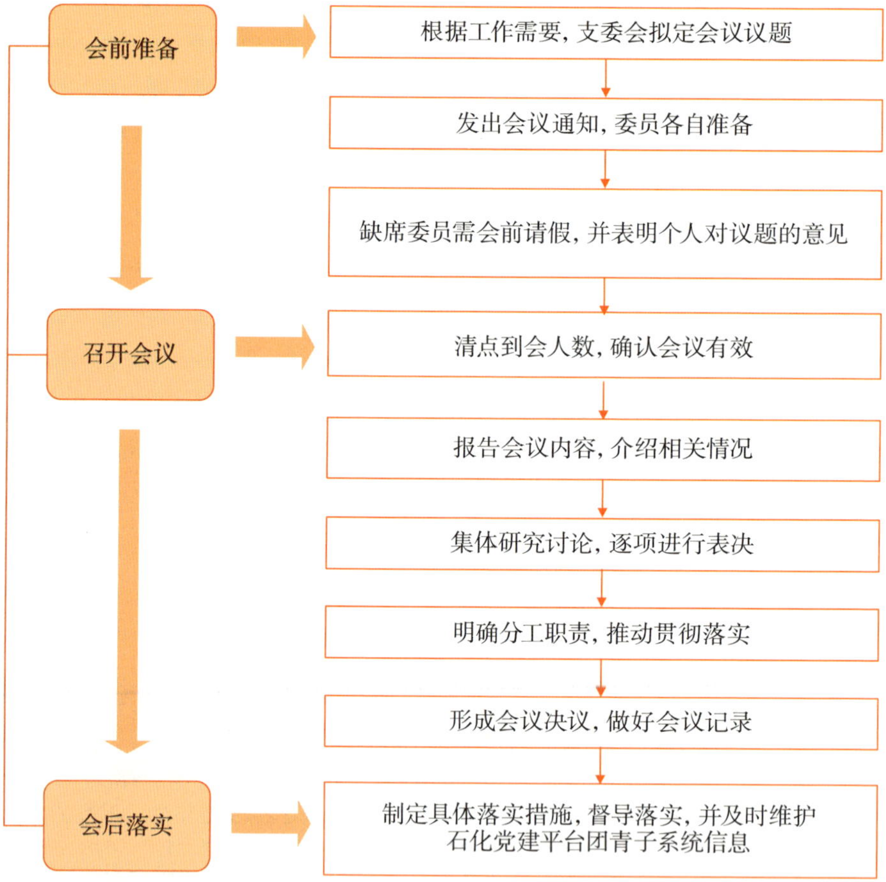

3. 工作模板

模板 1－2－1
团支部委员会会议记录

时　　间：　　　　　　　　　　　　　地　　点：
主要议题：　　　　　　　　　　　　　主 持 人：
参加人员：　　　　　　　　　　　　　缺席人员及原因：
记 录 人：

1. 会议内容：（主要议程内容）

……

2. 讨论发言：（简要记录每个人的发言）

××：……

××：……

××：……

3. 总结：（选举结果、重要事项决议）

……

主持人：××（签名）

记录人：××（签名）

备注：支委会会议记录需体现研究、讨论过程，记录发言要点。研究总结工作计划类、组织发展类等会议，重点记录委员发言内容要点，体现议事过程，并记录决议情况。

第三节　团小组会

1. 工作要求

基本概念：

团小组是团支部的组成部分，不是团的一级组织。在支部委员会的领导下开展工作，负责对本小组团员进行教育、管理、监督和服务。

基本要求：

（1）团小组会可根据工作需要随时召开。

（2）团小组会由团小组长负责召集。

（3）小组的划分由团支部委员会根据本支部团员的数量、分布和工作需要等，按照易于集中、便于管理的原则确定。团员较少的，可不划分团小组，相应增加召开支部大会的次数。

（4）团小组长不需经选举产生，可由支部委员会指定或由本团小组团员推选，任期一般应与支部委员会任期相同，可根据工作需要进行调整。

制度依据：《中国共产主义青年团基层组织“三会两制一课”实施细则（试行）》（中青发〔2017〕5号）

工作程序	工作内容及要求		附件
确定主要议题和任务	根据工作要求，结合实际，拟定议题		
	主要议题和任务	组织团员青年学习党的理论，学习习近平总书记重要讲话精神	
		组织团员青年学习传达党的路线、方针、政策和决议、重要会议精神	
		贯彻落实上级团组织、团支部团员大会和支部委员会的工作部署	
		酝酿团支部团员大会有关选举候选人	
		开展团员教育评议工作	
		对支部接收新团员、推荐优秀团员作为入党积极分子、奖励和处分团员提出意见	
		听取和反映团员青年的意见和要求	
		开好团小组组织生活会	
		研究其他需要团小组会议讨论决定和贯彻执行的事项	
发布通知	发出会议通知，缺席团员需会前请假		
召开会议	召开团小组会		
	主持人清点到会人数，记录本支部团员出、缺席情况		
	宣布会议议题，围绕议题进行民主讨论		
	明确分工职责，总结会议情况，做好会议记录		模板1-3-1
会后落实	向团支部汇报会议整体情况，包括大会时间、地点、团员出席情况、主要议程、讨论情况、总结情况等，抓好会议工作安排落实		
	及时维护石化党建平台团青子系统信息		

2. 工作流程

团小组会流程

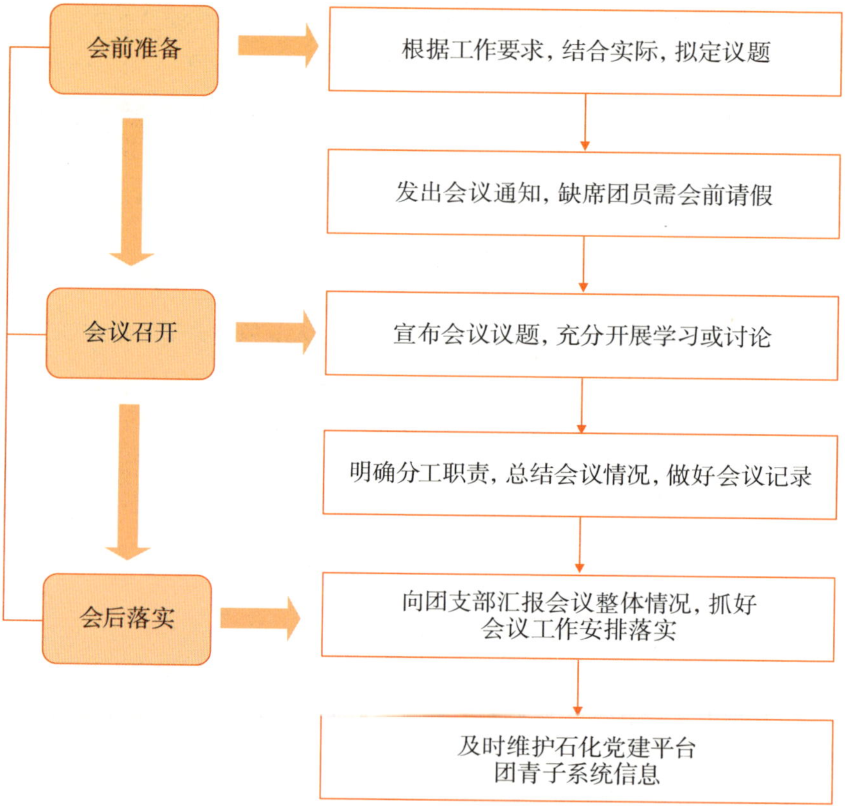

3. 工作模板

模板 1－3－1

团小组会会议记录

时　　间：　　　　　　　　　　　地　　点：

主要议题：　　　　　　　　　　　主 持 人：

参加人员：　　　　　　　　　　　缺席人员及原因：

记 录 人：

1. 会议内容：（主要议程内容）

……

2. 讨论发言：（简要记录每个人的发言）

××：……

××：……

××：……

3. 总结：

……

主持人：××（签名）

记录人：××（签名）

备注：团小组会议要重点记录学习研讨发言内容和改进工作的意见建议等。

第四节　团员教育评议制度

1. 工作要求

基本概念：

团员教育评议制度是团的组织生活的重要组成部分，是加强团员队伍思想建设、严格团的纪律、规范团员管理的重要措施。团员教育评议采用学习教育、自我评价和组织评议相结合的方式，对团员的表现和作用发挥情况作出综合评价，并通过评优和处理等方式，达到激励团员、整顿队伍、纯洁组织的目的。

基本要求：

（1）教育评议时间：团员教育评议工作应当与团员年度团籍注册工作相结合，一般一年一次。

（2）教育评议对象：全体团员。保留团籍的共产党员应积极参加团的组织生活，可不参加团员教育评议，自愿参加者不限。团的领导干部（含兼挂职团干部）要以普通团员身份参加所在支部的团员教育评议。

（3）评议等次条件：优秀团员的主要条件：理想信念坚定，拥护党的领导，热爱祖国、热爱人民、热爱社会主义；政治意识、大局意识、核心意识、看齐意识强，自觉维护以习近平同志为核心的党中央权威；积极践行社会主义核心价值观，遵纪守法，品格高尚；自觉遵守团章，模范履行团员义务，积极参加团的组织生活和活动，有强烈的团员意识和荣誉感；工作本领过硬，善于创新创造，具有艰苦奋斗精神，在本职岗位上业绩突出，能够发挥模范带头作用；成为注册志愿者，积极参加公益活动；在团员青年中有较高威信。

合格团员的主要条件：拥护党的领导，执行党的路线、方针、政策；能够遵守政治纪律和政治规矩，自觉维护以习近平同志为核心的党中央权威；能够践行社会主义核心价值观，遵守国家法律、法规和团的纪律；能够执行团的决议，完成团组织交给的任务，参加团的组织生活和活动；能够在学习、生产、工作及其他社会生活中发挥积极作用；关心集体，乐于助人，热心帮助青年进步，积极参加志愿服务活动。

基本合格团员的主要表现：在评议年度内受过警告、严重警告或撤销团内职务处分，但尚没有不合格团员的各种表现。

不合格团员的主要表现：理想信念动摇；严重违反政治纪律、政治规矩和组织纪律；团的组织意识淡漠，不能履行团员义务、不执行团的决议，长期无故不参加团的组织生活和活动；有违法违纪行为；道德水平低下，行为失当，造成不良影响；在评议年度内受过留团察看处分或行政处分且无明显改进。

制度依据：《中国共产主义青年团基层组织“三会两制一课”实施细则（试行）》（中青发〔2017〕5号）

<table>
<tr><th>工作程序</th><th colspan="2">工作内容及要求</th><th>附件</th></tr>
<tr><td>学习教育</td><td colspan="2">团支部组织团员集中开展学习习近平总书记重要论述，特别是关于青年工作的重要论述，学习团章、从严治团以及团内有关规定等，切实让每名团员学懂、弄通、做实</td><td></td></tr>
<tr><td>谈心谈话</td><td colspan="2">采取个别谈话、集体座谈、上门走访等方式，突出“讲政治”核心，在团支部委员之间、团支部委员和团员之间、团员与团员之间开展谈心谈话</td><td></td></tr>
<tr><td>分析问题</td><td colspan="2">团员自评。团员结合学习教育和谈心谈话的情况，围绕在评议年度内的个人表现和发挥团员作用的情况等做好自我评价，着重分析问题</td><td>模板1－4－1</td></tr>
<tr><td rowspan="5">召开会议</td><td colspan="2">召开支部大会。（到会团员超过应到会团员总数的三分之二方可进行评议）</td><td></td></tr>
<tr><td colspan="2">团员自评。团员逐一进行自我评价</td><td></td></tr>
<tr><td colspan="2">团员互评。其他团员对其进行评议，肯定成绩，指出不足</td><td></td></tr>
<tr><td colspan="2">民主测评。按照“优秀、合格、基本合格、不合格”4个评议等次，以团支部为单位，对所有团员进行无记名投票测评</td><td>模板1－4－2
模板1－4－3</td></tr>
<tr><td colspan="2">会议记录。做好会议记录，妥善保管会议资料</td><td></td></tr>
<tr><td rowspan="3">组织评定</td><td colspan="2">召开支部委员会</td><td></td></tr>
<tr><td colspan="2">支委会综合个人自评、团员互评和测评投票结果，结合团员日常表现，研究提出每名团员的建议评议等次，其中优秀等次团员数量应控制在参加评议团员人数的30%以内</td><td></td></tr>
<tr><td colspan="2">表决通过评议结果并形成决议</td><td>模板1－4－4</td></tr>
<tr><td rowspan="5">会后落实</td><td colspan="2">报上级团组织批准评议结果</td><td></td></tr>
<tr><td colspan="2">反馈评议结果。团支部书记将评议结果逐一反馈给团员，并与团员谈心谈话，有针对性地做好思想政治工作</td><td></td></tr>
<tr><td rowspan="3">评议结果运用</td><td>对评议等次为优秀的团员，可在一定范围内公示，团组织结合实际给予奖励；每年各级团组织评选表彰的优秀团员一般应从上一年度评议为优秀的团员中产生。对于表现实出并积极要求入党的优秀团员，应按照推荐优秀团员作为入党积极分子的有关规定，及时向上级推荐。予以年度团籍注册</td><td>模板1－4－5</td></tr>
<tr><td>对评议等次为基本合格的团员，团支部书记与其谈话，予以教育帮助，予以年度团籍注册</td><td></td></tr>
<tr><td>对评议等次为不合格的团员，团组织要对其进行教育帮助，限期改正。三至六个月后，对能够接受团组织批评教育，反省自身错误，有明显改进的团员，再次进行团员评议；对不接受教育帮助或经教育帮助仍不改进的团员，应当劝其退团，劝而不退的由支部大会决定除名，并上报上级团组织批准</td><td></td></tr>
</table>

2. 工作流程

团员教育评议制度流程

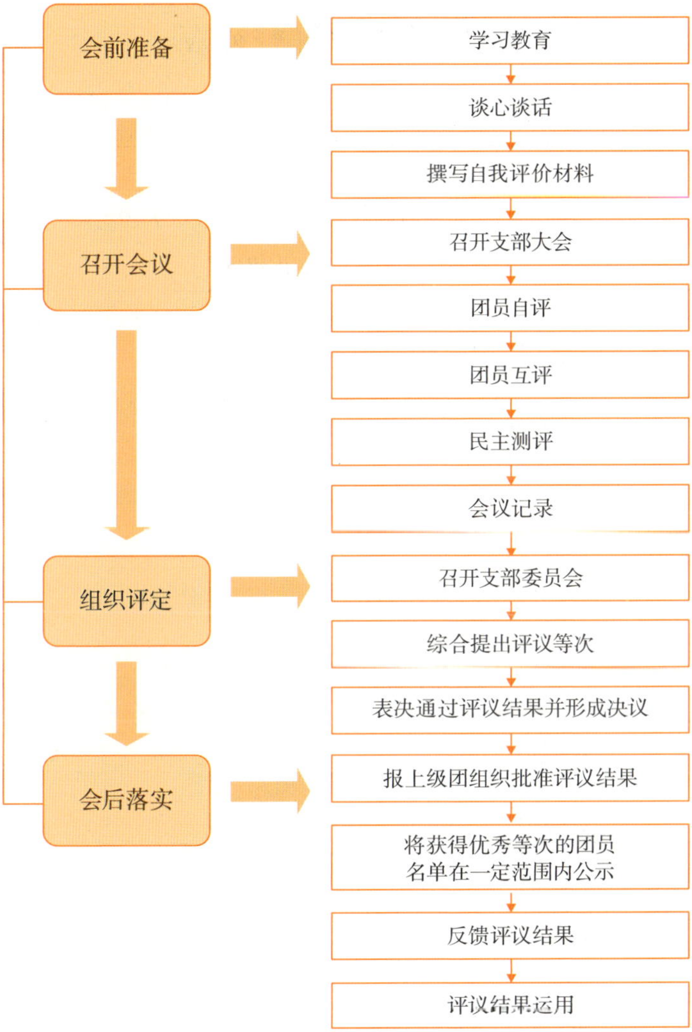

3. 工作模板

模板1－4－1

团员民主评议登记表

<table>
<tr><td>姓名</td><td></td><td>性别</td><td></td><td>出生年月</td><td></td></tr>
<tr><td>民族</td><td></td><td>入职时间</td><td></td><td>入团时间</td><td></td></tr>
<tr><td colspan="2">所属团支部及职务</td><td></td><td>文化程度</td><td colspan="2"></td></tr>
<tr><td>团员
个人小结</td><td colspan="5">（围绕评议年度的表现和团员作用发挥情况，撰写个人小结，可另附页）</td></tr>
<tr><td>个人
自评等次</td><td colspan="5">优秀□　合格□　基本合格□　不合格□
本人签名：__________　填表时间：__________</td></tr>
<tr><td>团支部
评议等次</td><td colspan="5">优秀□　合格□　基本合格□　不合格□
团支部书记签名：__________　填表时间：__________</td></tr>
</table>

注：请在选项后的方框内打"√"。

模板 1－4－2

团支部书记民主测评表

团组织名称：　　　　　　　　　　　　　　　　　　　　　填表时间：

测评内容	贯彻落实上级团组织决定				联系服务团员青年				抓好“三会两制一课”、加强团员教育管理等基层基础工作				工作勤奋				履行团员义务				总体评价			
姓名	优秀	合格	基本合格	不合格	优秀	合格	基本合格	不合格	优秀	合格	基本合格	不合格	优秀	合格	基本合格	不合格	优秀	合格	基本合格	不合格	优秀	合格	基本合格	不合格

注：由每名团员针对团支部书记进行民主测评，测评采用无记名方式进行，请在相应的测评结果中打“√”。

模板 1－4－3

团员民主测评表

团组织名称：　　　　　　　　　　　　　　　　　　　　　　　　填表时间：

序号	测评内容	坚定理想信念				练就过硬本领				勇于创新创造				矢志艰苦奋斗				锤炼高尚品格				履行团员基本义务				总体评价			
	姓名	优秀	合格	基本合格	不合格	优秀	合格	基本合格	不合格	优秀	合格	基本合格	不合格	优秀	合格	基本合格	不合格	优秀	合格	基本合格	不合格	优秀	合格	基本合格	不合格	优秀	合格	基本合格	不合格
1																													
2																													
3																													

注：1. 测评采用无记名方式进行，请在相应的测评结果中打“√”。
　　2. “姓名”栏应填除团组织书记以外全体参加测评的团员。

模板 1－4－4

民主评议团员评议等次汇总表

团组织名称：

序号	姓名	评议等级	备注
1			
2			
3			
4			
5			
6			
7			
8			
9			
10			
11			
12			

注：评定为“优秀”的团员比例一般不超过参加评议团员人数的 30%。

团支部书记：＿＿＿＿＿＿　　　　填表时间：＿＿＿＿＿＿

模板 1－4－5

关于××年度民主评议等次为“优秀”的团员公示

根据《中国共产主义青年团基层组织“三会两制一课”实施细则（试行）》（中青发〔2017〕5 号）要求，经过学习教育、自我评价、民主评议和组织评议，现将××团支部支部大会会议审议通过的评议等次为“优秀”的团员公示如下。

一、公示对象及基本情况

××团支部评议等次为优秀的团员

名单：××、××、××

……

二、公示时间及联系方式

1. 时间：××年××月××日至××月××日（共×个工作日）

2. 联系部门：××

联 系 人：××

联系电话：××

××团支部

××年××月××日

第五节　团员年度团籍注册制度

1. 工作要求

基本概念：

团员年度团籍注册是对团员团籍的连续认定，是团组织掌握和了解团员履行义务、参加活动情况的重要途径，是团员管理的关键环节。

基本要求：

（1）团籍注册对象为全体团员，保留团籍的共产党员应积极参加党的组织生活，虽然可不参加年度团籍注册，但自愿参加者不限。团的领导干部（含兼挂职团干部）要以普通团员身份参加所在支部的年度团籍注册。

（2）团籍注册时间。年度团籍注册以团支部为单位进行，与团员教育评议工作结合，一般一年一次。团支部一般应在每年1月，为团员办理年度团籍注册手续。新入职的团员应在入职后的1个月内完成注册工作。

制度依据：《中国共产主义青年团基层组织“三会两制一课”实施细则（试行）》（中青发〔2017〕5号）

<table>
<tr><th>工作程序</th><th colspan="3">工作内容及要求</th></tr>
<tr><td rowspan="10">团籍注册与管理</td><td rowspan="2">根据团员教育评议结果</td><td>基本合格以上团员</td><td>由基层团委在其团员证“团籍注册”栏内填写注册时间、评议等次，加盖注册印章</td></tr>
<tr><td>不合格团员</td><td>1. 基层团委应当对其暂缓注册3～6个月；
2. 暂缓注册期后，再次进行评议：
再次评议等次为合格的团员，及时予以注册；
评议等次为不合格的团员，依照团员教育评议相关规定进行处理，不予注册</td></tr>
<tr><td>针对新入职团员</td><td colspan="2">在其入职的1个月内，确认其团员身份，并在“智慧团建”系统中，将其组织关系转到工作部门所在团支部</td></tr>
<tr><td rowspan="3">根据团员受处分情况</td><td>受团内警告、严重警告、撤销团内职务处分</td><td>如能正常参加团的活动、按时交纳团费，一般可予以注册</td></tr>
<tr><td>受留团察看处分</td><td>留团察看期间，其团员证由团组织收回；留团察看期满后，恢复了团员权利的，将团员证发还本人并及时注册</td></tr>
<tr><td>受开除团籍处分</td><td>不再为其注册，其团员证由团组织收回，并将有关情况书面报上级委员会备案</td></tr>
<tr><td rowspan="2">针对流动团员</td><td>外出时间不满6个月</td><td>应在原团组织参加团员教育评议，进行团籍注册</td></tr>
<tr><td>外出时间超过6个月</td><td>一般应将组织关系转入外出地或工作单位相应的团组织，并参加教育评议，进行团籍注册</td></tr>
<tr><td rowspan="2">针对超龄团员</td><td colspan="2">团员年满28周岁，没有担任团内职务，应当办理超龄离团手续，未满28岁团员加入共产党后仍保留团籍</td></tr>
<tr><td colspan="2">团员办理超龄离团手续，须在团员证上“离团手续”栏内注明该同志的离团时间，并加盖团组织公章，转由其本人保存，作为永久性纪念</td></tr>
<tr><td>修订花名册</td><td colspan="3">年度团籍注册后，团支部应当在1个月内，更新“智慧团建”系统中团支部、团员的相关信息，并根据注册情况修订团员花名册，新增团员要及时在石化党建平台团青子系统中维护相关信息</td></tr>
<tr><td>上报上级团组织</td><td colspan="3">年度团籍注册后，应及时将注册情况向上级团组织报告</td></tr>
</table>

2. 工作流程

团员年度团籍注册制度流程

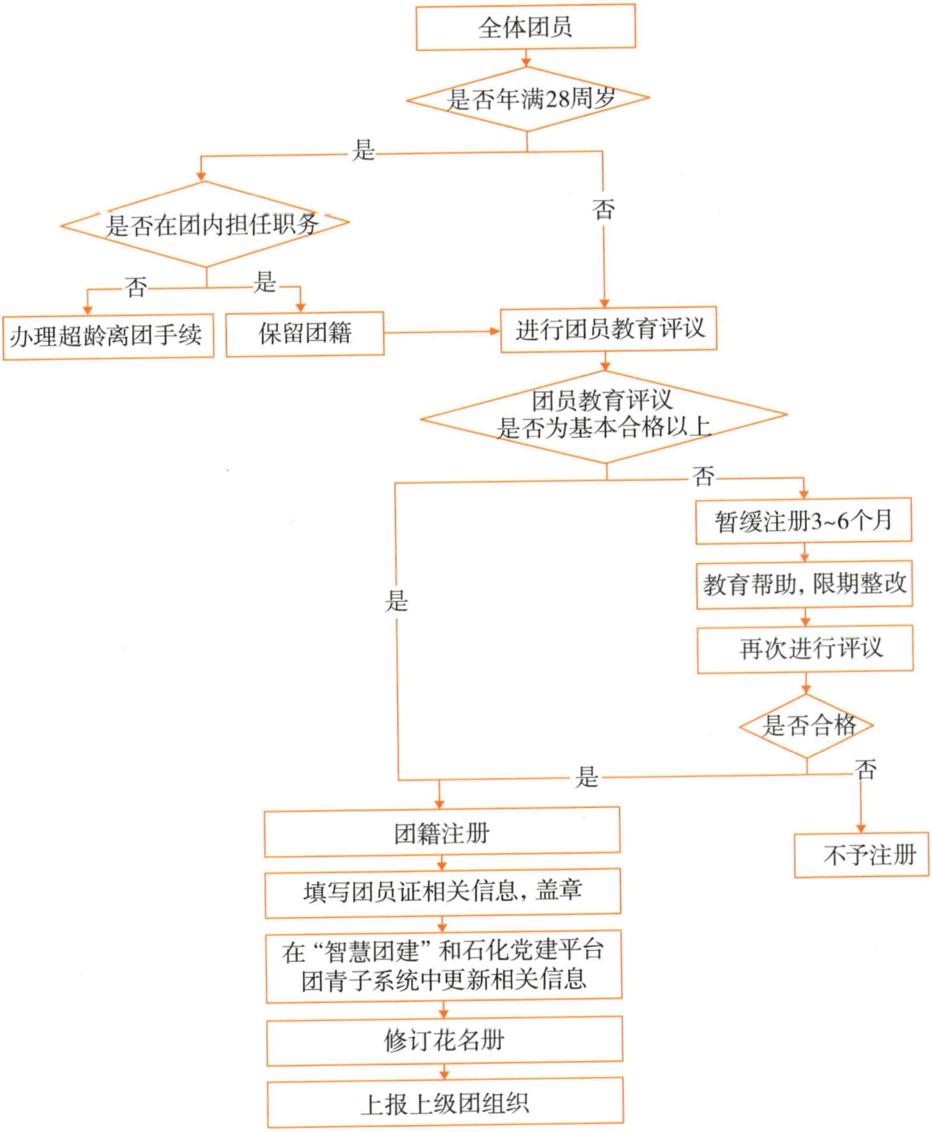

新入职员工团员注册工作流程

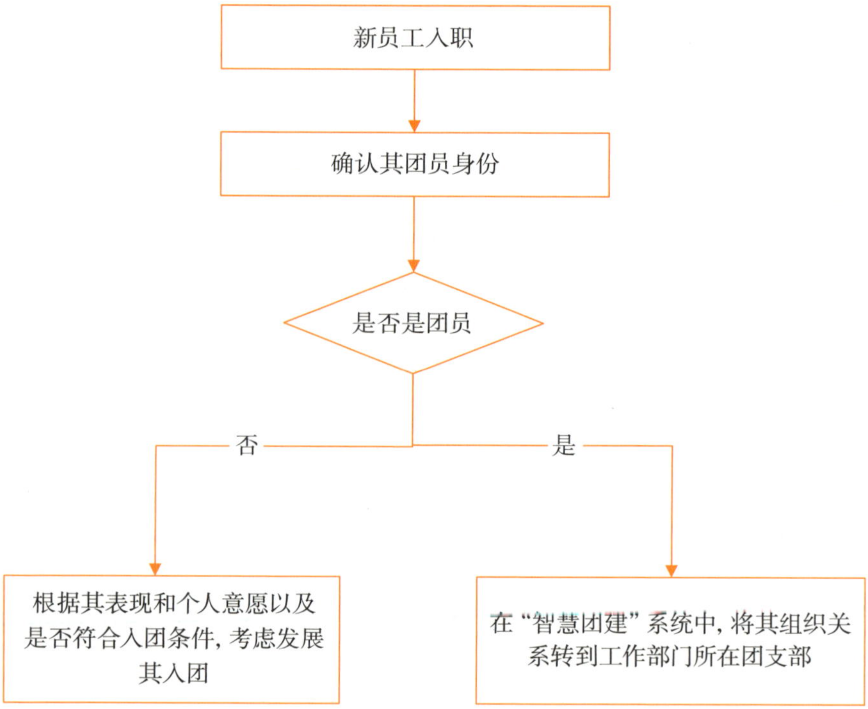

第六节　团课

1. 工作要求

基本概念：

团课是团组织对团员青年进行系统教育，提高团员青年思想理论水平和政治素质的重要途径，是教育和引导团员青年在本职岗位和社会生活中发挥模范带头作用的重要载体，是团组织一项经常性的重要工作。

基本要求：

（1）基层团组织开设团课一般由基层团委或相对独立的团总支、团支部负责组织，也可采取部门、单位联合举办团课的形式。

（2）基层团组织每个季度应当安排上一次团课。

（3）入团积极分子被确定为发展对象之前参加集中团课应不少于8学时。

（4）基层团委的主要负责人每年至少要为团员青年讲授一次团课。

制度依据：《中国共产主义青年团基层组织“三会两制一课”实施细则（试行）》（中青发〔2017〕5号）

<table>
<tr><th>工作程序</th><th colspan="3">工作内容及要求</th></tr>
<tr><td rowspan="15">确定团课安排</td><td rowspan="6">确定学习内容</td><td colspan="2">学习马克思列宁主义、毛泽东思想、中国特色社会主义理论体系，学习习近平总书记系列重要讲话精神</td></tr>
<tr><td colspan="2">开展中国特色社会主义共同理想和共产主义远大理想教育，加强社会主义核心价值观教育和“中国梦”教育</td></tr>
<tr><td colspan="2">学习党的基础知识、党的光荣历史和传统，宣传党的路线、方针、政策，学习团的基本知识、重要会议精神和重点工作部署</td></tr>
<tr><td colspan="2">学习中华优秀传统文化、革命文化和社会主义先进文化，开展近代史、现代史教育和国情教育，开展好民主和法制教育</td></tr>
<tr><td colspan="2">本单位、本部门、本领域改革发展面临的形势任务</td></tr>
<tr><td colspan="2">与企业改革发展稳定及团员岗位工作密切相关的业务技术、技能操作知识以及安全环保质量、生产经营管理、法律法规、传统文化知识等</td></tr>
<tr><td rowspan="5">确定形式</td><td>课堂讲授式</td><td>围绕主题进行课堂讲座和辅导，帮助掌握知识</td></tr>
<tr><td>座谈讨论式</td><td>围绕主题开展讨论，提高思想觉悟和认知水平</td></tr>
<tr><td>情景互动式</td><td>通过模拟演练、情景再现等，把团员带人特定情境中互动交流</td></tr>
<tr><td>现场体验式</td><td>组织团员现场观摩，在实地、实景的体验中接受教育</td></tr>
<tr><td>“互联网＋”式</td><td>依托互联网平台，运用新媒体，组织“远程团课”“微团课”等，便于团员随时随地参与</td></tr>
<tr><td>确定授课人</td><td colspan="2">团课的讲授者既可由开设团课的基层团组织的团干部担任，也可邀请党政领导、专家学者担任，还可适当安排先进人物开展座谈交流</td></tr>
<tr><td>确定参加人员</td><td colspan="2">本组织的团员、入团积极分子以及积极向团组织靠拢的28周岁以下的优秀青年（也可放宽到35周岁以下）</td></tr>
<tr><td>审核内容</td><td colspan="2">团支部书记或团总支严把意识形态关，认真审核团课内容的针对性和实效性，并与授课人沟通</td></tr>
<tr><td>发布通知</td><td colspan="2">课前将团课的主题、时间、地点、形式、授课人和相关要求通知参加人员</td></tr>
<tr><td rowspan="3">组织授课</td><td colspan="3">组织好参加人员按时参加团课</td></tr>
<tr><td colspan="3">针对授课内容，团员与授课人进行交流探讨</td></tr>
<tr><td colspan="3">做好团课记录</td></tr>
<tr><td>效果评估</td><td colspan="3">听取反馈意见，改进和完善团课讲授</td></tr>
<tr><td>资料归档</td><td colspan="3">及时维护石化党建平台团青子系统信息</td></tr>
</table>

2. 工作流程

团课流程

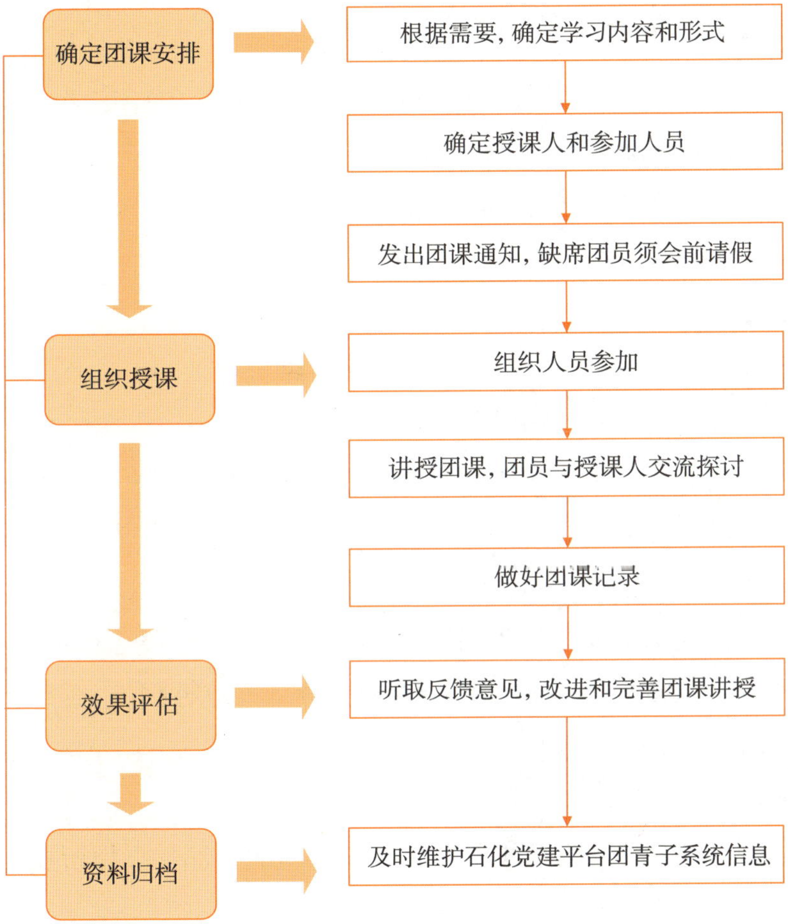
确定团课安排
根据需要，确定学习内容和形式
确定授课人和参加人员
发出团课通知，缺席团员须会前请假
组织授课
组织人员参加
讲授团课，团员与授课人交流探讨
做好团课记录
效果评估
听取反馈意见，改进和完善团课讲授
资料归档
及时维护石化党建平台团青子系统信息

第七节　组织生活会

1. 工作要求

基本概念：

团的组织生活是团内政治生活的重要组成部分，是团组织对团员进行思想政治教育和团员自我教育的具体形式，是加强团的思想建设和组织建设的重要途径。组织团员过好团的组织生活，是共青团组织先进性和严密性的重要体现。

基本要求：

（1）根据团章规定，每个团员都必须编入团的一个支部，参加团的组织生活，接受团组织的教育和监督。

（2）团支部应当严格执行团的组织生活制度，经常、认真、严肃地开展批评和自我批评，按照增强政治性、时代性、原则性、战斗性的要求，加强和规范团内政治生活，不断推进组织生活内容和方式创新。

（3）团支部每年至少召开 1 次组织生活会，按照上级部署召开。一般安排在年末或次年初，也可以根据工作需要随时召开，组织生活会一般以团支部团员大会或者团小组会形式召开，一般与团员教育评议和年度团籍注册一并开展。

（4）专职、挂职团干部应当编入一个团的支部，参加所在团支部或者团小组组织生活。

工作程序	工作内容及要求	附件
会前请示	团支部或团小组确定会议时间、地点、内容等信息后，向上级团组织请示，上级团组织同意后可开会	
学习教育	团支部或团小组按照上级团组织要求，组织团员采取集中学习和自学相结合的方式开展学习，学习内容为上级指定内容	
分析问题	团支部要按照上级有关要求，聚焦增强团组织政治功能、组织功能和服务功能，执行上级团组织决定、严格组织生活、加强团员教育管理、联系服务青年、抓好自身建设等方面，深入查找不足、明确改进方向	
查找不足	组织团员对照指定查摆内容查找自身不足和改进方向等	
发布通知	发出会议通知，缺席团员须会前请假	
召开会议	召开组织生活会（组织生活会实到人数应不少于团支部团员总数的三分之二，团员因故不能到会或流动团员较多的团支部，可采取网络会议形式开展）	
	会议主持人清点到会人数，报告本支部团员出、缺席情况	模板 1－7－1
	团支部书记按照要求汇报支部委员会对照检查和组织生活会准备情况	
	团支部书记、委员、其他团员依次发言，交流体会、查找不足，其他团员对其进行评议，肯定成绩、指出不足	
	上级团组织负责人或同级党组织负责人点评讲话	
	重温入团誓词	
会后落实	开展民主评议，坚持民主集中制，采取个人自评、团员互评和组织评价相结合的方式，开展团员教育评议，督促团员制定整改措施，认真做好问题整改	

2. 工作流程

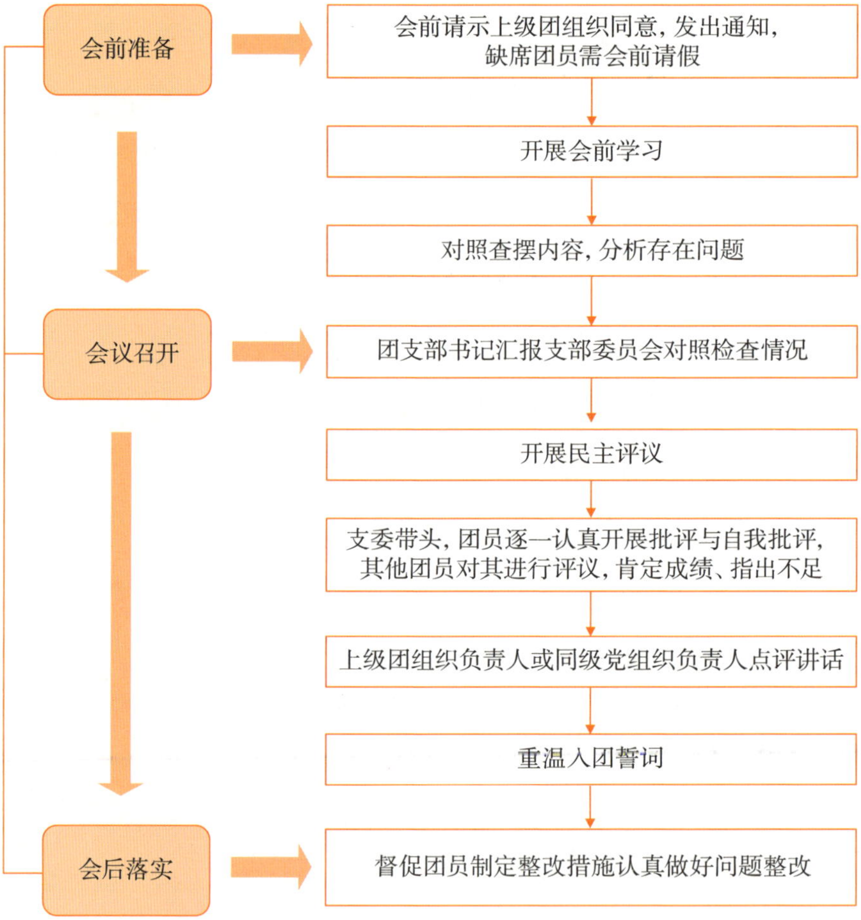
会前准备
会前请示上级团组织同意，发出通知，
缺席团员需会前请假
开展会前学习
对照查摆内容，分析存在问题
会议召开
团支部书记汇报支部委员会对照检查情况
开展民主评议
支委带头，团员逐一认真开展批评与自我批评，
其他团员对其进行评议，肯定成绩、指出不足
上级团组织负责人或同级党组织负责人点评讲话
重温入团誓词
会后落实
督促团员制定整改措施认真做好问题整改

3. 工作模板

模板 1－7－1
组织生活会主持词

按照上级通知要求，今天我们召开××组织生活会。

团支部对这次组织生活会高度重视，会前做了大量工作，进行了认真细致地准备。一是组织了专题学习研讨……。二是开展了谈心谈话……。三是征求了各方面意见……。

下面，进行第一项议程，团支部委员结合履职情况，进行对照检查，开展批评与自我批评。

首先，我结合自己的思想、工作和生活情况，作对照检查发言。

……

请大家对我进行批评帮助。

……

刚才，大家对我提出了很多好的意见和建议，讲得很准，也非常中肯，都是肺腑之言，我很受教育、很受启发。这些意见建议我都虚心接受，在以后工作中也将诚心改正，请大家监督。

下面，请×××同志（团支部副书记）作个人对照检查发言。

……

（发言完毕），请大家对×××同志进行批评帮助。

……

（×××表态）

……

下面，请×××同志（组织委员）发言。

……

（发言完毕），请大家对×××同志进行批评帮助。

……

……（支部委员依次发言）

支部委员发言全部进行完毕。大家相互之间，以及对支部还有什么意见和建议，可以再提出来。（如没有，进行下一项议程）

下面，进行第二项议程，各位团员进行对照检查，开展批评与自我批评。

请×××同志作个人对照检查发言。

……

（发言完毕），请大家对×××同志进行批评帮助。

……

（×××表态）

……

……（团员依次发言，其他团员一次进行批评帮助）

……

下面进行第三项议程，开展民主评议。

……

下面，进行第四项议程，请×××团委书记/党支部书记×××同志讲话，大家欢迎！

……（上级团委书记/同级党支部书记讲话）

同志们，这次组织生活会顺利完成了各项议程。希望大家以此次会议为起点，……，发挥好模范带头作用。

（一）……

（二）……

（三）……

今天的会议到此结束，散会。

第八节　团支部推优入党

1. 工作要求

根据《中国石化共青团推优入党工作实施细则》（中国石化党建〔2024〕3号）要求，严格做好推优入党相关工作。

基本概念：

推荐优秀共青团员成为入党积极分子（以下简称“推优”），加强对团员青年的政治引领，积极向党组织输送新鲜血液，是党赋予共青团组织的一项重要政治职责和光荣任务，是共青团落实习近平总书记关于青年工作的重要思想的关键举措。

“推优”工作应在各级党组织统一领导下进行。团的基层组织应当把“推优”作为一项经常性重要工作。

基本要求：

（1）28周岁以下青年确定为入党积极分子，一般应从团员中确定；确定团员为入党积极分子一般应经过团组织推荐。35周岁以下青年入党，一般应听取所在单位团组织意见。

（2）推荐对象。年满18周岁的优秀共青团员，承认党的纲领和章程，愿意参加党的一个组织并在其中积极工作、执行党的决议和按期交纳党费；具有1年以上团龄；“推优”比例一般不超过团支部团员人数的20%；每次推荐有效期2年。

（3）推荐条件。思想政治上先进、道德品行上先进、发挥作用上先进、执行纪律上先进。

对马克思主义缺乏信仰、不具有共产主义觉悟的；在重大政治斗争中立场不坚定、态度不坚决的；传播反党反社会主义言论；不能严格遵守国家法律规定、存在违法违纪或违反本单位规章制度行为的，不得列为“推优”对象。

“推优”工作程序

工作程序	工作内容及要求	附件
确定年度“推优”计划	建立“推优”工作党团联动机制，党支部应与团支部沟通年度发展党员工作机构，团支部应依据党支部年度发展党员工作计划，确定团支部年度“推优”工作计划； 各级团组织应当主动争取党组织的关心和支持，加强本单位推优入党工作的谋划、统筹和指导，提出推优工作的意见和建议，每年年底向本级党组织和上级团组织报告“推优”工作情况	
提出召开“推优”大会申请	团支部提出召开“推优”大会申请，填写《中国石化团支部推优入党大会申请表》，经党支部和上级团组织批准同意后，由团支部书记主持召开。上级团组织负责“推优”工作的监督考核，确保“推优”工作标准严格、流程规范	模板 1－8－1
召开“推优”大会	清点参加“推优”大会的团员人数，须有半数以上有表决权的团员到会方可进行，并做好《中国石化团支部推优入党大会记录》	模板 1－8－2
	团支部委员会介绍符合“推优”条件的候选人情况，候选人的产生应遵循各单位开展的优秀共青团员评选、优秀共青团干部评选、共青团员积分评议、“队号手岗”、青年志愿服务等评优机制	
	候选人从思想政治、道德品行、作用发挥、执行纪律等方面进行自我评述，重点介绍入党动机和接受培养教育的体会认识	
	参会人员通过无记名投票方式进行民主评议，赞成人数超过应到会有表决权团员半数以上的候选人，进入考察环节	
	团支部委员会对推选出的候选人进行考察，考察不唯票，结合平时掌握的情况提出组织意见，填写《中国石化团组织推荐优秀共青团员成为入党积极分子审核表》	模板 1－8－3
	“推优”情况在一定范围内公示，公示期一般不少于 5 个工作日，公示期内如有异议可向上级团组织反映	
上级团组织审核	公示无异议后将有关材料报上级团组织审核	
组织考察并向党支部推荐	上级团组织审核团支部推荐意见和相关材料，可采取网上公示、征求意见、接受各方面监督评议等方式，对被推荐对象进一步考察。对符合条件的，召开团委（团总支）会集体研究，认真审核，签署意见，汇总《中国石化团组织推荐优秀共青团员成为入党积极分子审核表》分别向推荐对象所在党支部推荐	
向基层团支部通报传达	党支部研究决定的 28 周岁以下入党积极分子，应及时反馈团支部，团支部应及时报上级团组织备案。未被确定为入党积极分子的团员青年，团支部应持续关注，鼓励培养	

"听取意见"工作程序

工作程序	工作内容及要求	附件
党支部听取意见	党支部在讨论发展对象前，对35周岁以下入党积极分子，应听取所在团支部意见。不具备建立团支部的，应听取所在青年工作组织意见	
团支部提出意见	团支部根据日常掌握情况，充分听取青年党员、青年员工评价意见	
	对党支部拟讨论确定为发展对象的35周岁以下青年，提出评价意见	
	填写《中国石化35周岁以下青年入党意见表》，向党支部反馈，同时报上级团组织备案	模板1-8-4
党支部吸纳意见	党支部委员会讨论确定发展对象时，应吸纳35周岁以下青年所在团支部评价意见	
上级团组织反馈	基层党委预审合格的35周岁以下发展对象，及时反馈同级团组织，团组织在15个工作日内向团支部通报传达	

2. 工作流程

中国石化共青团推优入党工作流程

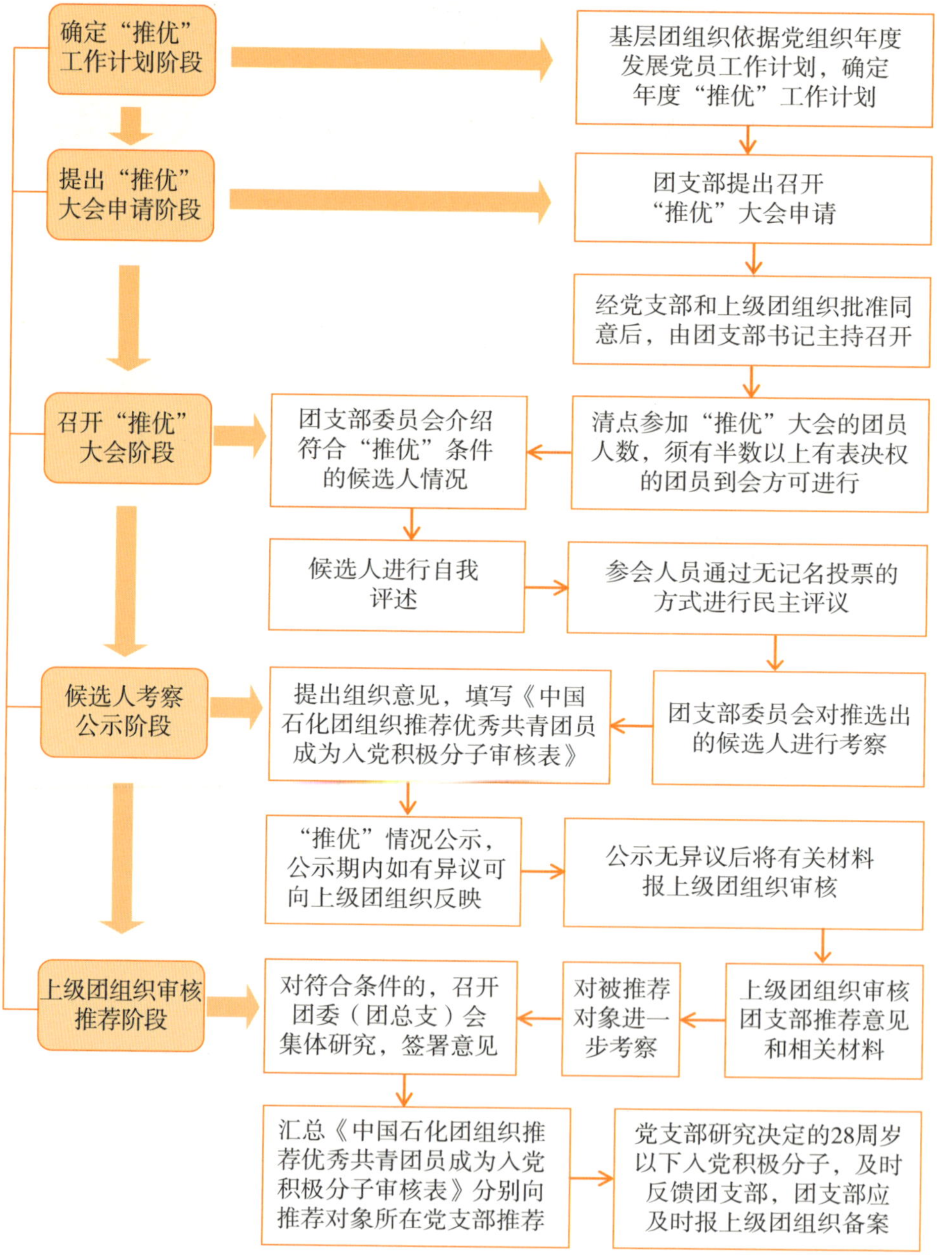

中国石化35周岁以下青年入党“听取意见”工作流程

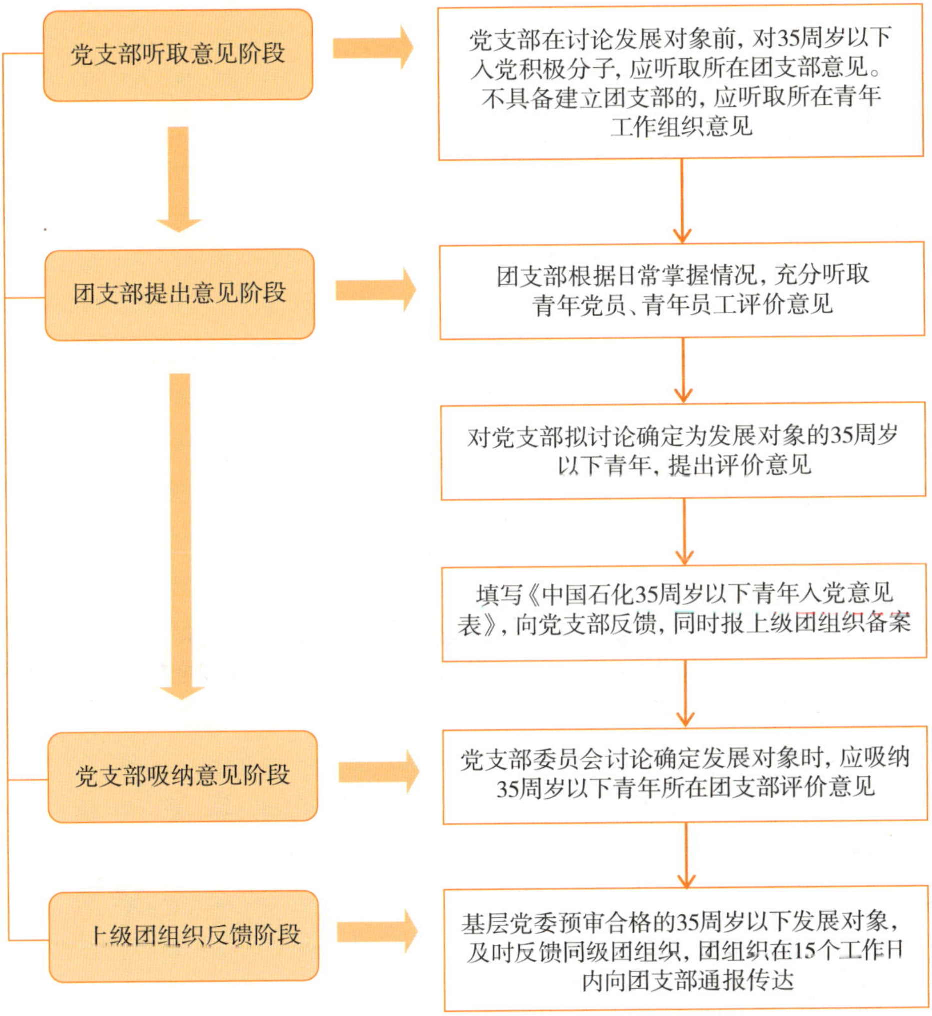

3. 工作模板

模板1－8－1

中国石化团支部推优入党大会申请表

团支部：______

团支部 推优入党大会 初步安排	时间			
	地点			
	主持人			
	团员人数		预参会团员人数	
候选人 基本情况	支部共有团员____人，其中入党申请人____人，按照年度“推优”工作计划，对照“推优”具体条件，初步确定以下____名候选人。 1. ××，男，汉族，助理工程师，2018年10月28日申请入党，先后获得厂优秀共青团员、青年岗位能手等荣誉称号。 2. ××， …… （如填写不下，可增加附页）			
团支部 意　见	为响应党的号召，积极向党组织输送新鲜血液，结合单位实际，我支部拟推荐____名申请入党的优秀共青团员成为入党积极分子，特此申请召开支部推优入党大会。 团支部书记：　　　　年　　月　　日			
党支部 意　见	（盖章） 年　　月　　日			
上级团组织 意　见	（盖章） 年　　月　　日			

模板 1－8－2

中国石化团支部推优入党大会记录

会议时间：　　　　　　　　　　会议地点：

参会人员：应到团员×人，实到团员×人（团员签到）

主持人：　　　　　　　　　　记录人：

缺席人员：（逐一简要说明缺席理由）

会议内容：

1. 团支部书记介绍共青团推优入党工作的目的、意义、“推优”工作程序、“推优”具体条件及“推优”大会筹备情况。

……

2. 团支部书记宣读符合“推优”条件的候选人基本情况。

……

3. 候选人自述思想政治、道德品行、作用发挥、执行纪律等方面情况，重点介绍入党动机和接受培养教育的体会认识。（可附页）

……

4. 参会人员通过无记名投票方式对候选人进行民主评议。

5. 发出选票数：×张　　　　收回选票数：×张

6. 监票人：　　　　　　　　　　计票人：

7. 投票结果：（注明票数，按得票多少排序）

……

模板 1 –8 –3

中国石化团组织推荐优秀共青团员成为入党积极分子审核表

团支部：____________ 团员编号：____________

<table>
<tr><td>姓　名</td><td></td><td>性　别</td><td></td><td>出生年月
（　岁）</td><td></td><td rowspan="4">1 寸免冠
照片</td></tr>
<tr><td>民　族</td><td></td><td>籍　贯</td><td></td><td>入团时间</td><td></td></tr>
<tr><td>学　历</td><td></td><td colspan="2">所在岗位</td><td colspan="2"></td></tr>
<tr><td>团内职务</td><td colspan="3"></td><td>申请入
党时间</td><td></td></tr>
<tr><td>推优入党
大会情况</td><td colspan="6">团支部于________年____月____日召开推优入党大会，应到有表决权的团员____名，实到____名，同意推荐____人</td></tr>
<tr><td>被推荐人
优缺点</td><td colspan="6">（结合被推荐人思想、学习、工作、生活等情况以及考察材料，说明被推荐人的优缺点，重点说明存在哪些不足）</td></tr>
<tr><td>团支部
意　见</td><td colspan="6">团支部书记：　　　　　　年　　月　　日</td></tr>
<tr><td>上级团组织
意　见</td><td colspan="6">（盖章）
年　　月　　日</td></tr>
<tr><td>党支部
意　见</td><td colspan="6">（盖章）
年　　月　　日</td></tr>
</table>

模板 1－8－4

中国石化 35 周岁以下青年入党意见表（团支部）

团支部：__________

<table>
<tr><td>姓　名</td><td></td><td>性　别</td><td></td><td>出生年月
（　岁）</td><td></td><td rowspan="4">1 寸免冠
照片</td></tr>
<tr><td>民　族</td><td></td><td>籍　贯</td><td></td><td>入团时间</td><td></td></tr>
<tr><td>学　历</td><td></td><td colspan="2">所在岗位</td><td colspan="2"></td></tr>
<tr><td>团内职务</td><td colspan="3"></td><td>申请入
党时间</td><td></td></tr>
<tr><td>日常表现</td><td colspan="6">1. 是否对党绝对忠诚，始终与党保持高度一致。　是□否□
2. 是否带头遵守法纪法规，敢于同违法违纪行为作斗争。　是□否□
3. 是否带头恪守社会公德、职业道德、家庭美德、个人品德。　是□否□
4. 是否敢于担当，尽职尽责完成好本职工作。　是□否□
5. 是否积极参加团青组织的各项活动。　是□否□
其他方面需要反馈的情况：</td></tr>
<tr><td>团支部
意见</td><td colspan="6">团支部书记：　　　　年　　月　　日</td></tr>
</table>

第九节　发展团员

1. 工作要求

基本要求：

（1）发展团员工作必须严格执行《中国共产主义青年团发展团员工作细则》（中青发〔2023〕13 号），按照坚持标准、调控规模、优化结构、提高质量、发挥作用的总要求，有领导、有计划、有步骤地进行。聚焦为党育人根本任务，坚持质量为先；坚持入团自愿和个别吸收，成熟一个、发展一个；禁止突击发展，反对“关门主义”。

（2）发展青年入团，要坚持把政治标准放在首位，着重看其是否在学习、生产、工作和社会活动中发挥模范带头作用。

（3）申请入团对象：年龄在十四周岁以上，二十八周岁以下的中国青年，承认团的章程，愿意参加团的一个组织并在其中积极工作、执行团的决议和按期交纳团费的，可以申请加入中国共产主义青年团。

注意事项：

新入职毕业生团员，其团员档案一般由学校团委或个人通过线上“智慧团建”系统进行转接，无需其他手续。由于其他原因未录入“智慧团建”系统的团员，由学校团委开具团组织关系介绍信，团员本人带着团员档案和介绍信，到入职单位团组织报到。

主要程序	工作要求及内容		附件
鼓励入团	团组织应当主动了解青年，及时发现那些积极要求进步、各方面表现好的青年，鼓励他们申请入团		
申请入团	递交入团申请书	本人向工作、学习所在单位团支部提出入团申请，递交入团申请书	模板1-9-1
		流动青年还可以向单位所在地团支部提出入团申请。流出地已经在流入地建立驻外团组织的，也可以向驻外团组织提出入团申请	
	团组织派人谈话	所在团支部收到申请书1个月内与入团申请人谈话，了解其基本情况	
入团积极分子的确定和培养教育	确定入团积极分子	团组织应当在入团申请人中择优确定入团积极分子。确定入团积极分子，可以采取团员推荐等方式产生人选，注意听取群众意见，由支部委员会（不设支部委员会的由支部大会）研究决定，并报上级团委备案	
	上级团委备案	了解入团积极分子是否具备条件；手续是否齐全	
	指定培养联系人	指定1～2名团员作为入团积极分子的培养联系人	
	教育培养	所在团支部对入团积极分子进行3个月以上的培养教育。 入团积极分子参加不少于8学时的团课。 吸收入团积极分子参加团的有关活动，鼓励其成为注册志愿者，积极参加志愿服务	
	考察	所在团支部及时对入团积极分子进行考察。 经过规定时间培养教育后，听取联系人、团员和群众意见，从思想觉悟和政治素质，本职工作表现和道德品质等方面考察。（入团积极分子工作、学习所在单位〈居住地〉发生变动，应当及时报告原单位〈居住地〉团组织。原单位〈居住地〉团组织应当及时将入团申请书、参加团的活动记录、培养教育情况、志愿服务记录等有关材料转交现单位〈居住地〉团组织。现单位〈居住地〉团组织应当对有关材料进行认真审查，并接续做好培养教育工作。培养教育时间可连续计算。） 对已具备团员条件的入团积极分子办理入团手续	
新团员的接收	确定入团介绍人	入团申请人要有本支部的两名团员作介绍人，一般由培养联系人担任，也可以由团组织指定或者报请相关基层党组织指定	
	确定发展对象	所在团支部召开团支部委员会，通过讨论在入团积极分子中确定发展对象人选，并报具有审批权的基层团委预审	
	基层团委预审	基层团委对发展对象的条件、培养教育情况等进行预审	
		预审结果以书面形式通知团支部委员会，并向预审合格的发展对象发放《中国共产主义青年团入团志愿书》（带有省级团委统一印制的具有唯一团员发展编号的）	
	填写《中国共产主义青年团入团志愿书》	发展对象如实填写《中国共产主义青年团入团志愿书》，经支委会检查合格后，提交支部大会讨论	

续表

主要程序	工作要求及内容			附件
新团员的接收	支部大会讨论吸收	召开支部大会	有表决权的到会人数必须超过应到会有表决权人数的半数，才能开会	模板1-9-2 模板1-9-3 模板1-9-4 参照50页流程
		申请人汇报	汇报个人简历、家庭情况和对团的认识、入团动机以及需向团组织说明的问题	
		入团介绍人介绍	介绍申请人有关情况，并对其能否入团表明意见	
		支部委员会报告	报告对申请人的审议意见	
		大会讨论	与会团员对申请人能否入团进行充分讨论，并采取无记名投票方式表决	
			赞成人数超过应到会有表决权的正式团员的半数，才能通过接收新团员的决议	
			因故不能到会的有表决权的正式团员，在支部大会召开前正式向团支部提出书面意见的，应当统计在票数内	
			讨论两名以上青年入团时，必须逐个讨论和表决	
			宣布表决结果，形成决议。决议主要包括：申请人的主要表现；应到会和实际到会有表决权的团员人数；表决结果；通过决议的日期；支部书记签名	模板1-9-5
	报上级团组织审批		所在团支部及时将支部大会决议写入《中国共产主义青年团入团志愿书》，连同本人入团申请书，一并报上级团组织批审	模板1-9-6
	基层团委审批		召开委员会，集体审议，表决决定。审议其是否具备团员条件，入团手续是否完备	
			两名以上青年入团时，必须逐个审议和表决	
			审批意见写入《中国共产主义青年团入团志愿书》，并通知报批的团支部	
			基层团委对团支部上报的接收新团员的决议，在3个月内审批，并报上级团委基层组织建设部门。凡无故超过规定时间未予审批的，追究有关人员的责任。特殊情况不超过6个月	
	团支部组织谈话		所在团支部应通过支部书记或委员谈话的郑重方式及时将上级团组织批准青年入团的决定通知本人	
	召开团员大会		所在团支部召开团员大会，宣布上级团组织批准青年入团的决定通知。(被批准入团的青年，从支部大会通过之日起取得团籍、计算团龄，并缴纳团费)	
	举行入团仪式		可以由团的基层委员会、总支部委员会或支部委员会组织	参照51页流程
			新团员应当参加入团仪式	
			在入团仪式上，由上级团组织的代表或本级团组织的负责人带领新团员宣誓，并向新团员颁发团员证和团徽	
			团员证需由团的县级委员会或其授权办理颁发团员证具体事宜的基层团委加盖钢印	
			入团仪式可以邀请同级党组织的负责人参加	
资料归档	所在团支部应将《中国共产主义青年团入团申请书》《中国共产主义青年团入团志愿书》存入新团员的人事档案，由档案管理部门统一管理。同时在“智慧团建”系统和石化党建平台团青子系统中录入新团员的相关信息			

2. 工作流程

中国共青团发展团员工作流程

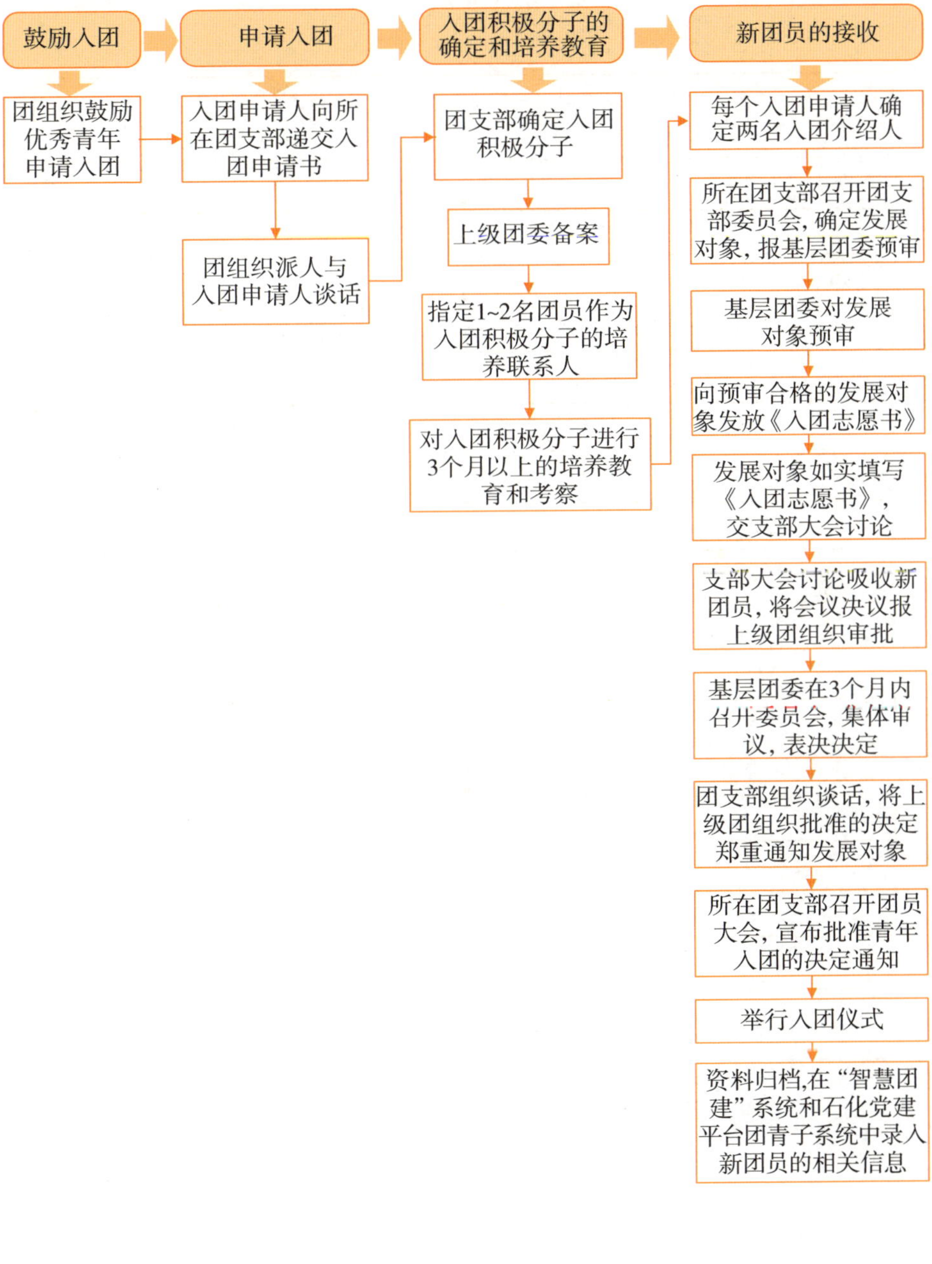

召开支部大会讨论接受新团员流程

主持人报告到会的团员人数，宣布议程
要求：有表决权的到会人数必须超过应到会有表决权人数的半数，才能开会

↓

发展对象汇报个人情况（宣读本人入团志愿）

↓

入团介绍人介绍发展对象有关情况，并对其能否入团表明意见

↓

支部委员会报告对发展对象的审查情况（宣读综合审查报告）

↓

与会团员对发展对象能否入团进行充分讨论，并采取无记名投票方式表决

↓

支部负责人宣读支部大会的决议

↓

发展对象表态发言

↓

如上级团组织派人出席，可请其讲话

↓

宣布大会结束

↓

会后，将支部大会决议写入《入团志愿书》，连同本人入团申请书，
一并报上级团组织审批

入团仪式基本程序

奏唱国歌

↓

主持人说明举行入团仪式的意义，宣布新团员名单

↓

向新团员颁发团章、团员证和团徽，团徽佩戴在左胸前

↓

上级团组织代表或本级团组织负责人带领新团员宣誓。宣誓人持立正姿势，面向团旗，右手握拳，举过右肩。领誓人逐句领读入团誓词，宣誓人跟着读。当领誓人念到“宣誓人”时，宣誓人应分别报出自己的名字。誓词如下：我志愿加入中国共产主义青年团，坚决拥护中国共产党的领导，遵守团的章程，执行团的决议，履行团员义务，严守团的纪律，勤奋学习，积极工作，吃苦在前，享受在后，为共产主义事业而奋斗

↓

入团介绍人代表宣读《中国共产主义青年团章程》中有关团员的义务和权利条款

↓

新团员代表发言

↓

老团员代表发言

↓

党组织负责人、上级团组织的代表或本级团组织负责人讲话，对新团员提出希望和要求

↓

奏唱团歌

备注：入团仪式礼仪要素、主要议程、环境布置按《中国共产主义青年团入团仪式仪程规范（试行）》要求执行。

3. 工作模板

模板 1-9-1

入团申请书书写要求

一、入团申请书的基本书写格式及内容

1. 标题。居中写“入团申请书”。

2. 称谓。申请人对团组织的称呼，一般写为：“尊敬的团组织”，应顶格书写在标题下第一行，后面加冒号。

3. 正文。主要内容包括：第一，对团组织的认识、入团动机和对待入团的态度，应表明自己的入团愿望；第二，个人在政治、思想、工作、学习等方面的主要表现情况；第三，今后工作的决心和努力的方向，表明如何以实际行动争取入团；第四，个人履历、家庭主要成员及主要社会关系情况。

4. 结尾。主要表达请团组织培养、考察的心情和愿望，一般可用“请团组织给予考察和培养”“请团组织审查”“请团组织看我的实际行动”等作为结束语。

在申请书的最后，署名和注明申请日期。一般居右书写“申请人××”，下一行写年、月、日。

二、入团申请书应注意的问题

1. 本人亲自书写。写入团申请书是申请人向团组织表明自己的入团愿望和决心，是十分严肃、庄重的事情，一般不得请人代写。

2. 结合自身实际，谈真实思想，忌抄书抄报。认真学习团章和团的基本知识，树立正确的入团动机。

3. 对团忠诚老实，如实向团组织说明自己的政治历史、本人经历等有关情况。

模板 1-9-2

会议主持词

同志们：

现在开会。

根据团支部发展团员工作计划，经上级团委预审同意，今天召开支部大会，讨论发展对象××入团问题。

本次会议应到正式团员××名，因事、因病请假××名，有表决权的到会人数超过应到会有表决权人数的半数，符合规定人数，可以开会。

这次会议主要有六项议程：

一是发展对象××汇报有关情况；

二是入团培训××、××介绍××有关情况；

四是与会团员发表意见，对××能否入团进行充分讨论；

五是无记名投票表决；

六是宣读支部大会决议。

下面，进行第一项议程：这次支部会议讨论关于接受××的入团问题，请××宣读入团志愿书，向大会报告自己对团的认识、入团动机，简要介绍本人履历、家庭成员和主要社会关系情况，自我评价现实表现以及是否有需要向团组织说明的其他问题。

下面，进行第二项议程：请入团介绍人××、××介绍××有关情况，并对其能否入团表明意见。首先请第一介绍人介绍××介绍情况。（××介绍完毕）请第二介绍人××介绍情况。（××介绍完毕）

下面，进行第三项议程：请团支部书记××代表支部委员会报告对×

×的审查情况。(包括政审、团内外群众民主测评、团支部意见)

第四项议程：请与会团员发表意见，对××能否入团进行充分讨论。

(发表意见)

各位团员：对接受××为共青团员还有什么意见？请发言，好，没有进一步意见。

下面，进行第五项议程：请有表决权的正式团员对××能否入团进行举手表决（请××暂时回避)。同意接收××为共青团员的正式团员请举手。(清点数目）好，请放下。不同意的请举手。(清点数后）弃权的请举手。(清点数后）好，×名正式团员一致同意接受××为共青团员。(请××入席)

下面，进行第六项议程：宣读大会决议。

××同志于××年向团组织提出入团申请，经常向团组织汇报思想，自觉用共青团员标准严格要求自己。该同志能够认真学习团的基本理论、路线和方针，不断提高政治理论水平和对团的认识。××工作努力，作风正派，为人正直，团结同事，对组织忠诚老实。缺点是：理论学习抓得还不够紧，工作中存在粗心的情况，工作思路和方法上需要进一步创新。

××支部于××年××月××日讨论了××入团的申请。会议认为××基本具备共青团员条件，同意接受为共青团员。支部有表决权的团员×名，应到会×名，实到会×名，会议采取举手表决的方式进行了表决。×人赞成。一致同意接收××为共青团员。

让我们向××表示祝贺。(鼓掌）希望××以此为新的起点，加强学习，不断进步，更好地做好各项工作。

××支部关于接受××入团的支部会议到此结束，散会。

模板 1－9－3
入团介绍人的意见

第一介绍人意见：

××自××年××月××日递交入团申请书以来，在思想上政治上行动上能够同团中央保持一致，执行团的路线、方针、政策，入团动机端正，工作积极，有较强的工作能力，在工作和学习中较好地发挥了先锋模范作用，为人正直，襟怀坦白，有较强的组织纪律性，有为团奋斗的决心。缺点是：在工作方法上，有时比较简单。

我认为他（她）已具备了共青团员的条件，我愿意介绍××加入中国共青团。

介绍人：××

××年××月××日

第二介绍人意见：

我同意介绍人××的意见。××对加入团组织有比较明确的认识，入团动机端正；能够自觉用团员的标准来要求自己，正确处理集体利益和个人利益的关系；有较强的吃苦精神和工作责任心，完成工作任务较出色。缺点是：有时在处理问题时，脾气过于急躁。

我认为××符合团员条件，愿意做他（她）的入团介绍人。

介绍人：××

××年××月××日

模板 1-9-4

接收团员表决票

符　号	
姓　名	

注：赞成，请在姓名上方空格内画“○”；不赞成，请在姓名上方空格内画“×”；弃权，不画任何符号。

模板 1－9－5

支部大会决议

共青团××支部委员会于××年××月××日召开支部大会，讨论了××的入团问题。与会同志认为，××于××年××月××日向团组织提出入团申请后，认真学习马列主义、毛泽东思想、邓小平理论、“三个代表”重要思想、科学发展观和习近平新时代中国特色社会主义思想，自觉地用共青团员的标准要求自己，经常写学习体会，及时向团支部汇报思想、对团的认识明确，入团动机端正，在学习、工作、生活等各个方面的表现都较为突出。

主要缺点是：性格比较急躁，今后要注意克服。

表决结果：本支部共有团员×名，应到会×名，实到会×名，其中有表决权的正式团员×名，经无记名投票表决，×票赞成、×票反对、×票弃权。

支部大会经过充分讨论，认为××已经具备共青团员的条件，同意接收其为共青团员。

支部名称：××

支部书记签名：××

××年××月××日

模板1-9-6

报送所需材料

请报上级团委接收发展对象所需的材料包括："中国共产主义青年团入团志愿书"、本人入团申请书、政审材料、发展对象基本情况登记表。

××团支部发展对象基本情况登记表

序号	姓名	性别	民族	籍贯	出生年月	身份证号	学历	参加工作时间	岗位	提出入团时间	列为发展对象时间	政审情况	支部大会时间

第十节 超龄离团

1. 工作要求

基本要求：

（1）坚持政治引领。牢牢把握培养中国特色社会主义事业合格建设者和可靠接班人的根本任务，引领离团青年增强“四个意识”，坚定“四个自信”，做到“两个维护”。

（2）坚持全员组织。有超龄团员的基层团组织，都应当组织开展超龄离团仪式。团员年满 28 周岁，没有担任团内职务，应当参加超龄离团仪式。

（3）坚持程序规范。举行超龄离团仪式要做到基本程序规范到位，各个环节严谨顺畅，体现仪式的严肃性和庄重性。

制度依据：《超龄离团仪式规定（试行）》

工作内容	工作要求
1. 奏唱团歌	
2. 宣布超龄团员名单	
3. 学习习近平总书记对青年的寄语	
4. 超龄团员代表发言	如回顾团内经历，畅谈感悟体会，表达进步愿望等
5. 上级团组织代表或本级团组织负责人讲话	如肯定超龄团员成绩，表达希望和祝愿等
6. 党组织负责人或青年党员代表讲话	如对超龄团员提出希望，对团组织、团员提出要求等
7. 超龄团员重温入团誓词	宣誓人佩戴团徽徽章，面向团旗立正，右手握拳，举过右肩
	领誓人逐句领读入团誓词，宣誓人跟读
	当领誓人念到“宣誓人”时，宣誓人应分别报出自己的姓名
8. 为超龄团员摘下团徽徽章，赠送《中国共产主义青年团章程》	党组织负责人或青年党员代表、上级团组织代表或本级团组织负责人为超龄团员摘下团徽徽章，赠送《中国共产主义青年团章程》
9. 奏唱国歌	超龄团员离团后，团员证、团徽徽章由本人保存，留作纪念。在严格履行基本程序的基础上，可丰富超龄团员离团仪式的内容和形式

2. 工作流程

超龄离团仪式工作流程

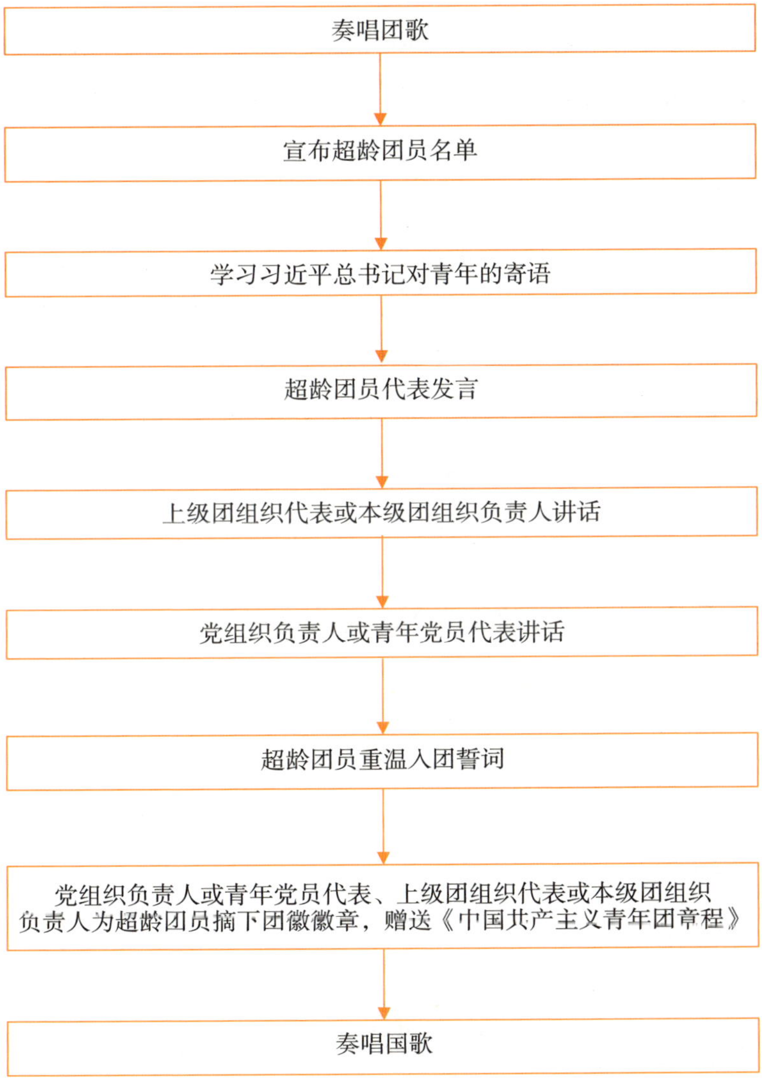

第十一节 团费收缴、使用和管理

1. 工作要求

基本要求：

根据《关于中国共产主义青年团团费收缴、使用和管理的规定》（中青发〔2016〕13 号）、《关于进一步规范团费收缴、使用和管理工作有关事项的通知》（团组字〔2020〕3 号）要求，严格做好团费收缴、使用和管理工作。

（1）按照团章规定每月向组织交纳团费，是共青团员必须具备的基本条件，是团员对团组织应尽的义务。团费的收缴、使用和管理，是团的基层组织建设和团员队伍建设中的一项重要工作。

（2）收缴对象：全体团员，从支部大会通过为团员之日起交纳团费。保留团籍的共产党员，从取得预备党员资格起，应交纳党费，可不交纳团费，自愿交纳团费者不限。

（3）收缴方式：团费收缴的主要方式包括线下缴纳和线上缴纳。线上缴纳主要通过使用石化党建 App 完成。

2. 团费收缴

	收缴要求
缴纳时间	团员从支部大会通过其为团员之日起缴纳团费
	主动按月缴纳，特殊情况，经团支部同意，可按季度缴纳，也可委托其亲属或者其他团员代为缴纳或者补缴团费。补缴团费时间一般不超过6个月，不得预缴团费
	对不按照规定缴纳团费的团员，其所在团组织应及时对其进行批评教育，限期改正。对无正当理由，连续6个月不缴纳团费的团员，按自行脱团处理，并及时更新“智慧团建”系统和石化党建平台团青子系统团员数据库
缴纳组织	一般应当向其正式组织关系所在的团支部缴纳团费，流动团员外出期间可向流入地团组织缴纳团费，流入地团组织出具收据
特殊团费	不得垫缴或扣缴团员团费，不得要求团员缴纳规定以外的“特殊团费”，如遇重大自然灾害等特殊情况需要收取“特殊团费”，须经团中央批准
上缴原则	根据地方上级团组织团费缴纳规定执行

3. 团费使用

使用原则	统筹安排、量入为出、收支平衡、略有结余
	要向有困难的基层团组织倾斜
团费的使用范围	培训团员、团干部
	订阅或购买用于开展团员教育的报刊、资料和音像制品
	购买团旗、团徽等团务用品
	表彰先进基层团组织、优秀共青团员和优秀共青团干部
	补助生活困难的团员
	补助遭受严重自然灾害的团员和修缮因灾受损的基层团组织设施
	基层团组织开展活动
具体要求	使用和下拨团费，必须经过集体讨论决定，不得以个人或少数人说了算。 请求下拨团费的请示，应当向上一级团组织提出，不得越级申请。上级团组织下拨的团费，必须专款专用，不得挪作他用

4. 团费管理

管理内容	管理要求
团费管理	团委组织部门代团委统一管理
具体财务工作	由各级团委内设的财务机构或团委所在单位财务部门代办
	指定专人负责，实行会计、出纳分设。团费会计核算和会计档案管理，参照财政部制定的《行政单位会计制度》执行
设立银行账户	以团委或团委组织部门的名义单独设立银行账户
	不具备单独设立银行账户条件的，可在团委或团委所在单位的基本账户中实行分账核算
	团费必须存入团委或团委所在单位基本账户所在的银行，本级留存的团费不得存入其他银行或非银行金融机构
	不得将团费利息挪作他用。不得利用团费账户从事经济活动
汇报报告	团的基层委员会应当在团员大会或者团的代表大会上，向大会报告（或书面报告）团费收缴、使用和管理情况
	每年向同级团委和上级团委组织部门报告团费收缴、使用和管理情况，同时向下级团组织通报
	每年向团员公布一次团费收缴、使用情况
	按照上级要求，每年前将上年度团费收缴、使用和管理情况向上一级团组织提交书面报告，内容包括：上年度团费收缴、使用和结存的数额；团费开支的主要项目；团费收缴、使用和管理工作中的经验、做法、存在的问题及改进的意见和建议等
留存团费	根据实际情况留存一定比例的团费，留存比例应向基层倾斜
	基层团委留存团费的比例不得少于团员实交团费总数的60%
管理要求	各级团委组织部门每年要检查一次团费收缴、使用和管理的情况，总结经验、发现问题、及时纠正
	对违反团费收缴、使用和管理规定的，依据有关规定严肃查处，触犯刑律的依法处理

02 第二章

青年工作组织标准化规范化建设

第一节　青年工作组织设置

第一条　职能定位

1. 基本定位

各级青年工作组织是石化共青团主动适应企业团员青年分布特点，延伸工作手臂，扩大有效覆盖，着力提升服务企业、服务青年实绩实效的新型组织形态，是团组织在不具备独立建团条件单位（部门）的组织延伸和力量延展，在同级党组织和上级团（青年工作）组织的领导下，服务本单位（部门）全体青年。

2. 基本要求

青年工作组织必须坚持以习近平新时代中国特色社会主义思想为指导，坚决贯彻党的基本理论、基本路线、基本方略，树牢“四个意识”，坚定“四个自信”，做到“两个维护”，突出政治功能，提升组织力，切实履行引领凝聚青年、组织动员青年、联系服务青年的职责，团结带领广大青年在打造世界一流企业进程中发挥生力军和突击队作用。

3. 基本原则

（1）坚持党的全面领导，严守政治纪律和政治规矩，把政治标准、政治要求贯彻到全部工作中。

（2）坚持开展工作与企业中心工作深度融合，在服务企业深化改革、推动企业高质量发展中检验工作成效。

（3）坚持尊重青年主体地位，强化服务意识、提升服务能力，巩固党执政的阶级基础和青年群众基础。

（4）坚持夯实工作基础，着力加强自身建设，扩大工作覆盖，增强基层青年工作组织的生机与活力。

第二条 设/成立青年工作组织

1. 设置原则

团员人数达不到独立建团条件的基层单位，对应设置青年工作组（小组），成立联合团支部管理分布在不同基层单位的团员团籍。青年工作组织设置应坚持和落实党建带团建工作要求，遵循党组织和青年工作组织对应、有利于青年工作组织和干部联系服务青年的原则。

青年员工人数 3 人以上的，成立青年工作小组，设组长 1 人，可设副组长 1 人。青年员工人数 50 人以上、100 人以下的，设立青年工作组，设组长 1 人，可设副组长 1 ~ 2 人。青年员工人数 100 人以上的，设立青年工作部，设部长 1 人，可设副部长 1 ~ 3 人。

青年人数	基层青年组织设置	基层青年组织负责人员构成
3 ~ 49 人	青年工作小组	设组长 1 人，必要时可设副组长 1 人
50 ~ 99 人	青年工作组	设组长 1 人，可设副组长 1 ~ 2 人
100 人以上	青年工作部	设部长 1 人，可设副部长 1 ~ 3 人
备注	1. 青年人数不足 3 人，可成立联合青年工作小组。 2. 青年人数不足 50 人，确因工作需要的，经同级党组织和上级团（青年工作）组织批准，可设立青年工作组。 3. 青年人数不足 100 人，确因工作需要的，经同级党组织和上级团（青年工作）组织批准，可设立青年工作部	

工作程序	工作内容及要求	附件
沟通设/成立青年工作组织意愿	应设/成立青年工作组织的单位（部门）认真学习集团公司团委、地方团组织有关工作要求，全面了解所在单位团员、青年分布情况，研究青年工作组织在单位（部门）中的职能定位，向上级团（青年工作）组织沟通设/成立青年工作组织意愿	
发函征求意见	由应设/成立青年工作组织单位（部门）党组织发函至上级团（青年工作）组织，协商设/成立青年工作组织相关事宜	模板 2-1-1
研究复函	上级团（青年工作）组织收到拟设/成立青年工作组织单位（部门）党组织来函之后，就协商内容进行研究，于半个月内复函	模板 2-1-2
设/成立青年工作组织	经上级团（青年工作）组织同意批准设/成立青年工作组织的单位（部门），通过适当方式通报青年工作组织设/成立情况	
	规范、整理和归档相关材料	

2. 工作流程

设/成立青年工作组织流程

应设/成立青年工作组织单位（部门）党组织同上级团（青年工作）组织初步沟通设/成立青年工作组织意愿

↓

设/成立青年工作组织单位（部门）党组织向上级团（青年工作）组织发函征求意见

↓

上级团（青年工作）组织研究并复函

↓

通报青年工作组织设/成立情况，规范、整理和归档相关材料

3. 工作模板

模板 2－1－1

关于设/成立××（单位或部门名称）青年工作部（组、小组）的函

上级团（青年工作）组织名称：

（单位情况简介；团员、青年的人数及分布情况；青年工作开展情况等）

（党组织关系隶属情况；设/成立后的青年工作组织隶属关系意向；如果申请设立青年工作部或青年工作组，还要说明下属青年工作组织设置方案）

经党委（党总支、党支部）会议讨论，拟设/成立××（单位或部门全称）青年工作部（组、小组），青年工作部（组、小组）由××同志任部（组）长，××、××等×位同志任副部（组）长。

妥否，请予复函。

附件：××（单位或部门全称）青年工作部（组、小组）部（组）长、副部（组）长基本情况

××（单位〈部门〉党组织或单位〈部门〉党组织工作机构名称）

年　　月　　日

模板 2－1－2

关于同意设/成立××（单位或部门名称）青年工作部（组、小组）的复函

××单位（部门）党组织或单位（部门）党组织工作机构名称：

《关于设/成立××（单位或部门名称）青年工作部（组、小组）的函》（文号）收悉。

经研究，同意设/成立××（单位或部门名称）青年工作部（组、小组）；

同意××同志任××（单位或部门全称）青年工作部（组、小组）部（组）长，××、××等×位同志任副部（组）长。

特此复函。

××（上级团〈青年工作〉组织名称）（盖章）

年　月　日

第三条　基本职责

1. 坚持党的领导，突出政治建设，强化政治功能，教育引领青年始终在政治立场、政治方向、政治原则、政治道路上同以习近平同志为核心的党中央保持高度一致。

2. 组织青年深入学习贯彻习近平新时代中国特色社会主义思想，坚决贯彻党的基本理论、基本路线、基本方略，持续推动习近平新时代中国特色社会主义思想在石化青年中大学习大普及大落实。

3. 宣传、执行和落实党组织的指示和上级团（青年工作）组织的决议，团结带领青年服务中心大局，帮助青年提升职业技能和综合素养，引导青年弘扬职业文明，参与民主管理与民主监督。探索利用新媒体、新平台、新载体等有效增强青年思想引领实效性的方式方法。

4. 服务青年成长成才，做好推优入党工作，推荐青年人才，深化“师带徒”工作，实现新入职员工“师带徒”全覆盖；广泛搭建助力青年成长成才平台，结合不同专业领域、不同岗位序列青工队伍实际，有针对性地开展岗位练兵、技能比武、业务竞赛等“实践育人”工作；完善青年典型选树宣传机制，搭建青年榜样示范平台。

5. 服务企业改革发展，开展突击攻坚、创新创效等多种形式的岗位建功活动，深化“号手岗队”、青年志愿服务品牌工作，团结带领广大青年在企业改革发展中发挥生力军和突击队作用。

6. 密切联系服务青年，常态化开展“我为青年办实事”工作，定期开展青年思想动态调研分析，广泛听取意见建议，把解决思想问题同解决实际问题结合起来，多做得人心、暖人心、稳人心的工作，建设“青年之家”打通服务青年“最后一公里”。

7. 加强青年工作组织标准化规范化信息化建设，加强所属青年工作组织的指导和考核，加强青年工作组织干部队伍建设，对下级青年工作组织负责人履职情况进行监督。

第四条　调整青年工作组织负责人

1. 工作要求

上级团（青年工作）组织要协助已设/成立青年工作组织单位（部门）的党组织做好青年工作组织负责人的管理工作，单位（部门）党组织认为有必要调整青年工作组织负责人时，需由单位（部门）党组织事先同上级团（青年工作）组织就青年工作组织负责人的人选进行协商，单位（部门）党组织同上级团（青年工作）组织达成统一意见后，按照干部管理权限办理任免、调动手续，通过适当方式公布青年工作组织负责人调整情况。

工作程序	工作内容及要求	附件
提出人选	同级单位（部门）党组织根据工作需要，在民主推荐的基础上，提出青年工作组织负责人人选	
沟通协商	同级单位（部门）党组织向上级团（青年工作）组织发关于青年工作组织负责人任免征求意见的函	模板 2－1－3
	上级团（青年工作）组织收悉后，及时与来函的党组织共同研究	
	上级团（青年工作）组织与来函的党组织充分协商，达成统一意见后复函给单位（部门）党组织	模板 2－1－4
任免公布	单位（部门）党组织按照干部管理权限办理任免、调动手续，并通过适当方式公布青年工作组织负责人调整情况	
资料归档	规范、整理和归档相关材料	

2. 工作流程

调整青年工作组织负责人流程

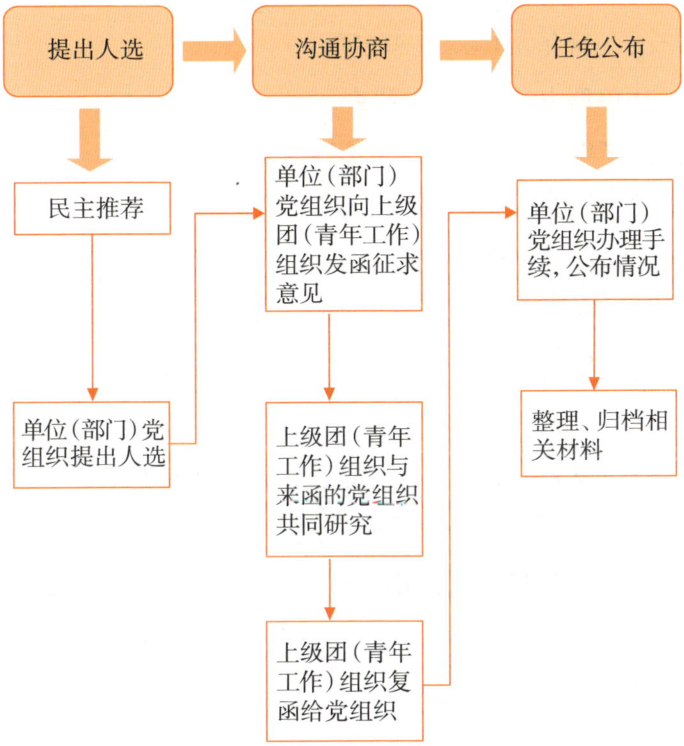

3. 工作模板

模板 2－1－3

关于××等同志任××（青年工作组织负责人岗位名称）征求意见的函

××（上级团〈青年工作〉组织名称）：

××（任免理由），经党委研究，

××拟任青年工作部（组、小组）部（组）长；

××拟任青年工作部（组、小组）副部（组）长；

拟免去××青年工作部（组、小组）部（组）长职务；

拟免去××青年工作部（组、小组）副部（组）长职务。

妥否，请予复函。

附件：拟任免人员的干部任免审批表或员工信息表

××（单位〈部门〉党组织或单位〈部门〉党组织工作机构名称）

年　　月　　日

模板 2－1－4

关于同意××等任××（青年工作组织负责人岗位名称）的复函

××单位（部门）党组织或单位（部门）党组织工作机构名称：

《关于××等任××（青年工作组织负责人岗位名称）征求意见的函》（文号）收悉。

经研究，同意××任青年工作部（组、小组）部（组）长；

同意××任青年工作部（组、小组）副部（组）长；

同意免去××青年工作部（组、小组）部（组）长职务；

同意免去××青年工作部（组、小组）副部（组）长职务。

特此复函。

××（上级团〈青年工作〉组织名称）（盖章）

年　　月　　日

第五条　青年工作组织名称更改

1. 工作要求

当青年工作组织所在单位（部门）名称发生变更时，为了便于开展工作，青年工作组织名称一般要相应更改。青年工作组织建制发生变化（如青年工作组升格为青年工作部等）时，名称也要相应更改。青年工作组织更名，均须经同级党组织同意，并报上级团（青年工作）组织批准。

工作程序	工作内容及要求	附件
报送请示	确需更名的青年工作组织应及时研究更名事宜，在征得同级党组织的同意后，向上级团（青年工作）组织报送关于青年工作组织名称更改的书面请示。请示应附单位（部门）更名（或同级党组织更名）的相关原始材料复印件	模板 2－1－5
研究批复	上级团（青年工作）组织收到关于青年工作组织名称更改的请示后，应及时研究决定，并作出批复，批复时间一般不超过半个月	模板 2－1－6
名称变更	接到上级团（青年工作）组织同意更名的批复后，青年工作组织应及时向同级党组织报备，并通过适当方式通报青年工作组织名称更改情况	
资料归档	青年工作组织应及时将关于名称更改的请示、上级团（青年工作）组织的批复等材料整理归档	

2. 工作流程

青年工作组织名称更改流程

确需更名的青年工作组织应及时研究更名事宜，经同级党组织同意后，向上级团（青年工作）组织报送书面请示

↓

上级团（青年工作）组织研究更名事宜，下发同意更名批复

↓

青年工作组织接到批复后，及时向同级党组织报备，并以适当方式通报

↓

青年工作组织及时将请示、批复等材料整理归档

3. 工作模板

模板 2－1－5

关于变更××（原单位或部门名称）
青年工作部（组、小组）名称的请示

××（上级团〈青年工作〉组织名称）：

××（原单位或部门名称）因工作需要，名称变更为××（现单位或部门全称）（对更名原因作简要说明）。为进一步加强基层青年工作组织建设，经××（现单位或部门名称）党组织同意，建议将“××（原单位或部门名称）青年工作部（组、小组）”更名为“××（现单位或部门名称）青年工作部（组、小组）”。

妥否，请批示。

附件：××（单位或部门名称）更名文件复印件

××（原单位或部门名称）青年工作部（组、小组）（盖章）

年　　月　　日

模版 2-1-6

关于同意××（原单位或部门名称）青年工作部（组、小组）更名的批复

××（原单位或部门名称）青年工作部（组、小组）：

《关于变更××（原单位或部门名称）青年工作部（组、小组）名称的请示》（文号）收悉。

经研究，同意"××（原单位或部门名称）青年工作部（组、小组）"更名为"××（现单位或部门名称）青年工作部（组、小组）"。

特此批复。

××（上级团〈青年工作〉组织名称）（盖章）

年 月 日

抄送：××（单位或部门名称）党组织

第六条　青年工作组织建制更改

1. 工作要求

青年工作组织建制应按照《中国石油化工集团有限公司直属单位团委工作规则》（中国石化团委〔2024〕20 号）相关规定，根据工作需要和青年人数而设立。一个青年工作部、青年工作组或青年工作小组如果青年人数增加或减少，根据工作需要，其组织的建制应作调整。青年工作组织建制更改可分为升格和降格两类。青年工作组织升格、降格，均须经同级党组织同意，并报有审批权的上级团（青年工作）组织（基层团委及以上团的委员会或青年工作部）批准。

工作程序	工作内容及要求	附件
报送请示	拟改建（升格/降格）的青年工作组织在征得同级党组织的同意后，向上级团（青年工作）组织（有审批权限）报送关于青年工作组织建制更改的书面请示。请示应包括本单位团员青年和青年工作组织的分布情况、改建的理由、改建后拟采用的建制形式、改建后负责人的组成结构、所属青年工作组织的设置方案	模板 2－1－7
研究批复	上级团（青年工作）组织收到关于青年工作组织建制更改的请示后，应及时与其同级党组织沟通，研究决定后作出批复，批复时间一般不超过半个月	模板 2－1－8
建制更改	接到上级团（青年工作）组织同意建制更改的批复后，青年工作组织应及时向同级党组织报备，并通过适当方式通报青年工作组织建制更改情况	
资料归档	青年工作组织应及时将建制更改请示、上级团（青年工作）组织的批复等材料整理归档	

2. 工作流程

青年工作组织建制更改流程

青年工作组织应及时研究建制更改事宜，经同级党组织同意后，向上级团（青年工作）组织报送书面请示

↓

上级团（青年工作）组织与其同级党组织沟通后，研究建制更改事宜，下发同意更改建制批复

↓

青年工作组织接到批复后，及时向同级党组织报备，并以适当方式通报

↓

青年工作组织及时将请示、批复等材料整理归档

3. 工作模板

模板 2－1－7

关于××（单位或部门青年工作组织名称）升/降格的请示

××（上级团〈青年工作〉组织名称）：

××（青年工作组织升/降格的原因），经报××（单位或部门名称）党组织同意，建议××（单位或部门青年工作组织名称）建制升/降格为××（单位或部门名称）青年工作部/组/小组建制。

妥否，请审批。

××（单位或部门青年工作组织名称）（盖章）

年　　月　　日

模板2-1-8

关于同意××（单位或部门青年工作组织名称）升/降格的批复

××（单位或部门青年工作组织名称）：

《关于××（单位或部门青年工作组织名称）升/降格的请示》（文号）已收悉。同意××（单位或部门青年工作组织名称）建制升/降格为（单位或部门名称）青年工作部/组/小组建制。

希望升/降格后的青年工作部（组、小组）在××（单位或部门名称）党组织的领导下，按照《中国石油化工集团有限公司直属单位团委工作规则》有关规定，认真做好青年工作。

特此批复。

××（上级团〈青年工作〉组织名称）（盖章）

年　　月　　日

抄送：××（单位或部门名称）党组织

第二节　青年工作组织运行

第一条　青年工作组织运行原则

青年工作组（小组）在同级党组织和上级团青组织的领导下，以有效覆盖青年为重点开展工作，履行引领凝聚青年、组织动员青年、联系服务青年的基本职责，对所辖团员青年的教育管理实行“一方隶属、多重覆盖”。具体组织运行发挥实践中，集团公司总部部门（机构）青年工作组参照总部部门（机构）青年工作组工作指引开展工作；直属单位青年工作组参照直属单位团委工作开展；基层单位青年工作组织参照基层团委工作开展。

第二条 青年大会

1. 工作要求

基本概念：

青年大会是指由青年工作小组负责人召集的本单位全体青年参加的会议，青年大会是青年工作小组的议事决策机构。

基本要求：

青年大会一般每季度召开 1 次，根据工作需要可以随时召开。

（1）青年大会应由青年工作小组组长主持，如组长空缺或因故缺席，可由副组长主持。

（2）青年大会议题提交表决前，应当经过充分讨论。一般情况下，参加会议的青年应超过青年工作小组青年总数的二分之一。

（3）根据工作需要经青年工作小组负责人研究决定，青年大会可邀请其他有关人员列席。列席人员有发言权，没有表决权。

<table>
<tr><th>工作程序</th><th colspan="2">工作内容及要求</th><th>附件</th></tr>
<tr><td rowspan="7">确定主要议题和任务</td><td colspan="2">征集青年意见，拟定青年大会议题</td><td></td></tr>
<tr><td rowspan="6">主要议题和任务</td><td>学习党的理论，学习习近平总书记系列重要讲话内容</td><td></td></tr>
<tr><td>传达学习党的路线、方针、政策和团的政策文件、重要会议精神，传达同级党组织、上级团（青年工作）组织的决议、指示，研究制定贯彻落实的计划和措施等</td><td></td></tr>
<tr><td>听取和讨论青年工作小组工作开展情况，对青年工作小组负责人的工作进行审议和监督</td><td></td></tr>
<tr><td>围绕服务企业发展和青年发展开展工作，组织带领青年积极投身生产经营围绕提升组织力、凝聚力，开展青年工作小组建设工作</td><td></td></tr>
<tr><td>研究决定对青年推荐评选和奖励，推荐优秀青年作为入党积极分子</td><td></td></tr>
<tr><td>研究决定本小组其他重要事项</td><td></td></tr>
<tr><td>发布通知</td><td colspan="2">发出会议通知，缺席青年需会前请假</td><td></td></tr>
<tr><td rowspan="6">召开会议</td><td colspan="2">召开青年大会。(到会青年超过本小组青年总数的二分之一方可召开)</td><td></td></tr>
<tr><td colspan="2">主持人清点到会人数，报告本小组青年出、缺席情况</td><td></td></tr>
<tr><td colspan="2">宣布会议议题，围绕议题进行民主讨论</td><td></td></tr>
<tr><td colspan="2">青年大会议题提交表决前，应当经过充分讨论。表决需有半数以上有表决权的青年到会方可进行，赞成人数超过到会有表决权的青年半数为通过</td><td></td></tr>
<tr><td colspan="2">宣布表决结果，形成决议</td><td></td></tr>
<tr><td colspan="2">做好会议记录，并长期保存</td><td>模板 2－2－1</td></tr>
<tr><td rowspan="3">会后落实</td><td colspan="2">向同级党组织和上级团（青年工作）组织书面报告会议情况，包括大会时间、地点、青年出席情况、主要议程、讨论情况、表决结果、重要事项决议等</td><td></td></tr>
<tr><td colspan="2">将会议情况和大会决议及时传达到所有青年，特别是缺席青年</td><td></td></tr>
<tr><td colspan="2">规范、整理和归档材料</td><td></td></tr>
</table>

2. 工作流程

青年大会流程

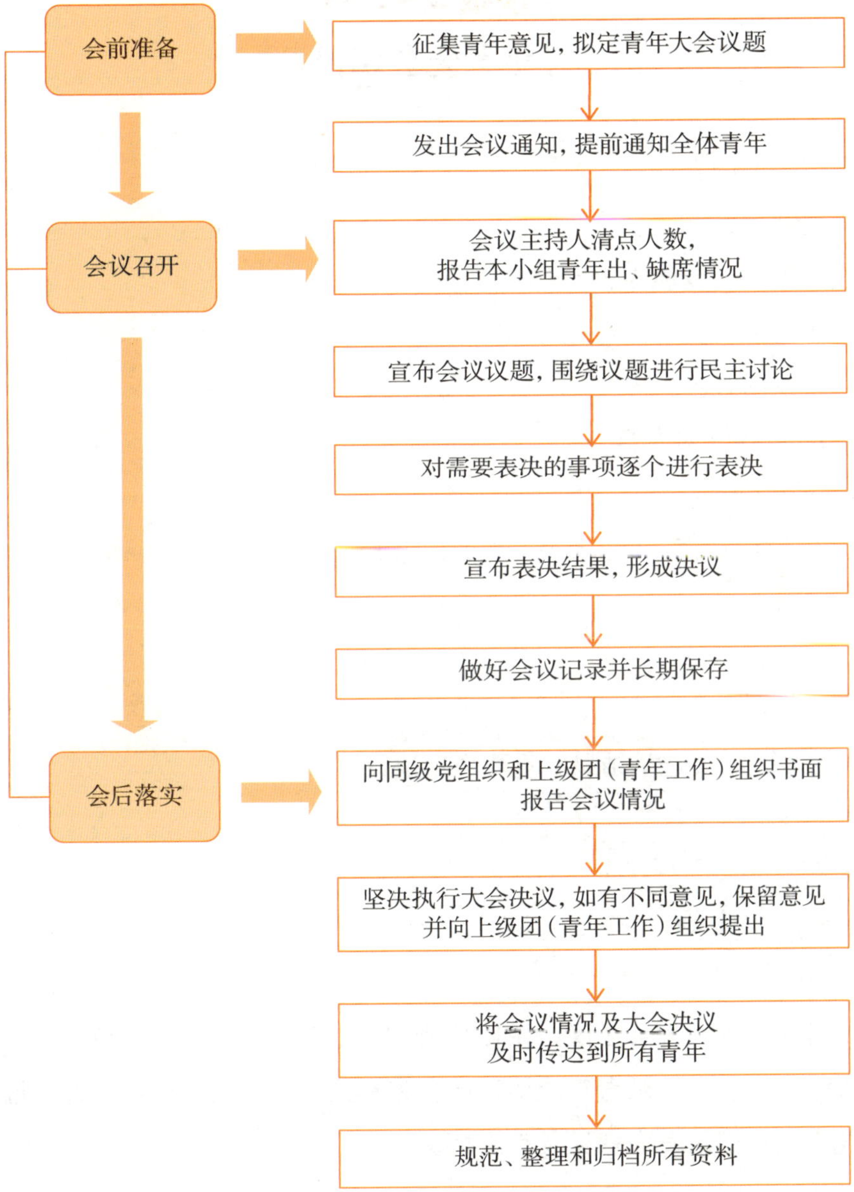

3. 工作模板

模板 2－2－1

青年大会会议记录

时　　间：　　　　　　　　　　　　　　地　　点：

主要议题：　　　　　　　　　　　　　　参加人员：

缺席人员及原因：

主 持 人：　　　　　　　　　　　　　　记 录 人：

会议内容：

1. 主要议程内容

……

2. 讨论发言：（记录每个人的发言）

××：……

××：……

××：……

3. 总结：（选举结果、重要事项决议）

……

组长（主持人）：××（签名）

记录人：××（签名）

备注：青年大会会议记录需体现研究、讨论过程，记录发言要点，学习贯彻类重点记录青年谈认识体会和意见建议情况，推荐评选和推优入党类重点记录发表意见及表决情况。

第三条　青年工作部（组）会议

1. 工作要求

基本概念：

青年工作部（组）通过青年工作部（组）会议进行议事决策、安排部署日常工作，青年工作部（组）会议是青年工作组织系统运行的主要形式。

基本要求：

会议一般每月召开一次，根据工作需要可随时召开。

（1）会议应当由青年工作部（组）负责人召集并主持。

（2）青年工作部会议参加人员为青年工作部负责人和青年工作组负责人，根据工作需要可扩大至部分青年工作小组负责人；青年工作组会议参加人员为青年工作组负责人和青年工作小组负责人。

（3）到会人员超过应到会人数的三分之二方可进行。根据工作需要，可以邀请有关人员列席。列席人员有发言权，没有表决权。

工作程序	工作内容及要求		附件
确定主要议题和任务	根据工作需要，拟定会议议题		
	主要议题和任务	学习党的理论，学习习近平总书记系列重要讲话内容	
		学习传达党的路线方针政策和团的政策文件，重要会议精神，研究制定落实同级党组织、上级团（青年工作）组织的决议、指示相关措施	
		研究青年工作发展规划	
		研究青年政治引领工作、服务青年成长成才工作、助力青年建功工作、加强青年工作组织自身建设工作	
		审议通过青年工作部（组）重要制度文件，工作总结和计划，安排重要专项工作以及检查考核等事项	
		推荐或审核出席各级团代会代表人选，审定本级评选标准的先进集体和个人，向上级推荐先进集体和个人等事项	
		研究向同级党组织和上级团（青年工作）组织请示报告的重大事项	
		研究其他应当由青年工作部（组）决定的事项	
发布通知	发出会议通知，缺席成员需会前请假		
召开会议	召开会议。(到会人员超过应到会人数的三分之二方可进行)		
	主持人清点到会人数，报告应参会人出、缺席情况		
	宣布会议议题，围绕议题进行民主讨论		
	对需要表决的事项，采取口头、举手或投票等方式进行表决，超过应到会人数的半数同意方可通过，表决实行主持人末位表态制。会议研究决定多个事项的，逐项表决		
	会议讨论应充分发扬民主，在与会成员充分发表意见、达成基本共识的基础上形成决议		
	明确职责分工，推动贯彻落实		
	做好会议记录，并长期保存		模板 2－2－2
会后落实	向同级党组织和上级团（青年工作）组织报告会议情况，包括会议时间、地点、出席情况、主要议程、讨论情况、重要事项决议等		
	制定具体落实措施，分头落实，青年工作部（组）长及时督导		
	规范、整理和归档相关材料		

2. 工作流程

青年工作部（组）会议流程

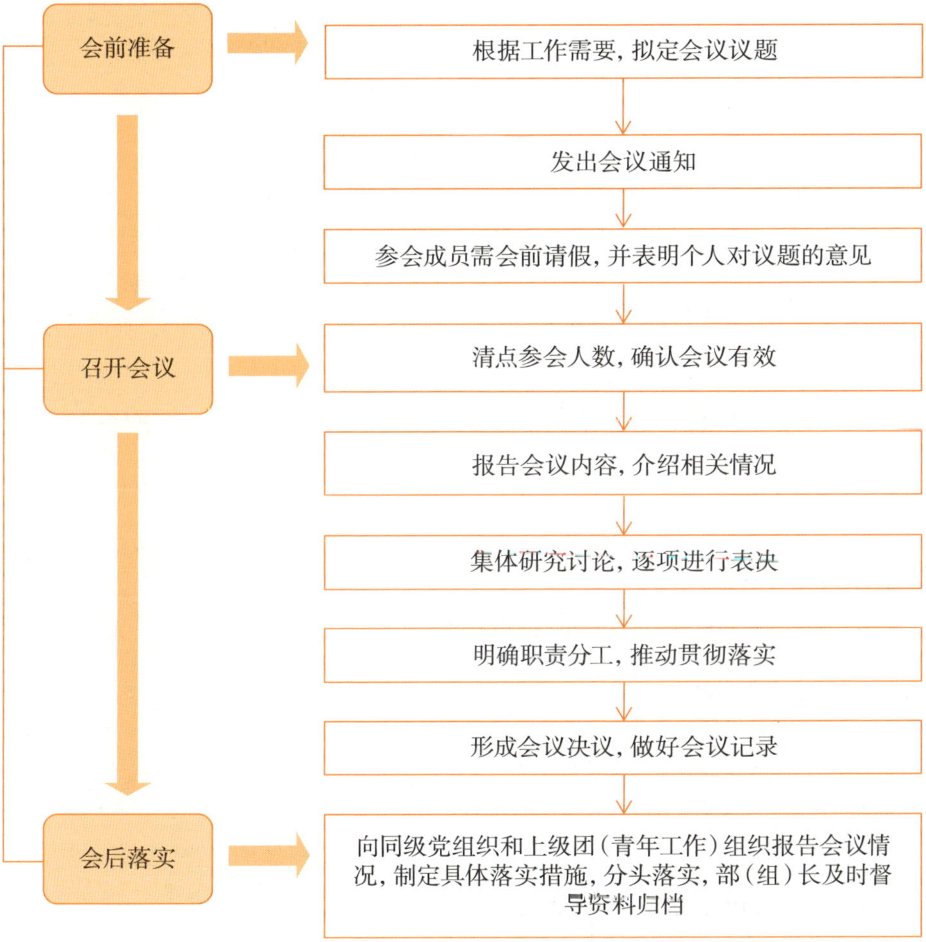

3. 工作模板

模板 2－2－2

青年工作部（组）会议记录

时　　间：　　　　　　　　　　　　地　　点：

主要议题：　　　　　　　　　　　　参加人员：

缺席人员及原因：

主 持 人：　　　　　　　　　　　　记 录 人：

会议内容：

1. 主要议程内容

……

2. 讨论发言：（记录每个人的发言）

××：……

××：……

××：……

3. 总结：（选举结果、重要事项决议）

……

部（组）长（主持人）：××（签名）

记录人：××（签名）

备注：会议记录需体现研究、讨论过程，记录发言要点。研究总结工作计划类、组织发展类等，重点记录参会成员发言内容要点，体现议事过程，并记录决议情况。

第四条　青年工作组织推优入党

1. 工作要求

落实《中国石化共青团推优入党工作实施细则》（中国石化党建〔2024〕3号）"党支部讨论发展对象前，对35周岁以下入党积极分子，应听取所在团支部意见。不具备建立团支部的，应听取所在青年工作组织意见"要求，坚持党章规定的党员基本条件，真正把青年中的先进分子推荐给党组织。

工作程序	工作内容及要求	附件
党组织听取意见	党支部在讨论发展对象前，对35周岁以下入党积极分子，应听取所在青年工作组织意见	
青年工作组提出意见	青年工作组织根据日常掌握情况，充分听取青年党员、青年员工评价意见	
	对党支部拟讨论确定为发展对象的35周岁以下青年，提出评价意见	
	填写《中国石化35周岁以下青年入党意见表》，向党支部反馈，同时报上级团（青年工作）组织备案	模板2-2-3
党组织吸纳意见	党支部委员会讨论确定发展对象时，应吸纳35周岁以下青年所在青年工作组织评价意见	
上级团（青年工作）组织反馈	基层党委预审合格的35周岁以下发展对象，及时反馈同级团（青年工作）组织，团（青年工作）组织在15个工作日内向青年工作组织通报传达	
	规范、整理和归档相关资料	

2. 工作流程

青年工作组织推优入党基本流程

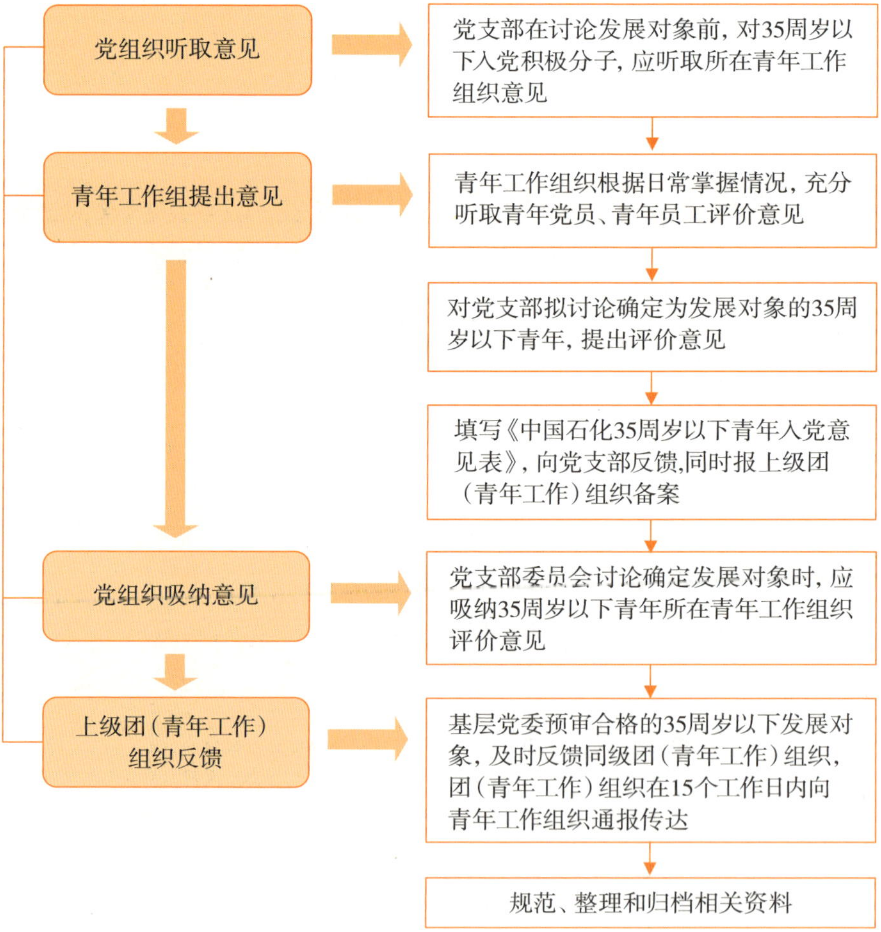

3. 工作模板

模板 2－2－3

中国石化35周岁以下青年入党意见表（青年工作组织）

青年工作组织：________

<table>
<tr><td>姓　名</td><td></td><td>性　别</td><td></td><td>出生年月
（　岁）</td><td></td><td rowspan="3">1寸免冠
照片</td></tr>
<tr><td>民　族</td><td></td><td>籍　贯</td><td></td><td>学　历</td><td></td></tr>
<tr><td>所在岗位</td><td colspan="3"></td><td>申请入党
时间</td><td></td></tr>
<tr><td>日常表现</td><td colspan="6">1. 是否对党绝对忠诚，始终与党保持高度一致。　是□否□
2. 是否带头遵守法纪法规，敢于同违法违纪行为作斗争。　是□否□
3. 是否带头恪守社会公德、职业道德、家庭美德、个人品德。　是□否□
4. 是否敢于担当，尽职尽责完成好本职工作。　是□否□
5. 是否积极参加团（青年工作）组织开展的各项活动。　是□否□
其他方面需要反馈的情况：</td></tr>
<tr><td>青年工作
组织意见</td><td colspan="6">青年工作组织：　　　　年　　月　　日</td></tr>
</table>

第五条 青年工作组织工作经费使用和管理

1. 工作要求

将青年工作组织工作经费（以下简称“经费”）下沉到基层是推动青年工作重心下移、面向基层、深入青年的一项重要举措，为基层青年工作组织担负引领凝聚青年、组织动员青年、联系服务青年的职责提供必要财力保障。

青年工作组织工作经费应按照企业青年每人每年不少于 200 元标准。在企业经费预算中单独列支，保证充足。

2. 经费使用

使用原则	统筹安排、量入为出、专款专用、一事一议
	向基层倾斜，确保基层青年工作组织有行为能力
适用范围	团员青年教育培训
	订阅或购买用于开展团员青年教育的报刊、资料和音像制品
	表彰先进基层青年工作组织、先进青年和优秀青年工作者
	青年工作开展过程中宣传制品，如制作展板、条幅、宣传视频、印发材料
	青年工作开展中所需开发系统软件、制作网页等
	基层青年工作组织开展活动
具体要求	使用划拨经费，必须经过集体讨论决定，不得个人或少数人擅自决定和批准；上级划拨的经费，专款专用，不得变相或超范围使用；经费使用须遵守财经制度，符合内部控制要求，严禁违规现象出现

3. 经费管理

管理内容	管理要求
经费管理	青年工作组织统一管理
具体财务工作	一般由所在单位财务部门代办
	指定专人负责，实行会计、出纳分设
汇报报告	按照上级要求，每年底前将上年度经费划拨、使用和管理情况向上级团（青年工作）组织报告，内容包括：上年度经费划拨情况、使用数额；经费开支的主要项目；经费划拨以及使用和管理工作中的经验、做法、存在的问题及改进的意见和建议等
管理要求	各级青年工作组织每年要对经费使用和管理的情况进行自查，总结经验、发现问题、及时纠正
	青年工作组织负责人变动时，要严格按照经费管理的有关规定和财务制度办好交接手续
	对违反经费使用和管理规定的，依据有关规定严肃查处，触犯刑律的依法处理

03 第三章

团组织、团干部协管

第一节　新建立团组织

1. 基本定位

团支部是团的基础组织，负责协助同级党组织抓好党的青年工作，是团组织开展工作的基本单元，是团的全部工作和战斗力的基础，担负着直接教育团员、管理团员、监督团员和组织青年、宣传青年、凝聚青年、服务青年的职责。

2. 设置原则

基层团组织设置应当坚持和落实党建带团建工作要求，遵循党团管理关系一致、有利于团组织和团干部联系服务团员青年的原则，做到党团建设同步谋划、党团组织同步设置、党团力量同步配备、党团工作同步开展，基层团组织隶属关系原则上与同级党组织保持一致。

3. 基本要求

《中国石油化工集团有限公司直属单位团委工作规则》（中国石化团委〔2024〕20 号）和《中国石油化工集团有限公司团支部工作细则》（中国石化团委〔2024〕19 号）规定，团支部设置一般以单位、区域为主，以单独组建为主要方式。团员 3 人以上的，成立团支部。团员 7 人以上的团支部，设立支部委员会。

团员人数 50 人以上、100 人以下的，设立团的总支部委员会。团员人数不足 50 人、确因工作需要的，经同级党组织和上级团组织批准，也可以设立团总支。

团员人数 100 人以上的，设立团的基层委员会。团员人数不足 100 人、确因工作需要的，经同级党组织和上级团组织批准，也可以设立团委。

积极探索工程项目建团、产业链建团、生产线建团、公寓建团、网络建团等模式。为期 6 个月以上的工程项目、研发团队等，具备条件的，应当成立团组织。

团员人数	团组织	团的委员会设置
3～49 人	团支部	由 3 至 5 人组成，设书记 1 人，必要时设副书记 1 人（团支部有团员 7 人以上的）
50～100 人	团总支	一般由 5 至 7 人组成，设书记 1 人，可以设副书记和组织委员、宣传委员、纪律委员等若干委员
100 人以上	团委（不设常务委员会）	一般由 7 至 9 人组成，2000 人以上或下设团委的直属单位团的基层委员会一般由 15 至 21 人组成。团的基层委员会设书记 1 人，副书记 1 至 3 人
备注	经同级党组织和上级团组织批准，委员会人数可以根据实际需要适当放宽	

注意事项：

（1）团员人数不足 3 人的，应当按照地域相邻、规模适当、有利于生产经营、便于管理的原则，成立联合团组织，团组织设置可以不完全与党组织和行政建制对应。

（2）14 周岁以上、28 周岁以下的中国青年，履行过团章规定的手续入团，除被开除团籍的和因自愿退团、自行脱团而被除名的以外，均为中国共产主义青年团团员，具有团籍。团员加入中国共产党以后仍保留团籍。团员（含保留团籍的党员）年满 28 周岁，若在团内担任职务，则保留团籍；若没有在团内担任职务，则不保留。担任团的各级领导职务的中国共产党党员、在团的各级领导机关直接从事团的业务工作的干部、被团的代表大会或代表会议正式确认为该级团的委员会候选人或上一级团的代表大会代表候选人的中国共产党党员，也具有团籍。

工作程序	工作内容及要求	附件
做好准备并同上级团组织初步沟通建团意愿	应建团单位（有团员3人以上的基层单位，下同）认真学习团章等有关规定和集团公司团委有关工作要求	
	全面了解所在单位团员、青年以及青年党员的人数及分布情况	
	研究团组织在单位中的职能定位	
	在征得同级党组织的同意后，向上级团组织沟通建团意愿	
协商成立筹备组等事宜	应建团单位事先征得同级党组织同意，由党组织发函至上级团组织，协商成立团组织相关事宜（含本单位团员人数分布情况、团组织拟设置形式、委员会规模、下级团组织设置意向、筹备组成员等）	模板3-1-1
	上级团组织收到拟建团单位党组织来函之后，尽快组织人员就协商内容对申请单位进行了解考察，对确实适宜建团的及时复函	模板3-1-2
	在考虑筹备组的组成人员时，应与正式成立该团组织的委员会成员候选人人选相结合	
	在同级党组织的领导和指导下，明确成立目的、组织人员和主要工作，成立建团筹备组，筹备团组织建立事宜。筹备组具有团的临时机构职能，可召集团员大会，开展团内活动等	
召开团员大会（团员代表大会）选举产生团的委员会	筹备组运转、准备6个月后，在事先征得同级党组织同意的前提下，以筹备组的名义向上级团组织提出召开团员大会或团员代表大会的请示	
	上级团组织批复同意。（如同级党组织和上级团组织认为其成立条件尚未成熟，可延长时间，一般最多延长6个月）	
	召开团员大会或团员代表大会，正式选举产生团的委员会	
结果呈报及团组织、团员、团干部信息录入、资料归档	团员大会（团员代表大会）或团的委员会第一次全体会议闭会后，以新产生的委员会名义，及时将选举结果呈报同级党组织和上级团组织批准	
	在1个月内，建立、完善石化党建平台团青子系统和“智慧团建”系统中团组织和团员、团干部信息	
	规范、整理和归档相关材料	

4. 工作流程

新建立团组织流程

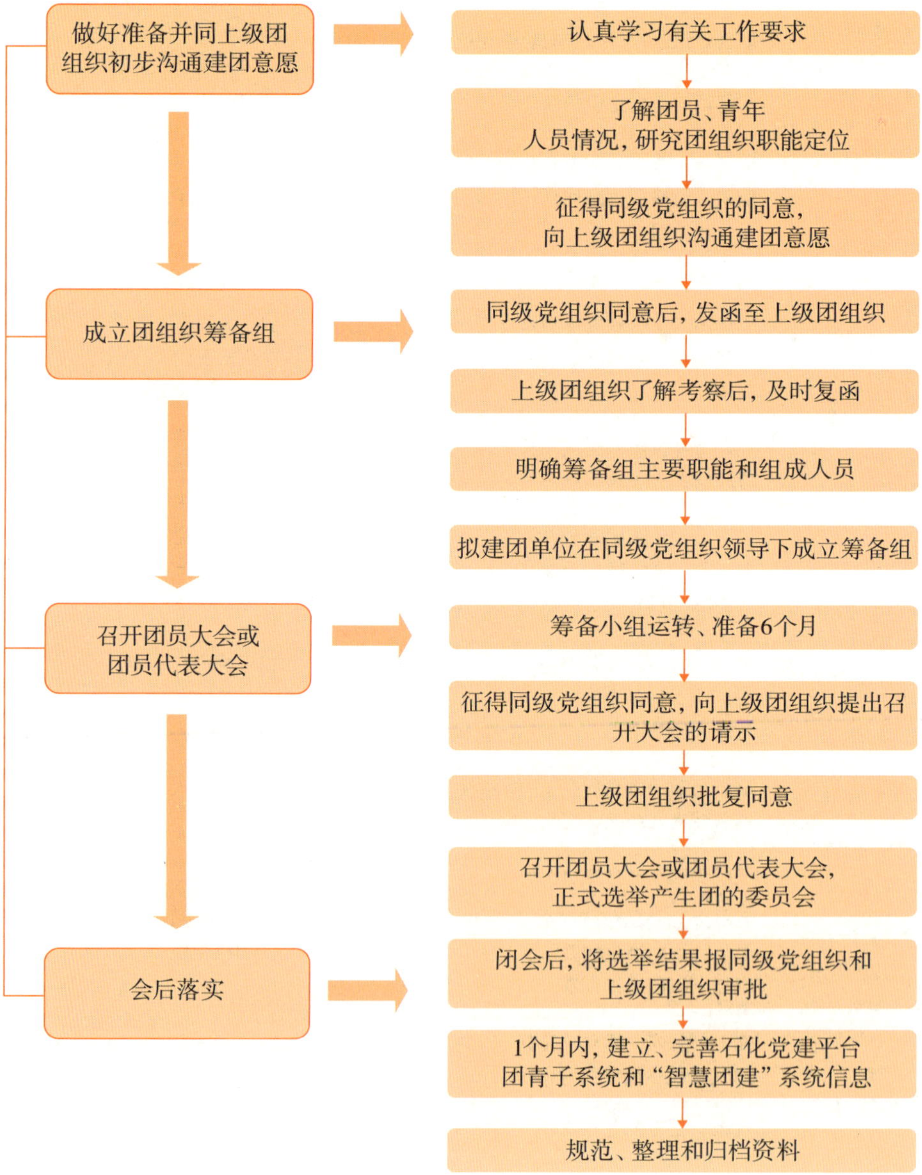

5. 工作模板

模板 3－1－1

关于成立共青团××（单位名称）委员会征求意见的函

××（上级团组织名称）：

××（单位名称）是××××（单位情况简介），现有35周岁以下青年×人，其中团员×人（含保留团籍的党员×人）。为进一步加强团的基层建设、更好地开展团青工作，依据《中国共产主义青年团章程》和《中国共产主义青年团国有企业基层组织工作条例（试行）》规定，拟成立共青团××（单位名称）委员会。具体事宜如下：

1. 共青团××（单位名称）委员会拟设委员×名，其中书记×人、副书记×人，拟下设××、××、××等×个团支部。

2. 拟成立共青团××（单位名称）委员会筹备组，筹备组由××、××、××等×（按姓氏笔画排序）（女性、少数民族需注明）组成，其中××为筹备组组长。

妥否，请予复函。

附件：

1. ××（单位名称）团员基本信息统计表

2. 共青团××（单位名称）委员会筹备组成员基本信息统计表

××（单位名称）党委（盖章）

××年××月××日

附件 1

××（单位名称）团员基本信息统计表

序号	姓名	性别	民族	出生年月	学历	入团时间	参加工作时间	工作岗位	是否党员

附件 2

共青团××（单位名称）委员会筹备组成员基本信息统计表

序号	姓名	性别	民族	出生年月	学历	参加工作时间	工作岗位	是否党员

模板 3－1－2

关于同意成立共青团××（单位名称）委员会的复函

××（单位名称）党委：

《关于成立共青团××（单位名称）委员会征求意见的函》（文号）收悉。

经研究：

1. 同意成立共青团××（单位名称）委员会，设委员×名，其中书记×人、副书记×人，下设××、××、××等×个团支部。

2. 同意成立共青团××（单位名称）委员会筹备组，由××、××、××、××等×（按姓氏笔画排序）（女性、少数民族需注明）组成；其中××为筹备组组长。

特此复函。

××（上级团组织名称）（盖章）

××年××月××日

第二节 团组织换届选举

1. 工作要求

基本要求：

团章规定，支部委员会、总支部委员会每届任期三年。团（总）支部书记、副书记一般由团员大会从新当选的委员会委员中选举产生，不设委员会的团支部书记、副书记由团员大会选举产生。

国有企业团的基层委员会由团员大会或者团员代表大会选举产生，每届任期 3 年至 5 年，一般应当与同级党的委员会任期保持一致。国有企业基层团委书记、副书记，一般由本级委员会全体会议选举产生；召开团员大会选举的团的基层委员会书记、副书记，也可以由团员大会从新当选的委员会委员中选举产生。

直属单位团组织应当严格执行任期制度。团的支部委员会、总支部委员会、基层委员会任期届满应按期进行换届选举，选举结果须报同级党组织和上级团组织批准。如需提前或延期换届选举，应报同级党组织和上级团组织批准。其中，团的支部委员会延长或者提前期限一般不超过 6 个月，其他一般不超过 1 年。

集团公司团委一般提前六个月发函推动直属单位团组织按期换届。直属单位团组织一般不得延期换届选举，确因故需要延期换届选举的，应在换届期满前三个月与集团公司团委、同级党组织组织部门沟通延期有关事项，并以书面形式报同级党组织和集团公司团委批准。

直属单位团组织进行换届选举按《中国石化直属单位团组织选举规定》执行。

基层团组织领导机构	产生方式	任期	团干部的产生方式
团支部委员会	由团员大会选举产生	3 年	团支部书记、副书记一般由团员大会从新当选的委员会委员中选举产生 不设委员会的团支部书记、副书记由团员大会选举产生
团总支部委员会	由团员大会选举产生	3 年	团总支书记、副书记一般由团员大会从新当选的委员会委员中选举产生
团的基层委员会	由团员大会或团员代表大会选举产生	3 年至 5 年，一般与同级党的委员会任期保持一致	基层团委书记、副书记一般由本级委员会全体会议选举产生
			召开团员大会选举的，团的基层委员会书记、副书记，也可以由团员大会从新当选的委员会委员中选举产生
备注：下列人员在团内有表决权、选举权和被选举权。 (1) 中国共产主义青年团团员；在团内担任领导职务或直接从事团的业务工作的中国共产党党员。(受留团察看处分尚未恢复党/团员权利的除外) (2) 党团组织提名为团的委员会成员候选人或团的代表大会代表候选人的中国共产党党员具有被选举权			

注意事项：

(1) 按照《关于明确在地方的中央企业团组织隶属关系有关问题的答复》规定，直属企业（单位）团组织换届选举工作在企业党组织领导下开展，以集团公司团委为主指导，审批程序按照团内有关规定办理。地方团组织有相关工作要求的，从其规定。

(2) 按照《中国石化直属单位团组织选举规定》，直属单位团的总支部委员会、支部委员会书记、副书记由团员大会从新当选的委员会委员中选举产生。

<table>
<tr><th>工作阶段</th><th>工作程序</th><th colspan="2">工作内容及要求</th><th>备注</th></tr>
<tr><td rowspan="11">会前准备</td><td>作出召开会议进行换届选举的决定</td><td colspan="2">基层团委召开团员代表大会或团员大会进行换届，应由团的委员会全体会议作出决定。团支部、团总支召开团员大会进行换届，由支部委员会、总支部委员会作出决定</td><td></td></tr>
<tr><td rowspan="3">向同级党组织和上级团组织呈报关于换届选举的请示</td><td colspan="2">至少提前 3 个月向同级党组织和上级团组织提出请示。
请示内容包括：
1. 换届选举的理由及选举大致时间安排；
2. 大会的主要任务和主要议程；
3. 代表的名额、构成意向及产生办法；
4. 新一届团的委员会组成及产生办法，书记、副书记人数及产生办法；
5. 选举办法及差额的比例</td><td>模板 3－2－1</td></tr>
<tr><td colspan="2">同级党组织对请示内容进行审查，如无不妥，在适当范围内批转</td><td></td></tr>
<tr><td colspan="2">上级团组织对请示各项事项进行审查并与同级党组织沟通，及时作出批复</td><td>模板 3－2－2</td></tr>
<tr><td>上级团组织批复后，筹备团员大会或团员代表大会</td><td colspan="2">成立筹备工作机构，筹备会议，具体包括：
1. 文件起草：大会报告、有关讲话、决议、通知等；
2. 组织人事：团员代表大会代表的选举、新一届团的委员会委员候选人人选的酝酿提名、团员代表大会主席团成员人选的提名等；
3. 会务：文件、会场、交通、财务等</td><td></td></tr>
<tr><td rowspan="6">选举代表及资格审查（团员大会无此流程）</td><td rowspan="2">代表名额确定</td><td>代表的名额一般为 50 名至 200 名，最多不超过 300 名（可根据情况适当减少），由召集代表大会的直属单位团的委员会根据所辖团员人数，按照要求确定，报同级党组织和上级团组织批准</td><td></td></tr>
<tr><td>代表名额分配：由召集代表大会的直属单位团的委员会根据团员人数和代表的广泛性原则确定</td><td></td></tr>
<tr><td rowspan="2">代表产生</td><td>候选人的差额不少于应选人数的 20%（计算方式：候选人数＝应选人数＋应选人数×差额比例，当最终结果非整数时，应采用“进一法”向上取整）</td><td></td></tr>
<tr><td>产生方式：各选举单位按分配名额组织团员酝酿提名，根据多数团员意见确定，在一定范围内公示后，提交团员大会、团员代表大会或团的代表会议进行选举</td><td></td></tr>
<tr><td rowspan="2">代表资格审查</td><td>资格审查：上届团的委员会成立代表资格审查小组，负责对代表的产生程序和资格进行审查。审查小组由召集代表大会的团的委员会提名并表决产生。组成人员可以是书记、副书记或熟悉共青团工作的同志</td><td></td></tr>
<tr><td>审查结果：不符合规定程序的，责成原选举单位重新选举；不具备资格的，责成原选举单位撤换；资格审查通过的，获得正式代表资格</td><td></td></tr>
</table>

续表

<table>
<tr><th>工作阶段</th><th>工作程序</th><th colspan="3">工作内容及要求</th><th>备注</th></tr>
<tr><td rowspan="9">会前准备</td><td rowspan="6">确定委员会委员、书记、副书记候选人预备人选</td><td colspan="3">提名：按照德才兼备和班子结构合理原则提名</td><td></td></tr>
<tr><td colspan="3">人数：委员候选人的差额不少于应选人数的20%</td><td></td></tr>
<tr><td rowspan="4">确定委员候选人预备人选</td><td rowspan="2">团的委员会</td><td>召开团员大会的：上届团的委员会在组织团员民主推荐、充分酝酿的基础上，根据多数团员的意见确定候选人预备名单，报同级党组织和上级团组织批准</td><td></td></tr>
<tr><td>召开团员代表大会的：上届团的委员会广泛征求组织和团员意见，提出候选人预备名单，报同级党组织和上级团组织批准</td><td></td></tr>
<tr><td>总支部委员会</td><td>全体团员酝酿提名，上届团的委员会根据多数团员的意见确定候选人，报同级党组织和上级团组织批准</td><td></td></tr>
<tr><td>支部委员会</td><td>同总支部委员会，或全体团员充分酝酿后，直接投票选举产生</td><td></td></tr>
<tr><td>委员会书记、副书记、委员候选人预备人选报批</td><td colspan="3">以同级党组织名义向集团公司团委发函征求意见，集团公司团委复函。
直属单位所属下级团组织书记、副书记、委员候选人预备人选按同样程序由同级党组织向上级团组织发函、上级团组织复函</td><td>模板3－2－3
模板3－2－4</td></tr>
<tr><td>团员代表大会主席团成员人选的提名</td><td colspan="3">主席团是团员代表大会的领导机构：
1. 主席团由各代表团（小组）负责人、团员代表大会筹备机构负责人及各方面代表组成。
2. 主席团成员由上届团的委员会与下一级团的委员会协商，在团员代表大会代表中提名，经各代表团（小组）酝酿讨论后，提交代表大会预备会议表决产生。
3. 任务：按大会议程主持大会；组织大会的报告和讨论；酝酿讨论和确定出席上一级团员代表大会代表和本届团的委员会委员候选人名单，主持大会的选举；审议大会的决议；其他</td><td></td></tr>
<tr><td>召开大会预备会议（团员大会无此流程）</td><td colspan="3">由上届团的委员会主持召开大会预备会议。
1. 通过大会议程（草案）。
2. 通过大会主席团和秘书长名单（草案）。
3. 听取大会筹备工作报告。
4. 审议代表资格审查报告（草案）</td><td>模板3－2－5
模板3－2－6</td></tr>
</table>

续表

工作阶段	工作程序	工作内容及要求	备注
召开会议（选举产生新的委员会）	召开主席团第一次会议	1. 通过代表资格审查报告（草案）; 2. 通过大会日程（草案）; 3. 审议大会选举办法（草案）; 4. 审议通过提交各代表团组讨论的新一届委员候选人预备人选名单（草案）	模板 3-2-7
	召开第一次全体会议	1. 宣布大会开幕，唱国歌、团歌; 2. 宣读上级团组织贺信; 3. 上一届团委会向大会作工作报告; 4. 上级团组织领导讲话; 5. 同级党组织领导讲话	模板 3-2-8
	各代表团组讨论	1. 讨论学习第一次全体会议领导讲话; 2. 讨论大会工作报告; 3. 审议新一届委员会委员候选人预备人选名单（草案）; 4. 审议总监票人、监票人名单（草案）; 5. 审议大会选举办法（草案）; 6. 审议大会工作报告决议（草案）	模板 3-2-7
	召开主席团第二次会议	1. 听取各代表团组讨论审议情况; 2. 通过大会选举办法（草案）; 3. 通过新一届委员会委员候选人预备人选名单（草案）; 4. 通过大会总监票人、监票人名单（草案）; 5. 审议关于大会工作报告的决议（草案）	模板 3-2-7
	召开第二次全体会议	1. 通过大会选举办法（草案）; 2. 通过大会总监票人、监票人名单（草案）; 3. 选举新一届委员会委员; 4. 宣布计票结果和选举结果; 5. 通过大会决议（草案）; 6. 奏国际歌	模板 3-2-6 模板 3-2-7 模板 3-2-9 模板 3-2-10
选举书记副书记	新一届团的委员会第一次全体会议	1. 介绍书记、副书记候选人情况; 2. 宣读并通过选举办法（草案）; 3. 通过选举监票人（草案）; 4. 选举书记、副书记	模板 3-2-15 模板 3-2-16 模板 3-2-17
会后落实	向上级团组织报告换届选举的情况	直属单位团组织的选举结果须以正式文件形式报同级党组织和集团公司团委批准，集团公司团委发文公布，同级党组织按干部管理权限办理任职手续	模板 3-2-18 模板 3-2-19
	规范、整理和归档相关材料		
备注	如提前或延期换届选举，应报同级党组织和上级团组织批准。延长期限不超过一年		模板 3-2-20

2. 工作流程

团组织换届选举流程

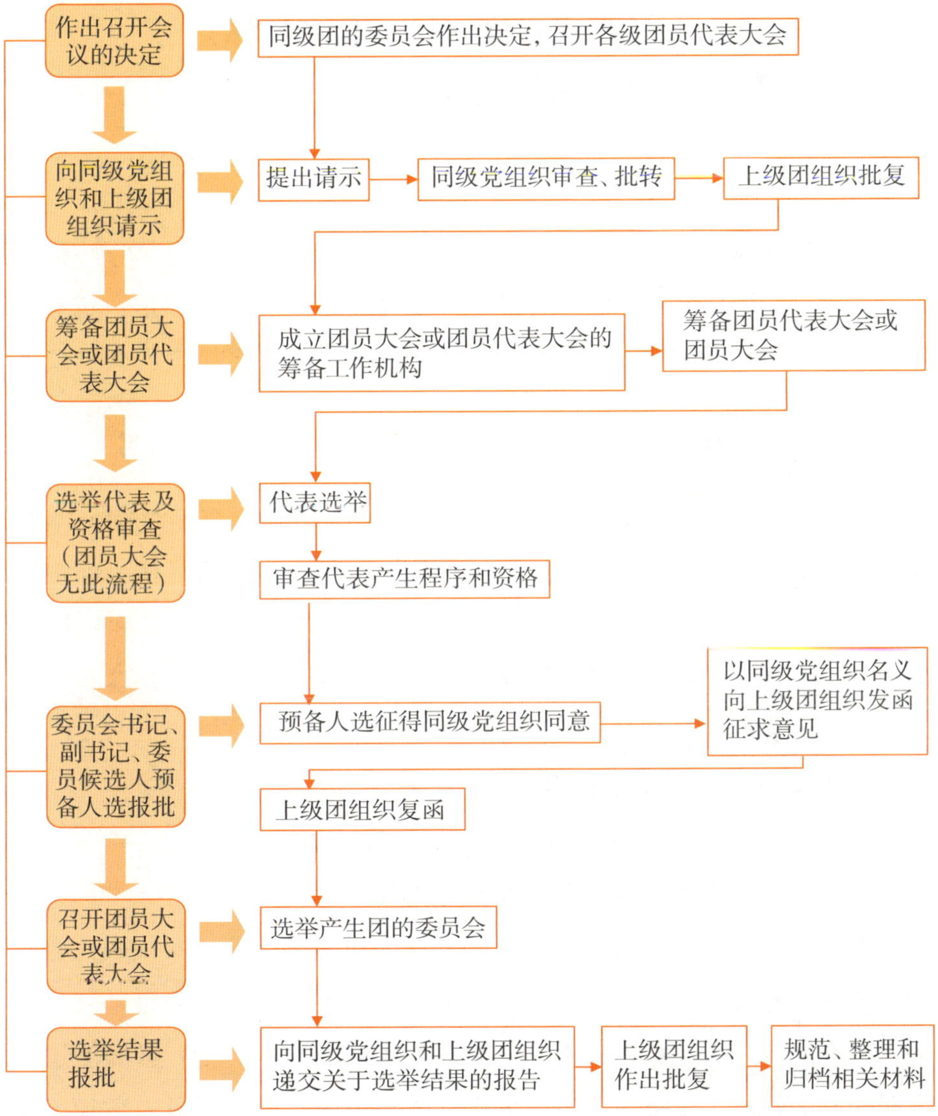

3. 工作模板

模板3－2－1
关于召开共青团××（单位名称）第×次代表大会的请示

××（上级团组织名称）：

共青团××（单位名称）第×次代表大会于××年××月召开，根据团章、《中国石化直属单位团组织选举规定》等有关规定，我们拟于××年××月召开共青团××（单位名称）第×次代表大会。现就有关事项请示如下：

一、大会的主要任务

以习近平新时代中国特色社会主义思想为指导，全面贯彻××精神、××会议部署，总结过去××（单位名称）共青团工作，确定今后五年工作任务和奋斗目标，选举产生共青团××（单位名称）第×届委员会，动员各级团组织和广大团员青年，为××而努力奋斗。

二、大会的主要议程

1. 听取和审议大会工作报告。

2. 选举产生共青团××（单位名称）第×届委员会。

三、代表的名额、构成意向及产生办法

共青团××（单位名称）委员会共有团员×名，第×次代表大会的代表名额拟定为×名，其中，各级团干部比例不高于×，来自基层一线的代表不低于×名，女代表不低于×名。代表名额的分配，参照上述各方面的比例要求，按照各选举单位所辖团组织的数量、团员人数和工作需要确定。代表由各选举单位实行差额选举产生，候选人的差额比例不少于于应选人数的百分之二十。

四、委员会的组成、书记、副书记人数及产生办法

按照《中国石化直属单位团组织选举规定》，共青团××（单位名称）第×届委员会拟设委员×名，其中，拟设书记×名，副书记×名。

按照候选人的差额不少于应选人数的20%的规定，拟定委员会委员候选人×名，提交大会，采用无记名投票差额选举方式选举产生共青团××（单位名称）第×届委员会委员。拟定书记候选人×名，副书记候选人×名，在共青团××（单位名称）第×届委员会第一次全体会议上采用无记名投票等额选举方式选举产生书记、副书记。

妥否，请批示。

共青团××（单位名称）委员会（盖章）

××年××月××日

模板 3－2－2

关于同意召开共青团××(单位名称)第×次代表大会的批复

共青团××（单位名称）委员会：

《关于召开共青团××（单位名称）第×次代表大会的请示》（文号）收悉。

经研究，同意你们于××年××月召开共青团××（单位名称）第×次代表大会，并原则同意有关请示事项。

希望你们在党委（党总支、党支部）的领导下，按照《中国共产主义青年团章程》《中国石化直属单位团组织选举规定》等有关要求，精心组织，认真实施，做好大会各项筹备工作。有关候选人人选材料请按协管程序及时上报。

特此批复。

××（上级团组织名称）（盖章）

××年××月××日

抄送：××（同级党组织名称）

模板 3-2-3

关于共青团××（单位名称）第×届委员会书记、副书记、委员候选人预备人选征求意见的函

××（上级团组织名称）：

共青团××（单位名称）第×次代表大会将于××年××月××日召开。在民主推荐、充分酝酿的基础上，经××（单位名称）党委研究，拟提名：××、××、××、××（女性、少数民族需注明）等×人（按姓氏笔画排序）为共青团××（单位名称）第×届委员会委员候选人预备人选；××为共青团××（单位名称）第×届委员会书记候选人预备人选；××为共青团××（单位名称）第×届委员会副书记候选人预备人选。

妥否，请予复函。

附件：

1. 共青团××（单位名称）第×届委员会书记、副书记、委员候选人预备人选基本情况

2. 共青团××（单位名称）第×届委员会书记、副书记候选人预备人选考察材料

××（单位名称）党委

××年××月××日

附件 1

共青团××（单位名称）第×届委员会
书记、副书记、委员候选人预备人选基本情况

（按姓氏笔画排序）

1. ××

女，×族，××年××月生，××年××月参加工作，××（政治面貌），××（学历）、××（职称或技能等级），现为××（职务或岗位）。

×××× ××——×××× ××（工作经历）

……

×××× ××至今

附件 2

共青团××（单位名称）第×届委员会书记、副书记候选人预备人选考察材料

××，××年××月出生，××年××月加入中国共产党，××（学历）、××（职称或技能等级）。××年××月进入××单位工作，××年××月任××，××年××月起先后任××、××，……××年××月至今任××。

综合描述××同志德、能、勤、绩、廉等方面的现实表现。

对××同志提出主要不足。

综上所述，该同志条件成熟，同意其为共青团××（单位名称）第×届委员会书记（副书记）候选人预备人选。

模板 3－2－4

关于同意共青团××（单位名称）第×届委员会书记、副书记、委员候选人预备人选的复函

××（单位名称）党委：

《关于共青团××（单位名称）第×届委员会书记、副书记、委员候选人预备人选征求意见的函》（文号）收悉。

经研究，同意××、××、××、××等×人（按姓氏笔画排序）（女性、少数民族需注明）为共青团××（单位名称）第×届委员会委员候选人预备人选；同意××为共青团××（单位名称）第×届委员会书记候选人预备人选；同意××、××为共青团××（单位名称）第×届委员会副书记候选人预备人选。

特此复函。

××（上级团组织名称）（盖章）

××年××月××日

模板3－2－5

在共青团××(单位名称)第×次代表大会预备会议上的主持词

时　　间：××年××月××日

地　　点：××

主 持 人：××

(××同志递上代表人数报告单)

各位代表：

根据《中国共产主义青年团基层组织选举工作条例》、《中国石化直属单位团组织选举规定》要求，本次会议应到代表×人，因病、因事请假×人，实到代表×人，到会人数不少于应到会人数的三分之二，符合相关规定，可以开会。根据大会日程安排，今天举行共青团××（单位名称）第×次代表大会预备会议。

今天的预备会议共有四项议程。

下面进行第一项议程，通过共青团××（单位名称）第×次代表大会议程（草案），相关材料已经发放，请各位代表审议。

有没有意见？(环顾四周）没有，现在进行表决。

同意的请举手。(稍停，巡视会场)

请放下。

不同意的请举手。(稍停，巡视会场)

没有。(或请放下。如有，由工作人员统计，报告人数)

弃权的请举手。(稍停，巡视会场)

没有。(或请放下。如有，由工作人员统计，报告人数)

一致通过。（鼓掌）（或"经表决，获得多数代表同意，通过。"）

下面进行第二项议程，通过共青团××（单位名称）第×次代表大会主席团和秘书长名单（草案）。请××同志宣读名单（草案）。

（宣读完毕）

有没有意见？（环顾四周）没有，现在进行表决。

同意的请举手。（稍停，巡视会场）

请放下。

不同意的请举手。（稍停，巡视会场）

没有。（或请放下。如有，由工作人员统计，报告人数）

弃权的请举手。（稍停，巡视会场）

没有。（或请放下。如有，由工作人员统计，报告人数）

一致通过。（鼓掌）（或"经表决，获得多数代表同意，通过。"）

下面进行第三项议程，听取共青团××（单位名称）第×次代表大会筹备工作报告，请××同志宣读报告。

（宣读完毕）

有意见请发表。（如有意见，由工作人员做好记录）

没有意见，进行下一项议程。

下面进行第四项议程，审议《共青团××（单位名称）第×次代表大会代表资格审查报告（草案）》，相关材料已经发放，请各位代表审议报告。

有意见请发表。（如有意见，由工作人员做好记录）

如没有意见，将提交主席团第×次会议通过。

各位代表，大会预备会议的各项议程结束。

会后请主席团成员到××（地点）参加主席团第×次会议。

散会！

模板 3－2－6

共青团××（单位名称）第×次××会议到会情况报告单

共青团××（单位名称）第×次××会议应到代表×人，经工作人员核对，实到代表×人，因事、因病请假×人，实到会人数不少于应到会人数的三分之二，符合法定人数，可以开会。

工作人员：

××年××月××日

模板 3－2－7

共青团××（单位名称）第×次代表大会选举办法

（草　案）

根据《中国共产主义青年团章程》《中国共产主义青年团基层组织选举工作条例》和《中国石化直属单位团组织选举规定》有关要求，制定本选举办法。

一、共青团××（单位名称）第×届委员会由共青团××（单位名称）第×次代表大会选举产生。选举工作由大会主席团领导。

二、共青团××（单位名称）第×届委员会委员采用差额选举的办法产生。先进行差额预选，产生候选人名单，然后进行等额正式选举（说明：也可以不预选，直接进行差额选举）。

三、共青团××（单位名称）第×届委员会委员候选人建议名单，由××（单位名称）团委提出，报××党委和上级团委同意后，经大会主席团初步确认，提交各代表团酝酿讨论；大会主席团汇总各代表团意见后，确定候选人预选名单，提交大会进行选举。

四、共青团××（单位名称）第×届委员会委员名额拟定×名，委员候选人预选提名×人，委员候选人差额不少于×人。

五、差额预选以代表团为单位进行，分别投票，由大会汇总统一计票。大会主席团根据预选结果确定委员候选人名单，提交大会进行等额正式选举。

六、大会选举采用无记名投票方式。候选人名单以姓氏笔画为序排列。

七、预选和正式选举都要求参加代表人数不少于应到会人数的三分之二方可进行。因病、因事请假的，不能委托他人投票。每次选举，收回的选票等于或少于发出的选票，选举有效；收回的选票多于发出的选票，选举无效，应重新进行选举。

八、预选时，从得赞成票超过应到会代表半数的被选举人中，按得票多少依次取足应选数。如遇最后两人或两人以上票数相等而超过应选数的，或获得赞成票超过应到会代表半数的被选举人不足应选数，授权大会主席团决定是否继续选举并确定应选名额。

正式选举时，得赞成票超过应到会代表半数的被选举人当选。

九、选举人对候选人可以表示赞成、反对、弃权或另选他人。表示赞成的，在候选人姓名上方的方格内画“○”；表示反对的，在候选人姓名上方的方格内画“×”；表示弃权的，不画任何符号；另选他人的，在候选人姓名上方的方格内写上另选人姓名，并画“○”。另外，表示反对的可以另选他人；表示弃权的，不能另选他人。

十、预选时，必须对不少于规定差额数量的候选人表示反对或弃权，如另选他人，应对相应数量的候选人表示反对，即表示赞成的必须等于或少于应选数，否则该选票为废票。等额正式选举时，如另选他人，应对相应数量的候选人表示反对，即表示赞成的必须等于或少于应选数，否则该选票为废票。

十一、正式选举结束，向大会公布全部被选举人得票情况，同时宣读选举结果。当选的委员以姓氏笔画为序排列。

十二、预选时设监票人×名，其中总监票人×名。正式选举设监票人×名，其中总监票人×名。监票人由各代表团推荐，总监票人由大会主席团从监票人中提名。预选时的监票人和总监票人经大会主席团通过；正式选举时的监票人和总监票人经大会通过。已提名为委员候选人的不得担任监票人。监票人在大会主席团的领导下，对选举全过程进行监督。

十三、本选举办法由大会主席团提出，各代表团酝酿讨论，经大会表决通过后生效。选举时，如出现本选举办法规定以外的情况，由大会主席团决定。

模板3－2－8

在共青团××（单位名称）第×次代表大会第一次全体会议（开幕式）上的主持词

（××同志递上报告单）

各位领导、各位代表，同志们：

共青团××（单位名称）第×次代表大会在××党委、团××省/市委和集团公司团委的关心领导下，在××（单位名称）广大团员青年的瞩目期待下，在各级团干部和青年工作者的共同努力下，经过紧张有序的筹备，今天拉开了帷幕！

现在召开共青团××（单位名称）第×次代表大会第一次全体会议。

大会应到代表×人，因病、因事请假×人，实到×人，符合规定人数，可以开会。

出席今天大会的领导有：

××、××、××、××、××。

我们还邀请了××（单位名称）相关部室领导出席会议；同时，集团公司团委和各兄弟单位团委、地方团委也发来了贺信，让我们用掌声对各位领导的到来和关心表示热烈的欢迎和衷心的感谢！

现在我宣布：××（单位名称）第×次代表大会第一次全体会议开幕！

第×次全体会议共有五项议程。

下面进行第一项议程，请全体起立。唱国歌、团歌。

（唱国歌）

（唱团歌）

请坐下。

下面进行第二项议程，请××同志致贺词。大家欢迎！

（××同志上演讲台）

下面进行第三项议程，请××（单位名称）团委书记××同志作共青团××（单位名称）第×次代表大会工作报告，大家欢迎！

（报告完毕）

下面进行第四项议程，请××同志讲话。大家欢迎！

下面进行第五项议程，请××同志讲话。大家欢迎！

各位领导、各位代表，同志们，刚才××同志所作的大会工作报告，从×个方面系统总结了近年来××（单位名称）共青团开展的主要工作，实事求是地指出了当前工作中存在的问题和不足，精心谋划了新时代××（单位名称）共青团和青年工作需要把握的主题，为未来一段时期的共青团工作指明了方向。会后，请各代表团团长按照日程安排组织学习讨论！

××同志代表××（单位名称）为我们提出了要求，××同志的讲话，充分肯定了××（单位名称）共青团和青年工作取得的成绩，对下一步工作提出了新的更高要求，具有很强的针对性、指导性。我们要认真组织学习各位领导的讲话精神，结合实际抓好落实。

今天上午开幕式的议程已经进行完毕。让我们再次用热烈的掌声，感谢各位领导出席今天上午的大会！下面欢送领导退场。

（鼓掌欢送）

（领导退场）

下面，请各代表团团长组织本团代表携带好会议材料到各分团会议室召开分团会议；另外，请主席团成员于××（时间）前到××（地点）参加主席团第×次会议。

开幕式到此结束，散会！

模板 3－2－9

在共青团××(单位名称)第×次代表大会第二次全体会议(闭幕式)上的主持词

各位代表：

现在召开共青团××（单位名称）第×次代表大会第二次全体会议。

下面，请工作人员清点人数。

（××同志递上报告单）

本次会议应到代表××人，因病、因事请假×人，实到代表××人，到会人数不少于应到会人数的三分之二，符合相关规定，可以开会。

第二次全体会议共有六项议程。

下面进行第一项议程，宣读并通过《共青团××（单位名称）第×次代表大会选举办法（草案）》。

请工作人员（播音员）宣读选举办法（草案）。

（宣读完毕）

现在，对选举办法（草案）进行表决。

同意的请举手。（稍停，巡视会场）

请放下。

不同意的请举手。（稍停，巡视会场）

没有。（或请放下。如有，由工作人员统计，并通报人数）

弃权的请举手。（稍停，巡视会场）

没有。（或请放下。如有，由工作人员统计，并通报人数）

一致通过。（鼓掌）（或“经表决，获得多数委员同意，通过。”）

下面进行第二项议程，通过监票人和总监票人名单，宣布大会正式选举计票人名单。

大会主席团第×次会议推荐××同志为总监票人，××、××、××、××、××、××几（备注：“几”是具体数字）位同志为监票人，现在进行表决。

同意的请举手。（稍停，巡视会场）

请放下。

不同意的请举手。（稍停，巡视会场）

没有。（或请放下。如有，由工作人员统计，报告人数）

弃权的请举手。（稍停，巡视会场）

没有。（或请放下。如有，由工作人员统计，报告人数）

一致通过。（鼓掌）（或“经表决，获得多数代表同意，通过。”）

现在宣布大会计票人名单。大会决定，××、××、××、××、××、××几（备注：“几”是具体数字）位同志为计票人。

下面进行第三项议程，选举共青团××（单位名称）第×届委员会委员。

请总监票人、监票人，计票人就位。

（稍等）

现在请监票人检验票箱。

（检验毕，总监票人向大会主持人递交《检验票箱报告单》）

请总监票人、监票人回到自己的座位。

根据总监票人的报告，今天会场设置的票箱符合选举要求。

本次大会选举共青团××（单位名称）第×届委员会委员，第×届委员会应设委员×人，候选人×人。第×届委员会委员候选人名单（草案）已经主席团第×次会议通过，根据大会选举办法规定，现提交大会选举。

请工作人员呈送选票，监票人清点选票。

（由计票人现场统计收到选票数量，总监票人报告收到选票情况）

请工作人员发放选票。大家拿到选票后请不要马上填写。

（发票毕）

没有拿到选票的代表请举手。（稍停，巡视会场）

没有。

拿到多余选票的代表请举手。（稍停，巡视会场）

没有。

拿到字迹不清选票的代表请举手。（稍停，巡视会场）

没有。

（总监票人报告发出选票情况，剩余选票剪角作废）

现在根据大会选举办法规定，对有关事项再说明一下，请各位代表注意：

本次大会选举共青团××（单位名称）第×届委员会委员实行差额选举。共青团××（单位名称）第×届委员会设委员×名，所选人数少于或等于×名的为有效票，多于×名的为无效票。代表对候选人可以表示赞成、反对、弃权或另选他人。表示赞成的，在候选人姓名上方的方格内画“○”；表示反对的，在候选人姓名上方的方格内画“×”；表示弃权的，不画任何符号；另选他人的，在候选人姓名上方的方格内写上另选人姓名，并画“○”。如另选他人，应对相应数量的候选人表示反对。各位代表有不清楚的地方请举手。（稍停，巡视会场）

没有。

现在请各位代表填写选票。

（代表填写选票，稍候）

还没有填写完票的代表请举手。

没有。

现在开始按顺序投票。

首先请总监票人、监票人投票。

（投票毕）

下面请主席团成员投票。

（投票毕）

现在请各位代表开始投票。

（开始播放投票背景音乐）

（投票毕）

（停止播放投票背景音乐）

现在请监票人开箱验票。

（验票毕，总监票人向大会主持人递交《发出收回选票情况报告单》）

根据总监票人的验票报告，本次大会发出共青团××（单位名称）第×届委员会委员选票×张，收回选票×张，收回选票等于（或少于）发出选票，本次选举有效。

现在请总监票人、监票人和工作人员封存选票并到计票室计票。（总监票人、监票人和工作人员退场）

现在请各位代表观看宣传短片，稍后听取计票结果和选举结果报告。请主席团成员离席，参加选举结果通报会。

（休会，播放宣传短片）

（工作人员抬离票箱）

（计票毕，总监票人向主持人递交《计票结果报告单》和《正式选举结果报告单》，总监票人留一份《计票结果报告单》，宣布结果用）
（主席团成员返回主席台就座）

下面进行第四项议程，宣布计票结果和选举结果。

共青团××（单位名称）第×届委员会委员正式选举计票工作已经结束。现在请总监票人宣读计票结果。

（宣读计票结果毕）

根据大会选举办法和计票结果，我宣布：××、××、××（女）、××、××、××、××、××、××、××、××（女）等××位当选为共青团××（单位名称）第×届委员会委员。

让我们以热烈的掌声向他们表示祝贺！

（鼓掌）

下面进行第五项议程，通过《共青团××（单位名称）第×次代表大会关于工作报告的决议（草案）》。

请工作人员宣读关于工作报告的决议（草案）。

（宣读毕）

现在进行表决。

同意的请举手。（稍停，巡视会场）

请放下。

不同意的请举手。（稍停，巡视会场）

没有。（或请放下。如有，由工作人员统计，报告人数）

弃权的请举手。（稍停，巡视会场）

没有。（或请放下。如有，由工作人员统计，报告人数）

一致通过。（鼓掌）（或“经表决，获得多数代表同意，通过。”）

各位代表，共青团××（单位名称）第×次代表大会在××党委、团××省/市委和集团公司团委的关怀和指导下，通过全体代表的共同努力，顺利完成了大会预定的各项任务，取得了圆满成功。

下面进行最后一项议程，请全体起立，奏《国际歌》。

（歌毕）

现在我宣布，共青团××（单位名称）第×次代表大会胜利闭幕。会后，请新当选的全体委员到××（地点）参加第×届委员会第一次全体会议。

谢谢大家！

模板3－2－10

共青团××（单位名称）
第×届委员会委员选票

（以姓氏笔画为序）

符　号										
候选人 姓　名	××	××	××	××	××	××	××	××	××	××
符　号										
候选人 姓　名	××	××	××	××	××	××	××			
填写选票说明	1. 共青团××（单位名称）第×届委员会委员名额拟定×名，委员候选人提名×人。 2. 赞成的，在候选人姓名上方的方格内画“○”，表示赞成的，必须等于或少于应选数，否则，该选票为废票。 3. 反对的，在候选人姓名上方的方格内画“×”。 4. 弃权的，不画任何符号。 5. 另选他人的，在候选人姓名上方的方格内写上另选人姓名，并画“○”。如另选他人，应对相应数量的候选人表示反对。 6. 所写字迹和符号不清或不符合要求导致无法判断的选票按照废票处理。									

模板 3－2－11

共青团××（单位名称）第×次××会议选举投票箱检验情况报告单

经检验，投票箱设置没有问题。

总监票人：

××年××月××日

模板3－2－12

共青团××（单位名称）第×次××会议发出收回选票情况报告单

经清点，今天实际到会代表×名，发出××（单位名称）第×次××会议选票×张，收回选票×张，收回选票等于（或少于）发出选票数。选举有效，可以计票。

总监票人：

××年××月××日

模板 3－2－13

共青团××（单位名称）第×次××会议选举计票结果报告单

本次大会实到代表×人，发出××（单位名称）第×次××会议选票××张，收回委员选票×张，其中无效票×张，有效票×张。

计票结果如下：

姓名	得赞成票数

另选人情况如下：

姓名	得赞成票数

总监票人：

计票人：

××年××月××日

模板 3－2－14

共青团××（单位名称）第×次××会议选举结果报告单

根据大会选举办法和计票结果，××、××、××（女）、××当选为共青团××（单位名称）第×届委员会委员。

总监票人：

××年××月××日

模板3－2－15

在共青团××（单位名称）第×届委员会第一次全体会议上的主持词

各位委员：

现在召开共青团××（单位名称）第×届委员会第一次全体会议。××领导出席今天的会议，让我们以热烈的掌声表示欢迎。

下面，请工作人员清点人数。

（工作人员清点人数后向主持人递交《到会人数报告单》）

今天会议应到委员×人，因病、因事请假×人，实到委员×人，到会人数不少于应到会人数的三分之二，符合相关规定，可以开会。

今天的会议共有五项议程。

下面进行第一项议程，请××领导对共青团××（单位名称）第×届委员会书记、副书记候选人基本情况进行介绍。

大家欢迎。

（介绍完毕）

（××送××同志离开）

下面进行第二项议程，宣读并通过《共青团××（单位名称）第×届委员会第一次全体会议选举办法（草案）》。

请工作人员（播音员）宣读选举办法（草案）。

（宣读完毕）

现在，对选举办法（草案）进行表决。

同意的请举手。（稍停，巡视会场）

请放下。

不同意的请举手。（稍停，巡视会场）

没有。（或请放下。如有，由工作人员统计，并通报人数）

弃权的请举手。（稍停，巡视会场）

没有。（或请放下。如有，由工作人员统计，并通报人数）

一致通过。（鼓掌）（或“经表决，获得多数委员同意，通过。”）

下面进行第三项议程，审议通过共青团××（单位名称）第×届委员会第一次全体会议监票人名单，宣布计票人名单。

根据相关规定，提名××同志为共青团××（单位名称）第×届委员会第一次全体会议的监票人。现在进行表决。

同意的请举手。（稍停，巡视会场）

请放下。

不同意的请举手。（稍停，巡视会场）

没有。（或请放下。如有，由工作人员统计，通告人数）

弃权的请举手。（稍停，巡视会场）

没有。（或请放下。如有，由工作人员统计，通告人数）

一致通过。（鼓掌）（或“经表决，获得多数委员同意，通过。”）

同时，会议决定××同志为共青团××（单位名称）第×届委员会第一次全体会议的计票人。

下面进行会议第四项议程，选举共青团××（单位名称）第×届委员会书记、副书记。

请监票人、计票人进入工作岗位。

请监票人检查票箱。

（检验毕，监票人向主持人递交《检验票箱报告单》）

请监票人入座。

根据监票人的报告，今天会场设置的票箱符合选举要求。

请工作人员分发选票。大家拿到选票后，先不要填写。

（发票毕）

没有拿到选票的委员请举手。（稍停，巡视会场）

没有。

拿到多余选票的委员请举手。（稍停，巡视会场）

没有。

拿到字迹不清选票的委员请举手。（稍停，巡视会场）

没有。

现在根据大会选举办法，对有关事项再说明一下，请各位委员注意：

今天会议选举共青团××（单位名称）第×届委员会书记、副书记实行等额选举。各位委员对候选人可以表示赞成、反对、弃权或另选他人。表示赞成的，在候选人姓名上方的方格内画“○”；表示反对的，在候选人姓名上方的方格内画“×”；表示弃权的，不画任何符号；另选他人的，在候选人姓名上方的方格内写上另选人姓名，并画“○”。如另选他人，应对相应数量的候选人表示反对。

各位委员还有不清楚的地方，请举手。

（稍停，巡视会场）

没有。

现在请各位委员按照填写说明，认真填写选票。

（稍停，填写完毕后）

没有填写完毕的请举手。

没有。

大家都填写完毕了。

请监票人先投票，其他委员依次投票。现在开始投票。

（投票完毕）

投票完毕，请监票人开箱验票。

（监票人、计票人清点完毕后，填写《发出收回选票情况报告单》，签字并报告主持人）

经清点，本次选举发出选票×张，收回选票×张，收回选票等于（或少于）发出选票，符合大会选举办法，选举有效。

请监票人、计票人前往计票室计票。

大家稍事休息，请不要离开座位。

（计票毕，监票人向主持人递交《计票结果报告单》和《书记、副书记选举结果报告单》，监票人留一份《计票结果报告单》，宣布结果用）

下面进行第五项议程，宣布计票结果。

选票统计工作已经完成，现在请监票人宣布计票结果。

（宣布完毕）

根据大会选举办法和计票结果，××当选共青团××（单位名称）第×届委员会书记，××、××、××当选共青团××（单位名称）第×届委员会副书记。

本次选举结果，将按照程序向××党委、团××省/市委和集团公司团委报告。

各位委员，通过大家的共同努力，共青团××（单位名称）第×届委员会第一次全体会议顺利结束！

谢谢大家！

模板 3-2-16

共青团××（单位名称）第×届委员会第×次全体会议选举办法

（草案）

根据《中国共产主义青年团章程》《中国共产主义青年团基层组织选举工作条例》和《中国石化直属单位团组织选举规定》的要求，制定本选举办法。

一、共青团××（单位名称）第×届委员会书记、副书记由共青团××（单位名称）第×届委员会选举产生。

二、共青团××（单位名称）第×届委员会设书记×名、副书记×名，采用等额选举的办法产生。

三、共青团××（单位名称）第×届委员会书记、副书记候选人，是在广泛征求意见基础上提出建议名单，经××党委同意，报请团××省/市委、集团公司团委批准后确定的。

四、本次选举采用无记名投票方式，进行书记、副书记的等额选举。书记、副书记候选人名单按姓氏笔画顺序排列。

五、出席本次会议的委员均有选举权和被选举权。

六、选举时，参加选举的委员到会人数不少于应到会人数的三分之二，方可进行选举。因病、因事请假的，不能委托他人投票。表示弃权的，不画任何符号；

选举人对候选人可以表示赞成、反对、弃权或另选他人。表示赞成的，在候选人姓名上方的方格内画“○”；表示反对的，在候选人姓名上方的方格内画“×”；另选他人的，在选票候选人姓名上方的方格内写上另选人姓名，并画“○”。表示反对的可以另选他人；表示弃权的，不能另选他人。

七、选举时，收回选票数等于或者少于发出数，选举有效，否则选举无效；选票上赞成票等于或少于应选名额的为有效票，多于应选名额的为无效票。

八、等额选举书记、副书记时，被选举人得赞成票超过应到会委员的半数为当选。

九、选举时，推选×名不是书记、副书记候选人的委员作为监票人，对会议选举进行监督；指定×名工作人员作为计票人，负责清点人数、发票、计票工作。投票时，监票人先投票，随后全体委员依次投票。

十、投票结束后，监票人、计票人监督核计票数，并向会议主持人报告计票结果，主持人宣布选举结果。当选的书记、副书记按姓氏笔画顺序排列。

十一、选举时如出现本选举办法未尽事宜，由全委会讨论决定。

十二、本选举办法经共青团××（单位名称）第×届委员会第×次全体会议通过后生效。

模板 3－2－17

共青团××（单位名称）第×届委员会书记、副书记选票（票样）

（以姓氏笔画为序）

符　号	
书记候选人 姓　名	
符　号	
副书记候选人 姓　名	
填写选票 说明	1. 共青团××（单位名称）第×届委员会书记名额拟定×名，书记候选人提名×人；副书记名额拟定×名，副书记候选人提名×人。 2. 赞成的，在候选人姓名上方的方格内画“○”。表示赞成的，必须等于或少于应选数，否则，该选票为废票。 3. 反对的，在候选人姓名上方的方格内画“×”。 4. 弃权的，不画任何符号。 5. 另选他人的，在候选人姓名上方的方格内写上另选人姓名，并画“○”。如另选他人，应对相应数量的候选人表示反对。 6. 所写字迹和符号不清或不符合要求导致无法判断的选票按照废票处理。

模板 3－2－18

关于共青团××(单位名称)第×次××会议和第×届委员会第一次全体会议选举结果的报告

××（上级团组织名称）：

根据《中国共产主义青年团章程》《中国共产主义青年团基层组织选举工作条例》和《中国石化直属单位团组织选举规定》，报经××（单位名称）党委、××（上级团组织名称）、××（地方团委名称）批准，共青团××（单位名称）第×次××会议于××年××月××日胜利召开。本次大会的正式代表共×名，实际到会代表×名。大会以无记名投票的方式，选举产生了共青团××（单位名称）第×届委员会。××年××月××日召开了共青团××（单位名称）第×届委员会第一次全体会议，选举产生了共青团××（单位名称）第×届委员会书记、副书记。现将选举情况报告如下：

1. 共青团××（单位名称）第×届委员会选举情况。

共青团××（单位名称）第×届委员会设委员×名，候选人预备人选×名，大会采用候选人数多于应选人数的差额选举办法进行选举（或大会采用差额选举办法进行预选，产生候选人名单，然后进行等额正式选举）。正式选举时，大会应到会代表×名，实到会代表×名，发出选票×张，收回有效选票×张。

候选人得票情况如下（以得票多少为序，得票相同时以姓氏笔画为序）：

××（姓名）×票、××（姓名）×票……（说明：此处要列举所有候选人得票情况）

根据选举结果，××、××、××（女）……×名同志（以姓氏笔画为序）当选为共青团××（单位名称）第×届委员会委员。

2. 共青团××（单位名称）第×届委员会书记、副书记选举情况。

××年××月××日，共青团××（单位名称）第×届委员会召开第一次全体会议，会议以无记名投票的方式选举产生了共青团××（单位名称）第×届委员会书记和副书记。会议应到委员×名，实际到会委员×名，发出选票×张，收回有效选票×张。候选人得票情况如下（以得票多少为序，得票相同时以姓氏笔画为序）：

书记候选人：××（姓名）×票。

副书记候选人：××（姓名）×票、××（姓名）×票。

根据选举结果，××同志当选为共青团××（单位名称）第×届委员会书记；××、××等×名同志（按提名顺序排列）当选为共青团××（单位名称）第×届委员会副书记。

本次大会选举结果与××（单位名称）党委、××（上级团组织名称）、××（地方团委名称）批复同意的共青团××（单位名称）第×届委员会书记、副书记、委员候选人预备人选一致。

特此报告，请批复。

共青团××（单位名称）委员会（盖章）

××年××月××日

模板 3－2－19

关于同意共青团××(单位名称)第×次××会议和第×届委员会第一次全体会议选举结果的批复

共青团××（单位名称）委员会：

《关于共青团××（单位名称）第×次××会议和第×届委员会第×次全体会议选举结果的报告》（文号）收悉。

经研究，同意由××、××……××（按姓氏笔画排序）（女性、少数民族需注明）等×人为共青团××（单位名称）第×届委员会委员；同意××任共青团××（单位名称）第×届委员会书记；同意××、××任共青团××（单位名称）第×届委员会副书记。

特此批复。

××（上级团组织名称）（盖章）

××年××月××日

抄送：××（同级党组织名称）

模板 3－2－20

关于共青团××（单位名称）委员会延期换届选举的请示

××（上级团组织名称）：

共青团××（单位名称）委员会现有团员×名。本届共青团××（单位名称）委员会于××年××月××日选举产生，××年××月××日任期届满。根据《中国共产主义青年团章程》《中国共产主义青年团基层组织选举工作条例》和《中国石化直属单位团组织选举规定》，应按期进行换届选举。现因××，无法按期进行换届工作，拟延期至××年××月××日进行换届选举。

妥否，请批示。

共青团××（单位名称）委员会（盖章）

××年××月××日

模板 3－2－21

关于同意共青团××（单位名称）委员会延期换届选举的批复

××（下级团组织名称）：

《关于共青团××（单位名称）委员会延期换届选举的请示》（文号）已收悉。经研究，同意共青团××（单位名称）委员会延期于××年××月××日进行换届选举。

特此批复。

共青团××（单位名称）委员会（盖章）

××年××月××日

模板 3－2－22

关于推动共青团××（单位名称）委员会按期换届的函

××（党组织名称）：

为推进全面从严治团，规范直属单位团组织换届“应换尽换”，按照《中国石油化工集团有限公司直属单位团委工作规则》《中国石化直属单位团组织选举规定》，（上级团组织名称）梳理了应到期换届的团组织。你单位团委上次召开团员代表大会时间为××年××月××日，应于××年××月左右完成换届选举工作。请进一步加强党建带团建，指导你单位团委按期完成换届，换届过程中应进一步加强团干部队伍建设，在党委召开会议研究人选前，请与××（上级团组织名称）沟通，确保配齐配强××（单位名称）新一届团的委员会。此项工作完成情况将纳入党建工作考核。

联系人：××

联系方式：××

共青团××（单位名称）委员会（盖章）

××年××月××日

第三节 届中增选团的委员会委员、书记、副书记

1. 工作要求

基本要求：

《中国石化党建带团建工作实施方案》（中国石化党组群〔2021〕51 号）规定，各级团组织书记、副书记一般分别享受同级党组织职能部门正、副职待遇。团组织书记岗位出现空缺时，应在 3 个月内配齐。规范和加强团干部协管工作，团组织书记、副书记（含挂职、兼职干部）的任免，同级党组织应当事先征求上级团组织的意见。团组织书记是党员的，可以列席同级党组织有关会议。团组织书记原则上为同级职工代表大会主席团成员人选。

工作程序	工作内容及要求	附件
向同级党组织和上级团组织请示	至少提前 1 个月以书面形式向同级党组织和上级团组织提出召开会议的请示	模板 3－3－1
	上级团组织收到召开会议的请示后，应及时与同级党组织沟通，并批复	模板 3－3－2
候选人预备人选报批	按有关要求组织基层团组织和团员酝酿和推荐拟增选候选人人选	
	根据酝酿推荐情况，提出候选人预备人选，向同级党组织和上级团组织呈报有关候选人预备人选的请示	模板 3－3－3
	同级党组织和上级团组织严格审查，并及时批复	模板 3－3－4

续表

<table>
<tr><th>工作程序</th><th colspan="2">工作内容及要求</th><th>附件</th></tr>
<tr><td rowspan="2">候选人预备人选报批</td><td colspan="2">增选委员会书记、副书记的，要由同级党组织就候选人预备人选向上级团组织发函征求意见</td><td>模板 3－3－5</td></tr>
<tr><td colspan="2">上级团组织可采取参与考察等方式对人选进行审核，并及时将意见以复函的形式反馈同级党组织</td><td>模板 3－3－6</td></tr>
<tr><td>召开团代表会议</td><td colspan="2">根据选举办法进行相关人员的增选</td><td></td></tr>
<tr><td rowspan="3">会后落实</td><td rowspan="2">选举结果报批</td><td>团的委员会及时向同级党组织和上级团组织报送关于选举结果的报告</td><td>模板 3－3－7</td></tr>
<tr><td>上级团组织收到报告后及时审查选举的程序和当选结果，作出批复</td><td>模板 3－3－8</td></tr>
<tr><td colspan="2">规范、整理和归档相关材料</td><td></td></tr>
</table>

2. 工作流程

届中增选团的委员会委员、书记、副书记流程

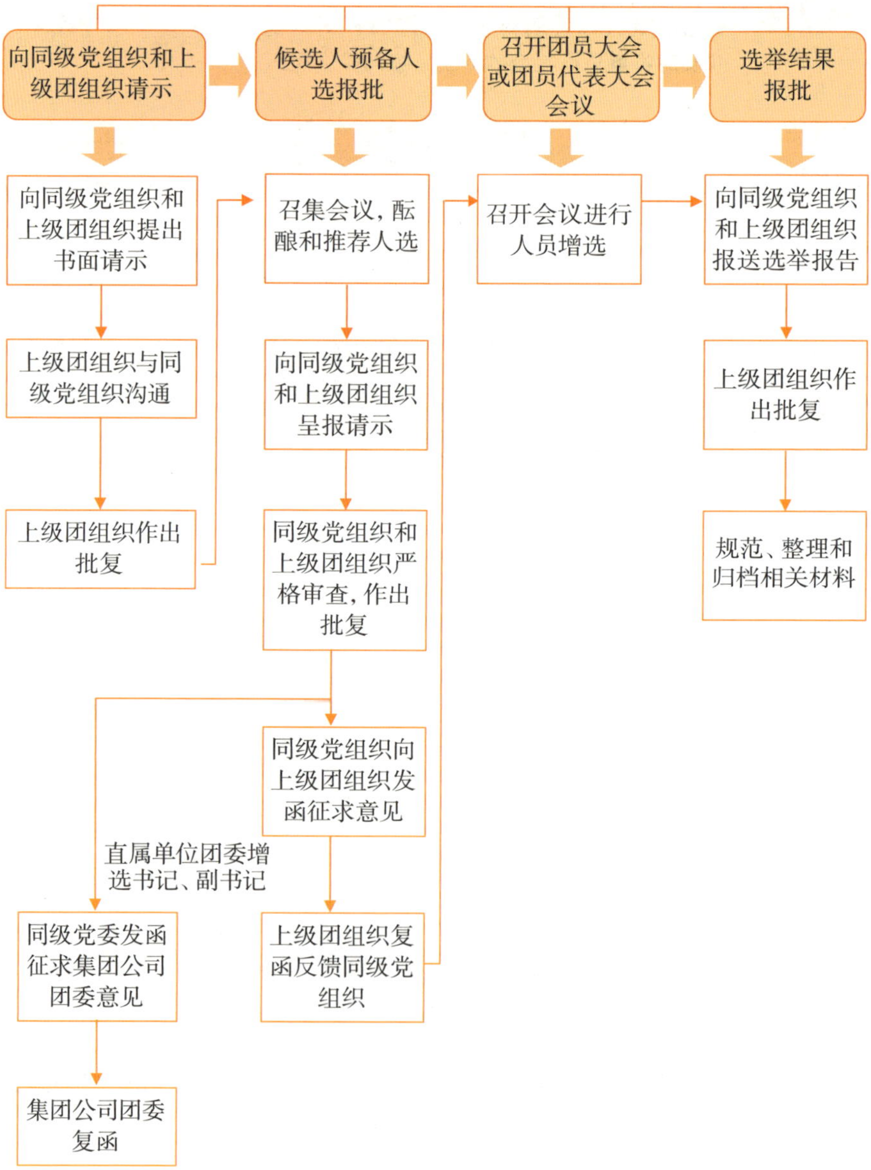

3. 工作模板

模板3－3－1
关于召开共青团××(单位名称)代表大会增选共青团×××委员会委员的请示

××（上级团组织名称）：

（召开会议增选委员会部分委员的理由），根据团章和《中国共产主义青年团基层组织选举工作条例》等有关规定，共青团××（单位名称）委员会拟于××年××月召开共青团××（单位名称）代表大会，增选×名委员会委员。现就有关事项请示如下。

一、会议的主要任务

1. 增选×名共青团××（单位名称）第×届委员会委员。

2. 其他任务。

二、代表名额及产生办法

按照团内有关工作要求，结合实际，共青团××（单位名称）代表大会的代表名额拟定为×名，具体名单经讨论研究确定（或由下一级团的代表大会、团员大会推选产生）。

三、选举办法

按照委员候选人的差额不少于应选人数的20%的规定，确定增选委员会委员候选人×名，提交团的代表大会，采用无记名投票差额选举方式增选共青团××（单位名称）第×届委员会委员×名。

妥否，请批示。

共青团××（单位名称）委员会（盖章）

××年××月××日

模板3－3－2

关于同意召开共青团××（单位名称）代表大会增选共青团×××委员会委员的批复

共青团××（单位名称）委员会：

《关于召开共青团××（单位名称）代表大会增选共青团×××委员会委员的请示》（文号）收悉。

经研究，同意你们于××年××月召开共青团××（单位名称）代表大会增选×名委员会委员，并原则同意有关请示事项。

希望你们在党委（党总支、党支部）的领导下，按照团章和《中国共产主义青年团基层组织选举工作条例》等有关规定，精心组织，认真实施，做好会议各项筹备工作。有关候选人人选材料请按协管程序及时上报。

特此批复。

××（上级团组织名称）（盖章）

××年××月××日

抄送：××（同级党组织名称）

模板 3－3－3

关于共青团××（单位名称）第×届委员会增选委员候选人预备人选的请示

××（同级党组织名称）：

根据（上级团组织名称）《关于同意召开共青团××（单位全称）代表大会增选共青团×××委员会委员的批复》（文号）精神，共青团××（单位名称）代表大会将于××年××月召开。在团员民主推荐、充分酝酿的基础上，经研究，拟提名：××、××、××等×人（按姓氏笔画排序）（女性、少数民族需注明）为共青团××（单位名称）第×届委员会增选委员候选人预备人选。

妥否，请审批。

附件：

增选委员候选人预备人选基本情况

共青团××（单位名称）委员会（盖章）

××年××月××日

模板3－3－4

关于同意共青团××（单位名称）第×届委员会增选委员候选人预备人选的批复

共青团××（单位名称）委员会：

《关于共青团××（单位名称）第×届委员会增选委员候选人预备人选的请示》（文号）收悉。

经研究，同意××、××、××等×人（按姓氏笔画排序）（女性、少数民族需注明）为共青团××（单位名称）第×届委员会增选委员候选人预备人选。

特此批复。

××（同级党组织名称）（盖章）

××年××月××日

抄送：××（同级党组织名称）

模板3-3-5

关于共青团××(单位名称)第×届委员会增选书记、副书记候选人预备人选征求意见的函

××（上级团组织名称）：

根据（上级团组织）《关于同意召开共青团××（单位名称）代表大会增选共青团×××委员会委员的批复》（文号）精神，共青团××（单位名称）代表大会将于××年××月召开。在团员民主推荐、充分酝酿的基础上，经党委（党总支、党支部）同意，拟提名：××、××、××等×人（按姓氏笔画排序）（女性、少数民族需注明）为共青团××（单位名称）第×届委员会增选书记、副书记候选人预备人选。

妥否，请予复函。

附件：

增选书记、副书记候选人预备人选基本情况

××（单位名称）党委

××年××月××日

模板3－3－6

关于同意共青团××（单位名称）第×届委员会增选书记、副书记候选人预备人选的复函

××（单位名称）党委：

《关于共青团××（单位名称）第×届委员会增选书记、副书记候选人预备人选征求意见的函》（文号）收悉。

经研究，同意××、××、××等×人（按姓氏笔画排序）（女性、少数民族需注明）为共青团××（单位名称）第×届委员会增选书记、副书记候选人预备人选。

特此复函。

××（上级团组织名称）（盖章）

××年××月××日

模板 3-3-7

关于共青团××(单位名称)代表大会选举结果的报告

××(上级团组织名称):

共青团××(单位名称)代表大会于××年××月××日召开,会议应到代表×名,实到代表×名。

经××(同级党组织名称)和××(上级团组织名称)同意,确定共青团××(单位名称)第×届委员会增选委员候选人×名,名单如下:

××、××、××(按姓氏笔画排序)(女性、少数民族需注明)

会议共发出选票×张,收回选票×张,收回选票数等于(或少于)发出选票数,选举有效。收回选票中,有效票×张,废票×张。

增选委员候选人得赞成票情况如下(按姓氏笔画排序):

××(姓名)×票、××(姓名)×票、××(姓名)×票

根据大会选举办法的规定,××、××(按姓氏笔画排序)(女性、少数民族需注明)等×位同志增选为共青团××(单位名称)第×届委员会委员。

特此报告。

共青团××(单位名称)委员会(盖章)

××年××月××日

模板3－3－8

关于同意共青团××（单位名称）代表大会选举结果的批复

共青团××（单位名称）委员会：

《关于共青团××（单位名称）代表大会选举结果的报告》（文号）收悉。

经研究，同意××、××（按姓氏笔画排序）（女性、少数民族需注明）等×位同志增选为共青团××（单位名称）第×届委员会委员。

特此批复。

××（上级团组织名称）（盖章）

××年××月××日

抄送：××（同级党组织名称）

第四节　党组织届中调动指派团的委员会书记、副书记

1. 工作要求

基本要求：

《中国共产主义青年团国有企业基层组织工作条例（试行）》规定，国有企业团的代表大会闭会期间，国有企业党组织和上级团组织认为有必要时，经过共同研究，取得一致意见，可以调动或指派下级团组织的负责人。

注意事项：

直属单位团组织调整团组织书记、副书记应提前由同级党委就意向人选向集团公司团委发函征求意见，集团公司团委复函。

工作程序	工作内容及要求	附件
提出人选	同级党组织根据工作需要，提出团组织的书记、副书记人选	
沟通协商	同级党组织向上级团组织发关于团组织负责人任免征求意见的函，并附干部考察材料（拟提拔任用的）	模板3－4－1
	上级团组织收悉后，及时与来函的党组织共同研究	
	上级团组织与来函的党组织充分协商，取得一致后复函给党组织（直属单位届中调整团组织书记、副书记需按要求由直属单位党委提前向集团公司团委发函征求意见，集团公司团委复函）	模板3－4－2
任免公布	同级党组织按照干部管理权限办理任免、调动手续，并行文公布，有关干部任免通知应同时抄送上级团组织	
资料归档	规范、整理和归档相关材料	

2. 工作流程

中国石化直属单位团组织调整书记、副书记流程

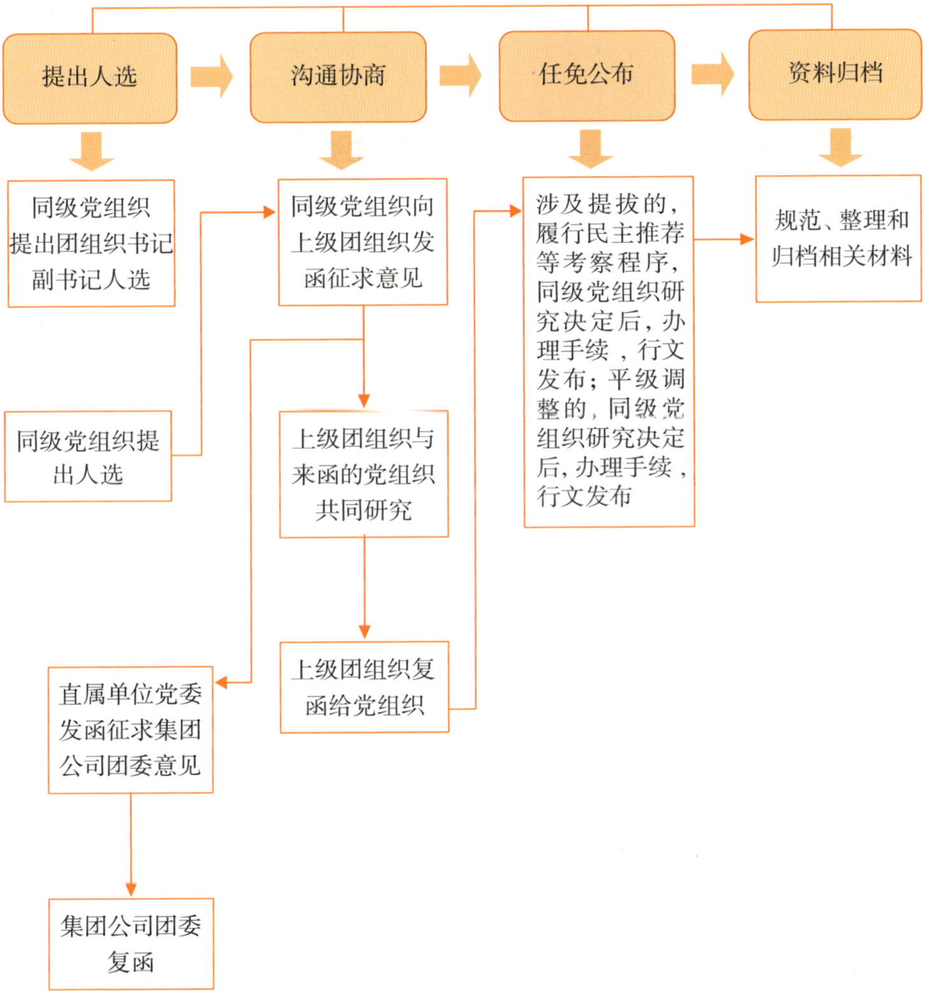

3. 工作模板

模板 3－4－1

××（单位名称）党委关于调整××（单位名称）团委书记/副书记征求意见的函

××（上级团组织名称）：

根据工作需要，经××（单位名称）党委研究，拟任××为共青团××（单位名称）委员会书记/副书记；拟免去××共青团××（单位名称）委员会书记/副书记职务。

请予复函。

附件：

××、××同志干部任免审批表

××（单位名称）党委

××年××月××日

模板 3－4－2

关于同意调整××（单位名称）团委书记/副书记的复函

××（单位名称）党委：

《××（单位名称）党委关于调整××（单位名称）团委书记/副书记征求意见的函》（文号）收悉。经研究，现将有关事宜复函如下：

同意××任共青团××（单位名称）委员会书记/副书记；同意免去××共青团××（单位名称）委员会书记/副书记职务。

特此复函。

××（上级团组织名称）（盖章）

××年××月××日

第五节　团组织名称更改

1. 工作要求

基本要求：

当团组织所在单位名称发生变更时，为了便于开展工作，团组织名称一般要做相应更改。团组织建制发生变化（如团总支升格为团委等）时，名称也要做相应更改。

注意事项：

团的基层组织所在单位的名称变更，不论其团组织的隶属关系、管理范围、职责权限是否发生变化，凡召开团代表大会进行换届选举的，其团代表大会的次数应重新排列；团的基层组织所在单位的名称未变，不论其团组织的隶属关系、管理范围、职责权限有无变化，其团代表大会的次数仍应连续排列计算。

工作程序	工作内容及要求	附件
报送请示	拟更名的基层团组织在征得同级党组织的同意后，向上级团组织报送关于团组织名称更改的书面请示。请示应附单位更名（或同级党组织更名）的相关原始材料复印件	模板 3-5-1
研究批复	上级团组织收到关于团组织名称更改的请示后，应及时研究决定，并作出批复，批复时间一般不超过1个月	模板 3-5-2
名称变更	接到上级团组织同意更名的批复后，基层团组织应及时向同级党组织报备，并通过适当方式向团员青年通报团组织名称更改情况	
资料归档	基层团组织应及时将关于名称更改的请示、上级团组织的批复等材料整理归档	

2. 工作流程

团组织名称更改流程

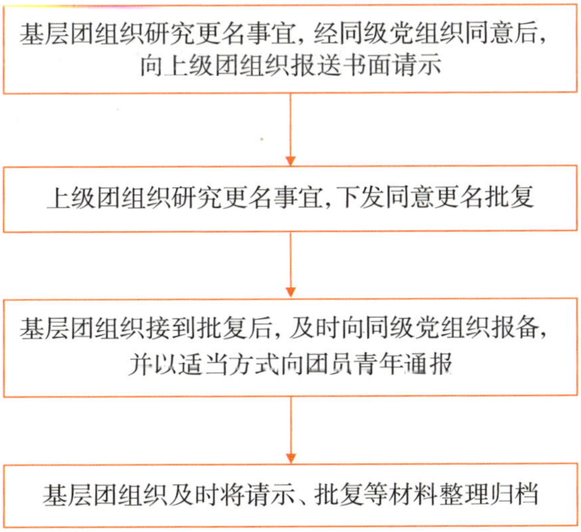

3. 工作模板

模板3－5－1

关于共青团××（单位名称）委员会更名的请示

××（上级团组织名称）：

××××（更名的原因），经报××（同级党组织名称）同意，建议将“中国共产主义青年团××（单位名称）委员会”更名为“中国共产主义青年团××（新的单位名称）委员会”。

妥否，请批示。

附件：

单位或单位党组织更名的文件复印件

共青团××（单位名称）委员会（盖章）

××年××月××日

模版 3－5－2

关于共青团××（单位名称）委员会更名的批复

共青团××（单位名称）委员会：

《关于共青团××（单位名称）委员会更名的请示》（文号）收悉。

经研究，同意“中国共产主义青年团共青团××（单位名称）委员会”更名为“中国共产主义青年团××（新的单位名称）委员会”。

特此批复。

××（上级团组织名称）（盖章）

××年××月××日

抄送：××（同级党组织名称）

第六节　团组织建制更改

1. 工作要求

基本要求：

团组织建制应按照团章规定，根据工作需要和团员人数确定。基层团委、团总支或团支部如果团员人数增加或减少，根据工作需要，其组织建制应作调整。团组织建制更改可分为升格和降格两类。团组织升格、降格，均须经同级党组织同意，并报有审批权的上级团组织（基层团委及以上团的委员会）批准。

注意事项：

团的组织建制变更，其团员代表大会或团员大会的次数及委员会的届数应重新排列计算。

工作程序	工作内容及要求	附件
报送请示	拟改建（升格/降格）的基层团组织在征得同级党组织同意后，向上级团组织（有审批权限）报送关于团组织建制更改的书面请示。请示应包括本单位团员和团组织的分布情况、改建的理由、改建后拟采用的建制形式、改建后委员会的人数及组成结构、下属团组织的设置方案	模板 3－6－1
研究批复	上级团组织收到关于团组织建制更改的请示后，应及时与其同级党组织沟通，研究决定后作出批复，批复时间一般不超过 1 个月	模板 3－6－2
建制更改	接到上级团组织同意建制更改的批复后，基层团组织应及时向同级党组织报备，并通过适当方式向团员青年通报团组织建制更改情况	
资料归档	基层团组织应及时将关于建制更改的请示、上级团组织的批复等材料整理归档	

2. 工作流程

团组织建制更改流程

基层团组织研究建制更改事宜，经同级党组织同意后，向上级团组织报送书面请示

↓

上级团组织与其同级党组织沟通后，研究建制更改事宜，下发同意更改建制批复

↓

基层团组织接到批复后，及时向同级党组织报备，并以适当方式向团员青年通报

↓

基层团组织及时将请示、批复等材料整理归档

3. 工作模板

模板 3－6－1

关于××(单位名称)团组织建制升格/降格的请示

××（上级团组织名称）：

××（团组织建制升格/降格的原因），经报××（同级党组织名称）同意，建议共青团××（单位名称）总支部委员会升格/降格为共青团××（单位名称）委员会/共青团××（单位名称）支部委员会。

妥否，请批示。

共青团××（单位名称）总支部委员会（盖章）

××年××月××日

模板 3－6－2

关于同意××（单位名称）团组织建制升格/降格的批复

共青团××（单位名称）团组织：

《关于××（单位名称）团组织建制升格/降格的请示》（文号）收悉。经研究，同意共青团××（单位名称）总支部委员会升格/降格为共青团××（单位名称）委员会/共青团××（单位名称）支部委员会。

希望升格/降格后的共青团××（单位名称）委员会/共青团××（单位名称）支部委员会在党委（党总支/党支部）的领导下，按照团章和《中国共产主义青年团基层组织选举工作条例》等有关规定，尽早召开团代表大会（团员大会）选举产生团的委员会。

特此批复。

××（上级团组织名称）（盖章）

××年××月××日

抄送：××（同级党组织名称）

第七节　团的关系归属调整

1. 工作要求

基本要求：

一般情况下，团的基层组织设置与党组织和行政相对应，团组织的隶属关系按照“党团对口”原则，将同级党组织的上级党组织所在单位的团组织作为团组织的上级团组织。在企业改革发展的背景下，为加强党对团的领导，在同级党组织隶属关系发生变更时，团组织隶属关系一般应随党组织隶属关系做出相应变更。团组织隶属关系由其同级党组织分别同有关上级团组织协商后确定。

注意事项：

团组织隶属关系变更后，只要团组织所在单位的名称未变，其团员代表大会的次数就仍应连续排列计算。

工作程序	工作内容及要求	附件
工作准备	同级党组织隶属关系发生变更时，团组织应主动与党组织沟通，明确团的关系归属调整方案	
发函协商	同级党组织分别向该团组织现上级团组织和拟转入的上级团组织以发函的形式进行协商。函的具体内容包括：团组织隶属关系变更的理由、本单位团组织和团员的概况，并附同级党组织关系变更的相关审批材料复印件	模板 3－7－1
沟通研究	该团组织现上级团组织和拟转入的上级团组织在接到党组织来函后，要及时与该党组织沟通，必要时两个上级团组织也要进行充分沟通，以确认关系归属情况	
复函通报	该团组织现上级团组织和拟转入的上级团组织，经沟通取得一致意见后，分别复函给该党组织，同时做好组织关系变更记录，并以适当的方式通知有关其他团组织。复函时间一般不超过1个月	模板 3－7－2 模板 3－7－3
资料归档	基层团组织应主动提醒同级党组织及时将有关函件等材料整理归档	

2. 工作流程

团的关系归属调整流程

同级党组织隶属关系发生变更时，团组织应主动与党组织沟通，明确团的关系归属调整方案

↓

同级党组织分别向该团组织现上级团组织和拟转入的上级团组织发函协商

↓

两个上级团组织在接到来函后，应及时与该党组织沟通，必要时两个上级团组织也要进行充分沟通，以确认关系归属情况

↓

两个上级团组织取得一致意见后，分别复函给该党组织，同时做好组织关系变更记录，并以适当的方式通知有关其他团组织。

↓

基层团组织应主动提醒同级党组织及时将有关函件等材料整理归档

3. 工作模板

模板 3－7－1

关于××（单位名称）团的关系划转的函

××（现上级团组织名称）/（拟转入上级团组织名称）：

（单位情况简介，党的关系划转情况，团的关系划转原因，目前该团组织及所属团员的概况。）

经党委（党总支、党支部）会议讨论，建议××（单位名称）团的关系由××（现上级团组织名称）划转至××（拟转入上级团组织名称）。

妥否，请予复函。

××（同级党组织名称）（盖章）

××年××月××日

模板 3－7－2

关于同意××(单位名称)团的关系划转的复函

××（同级党组织名称）：

《关于××（单位名称）团的关系划转的函》（文号）收悉。

经研究，同意××（单位名称）团的关系划出××（现上级团组织名称）。

特此复函。

××（现上级团组织名称）（盖章）

××年××月××日

模板 3－7－3

关于同意××（单位名称）团的关系归属××（拟转入上级团组织）的复函

××（同级党组织名称）：

《关于××（单位名称）团的关系划转的函》（文号）收悉。

经研究，同意××（单位名称）团的关系归属××（拟转入上级团组织名称）。

特此复函。

××（拟转入上级团组织名称）（盖章）

××年××月××日

04 第四章

中国石化“青字号”品牌特色工作

第一节 青年精神素养提升工程

强化思想政治引领　促进青年素养提升

综合管理部青年工作组

近年来，综合管理部青年工作组深入贯彻落实集团公司党组和团委的部署，在部门党总支领导下，围绕部门职责定位，以青年思想政治引领为抓手，着力打造“青年悦读会”品牌活动，深入推进青年精神素养提升工程，激励青年岗位建功，团结带领部门青年员工积极投身于集团公司高质量发展的壮阔实践。

一、强化思想引领，打造部门青字品牌

以开展习近平新时代中国特色社会主义思想主题教育、党纪学习教育为契机，通过三会一课、主题党日等多种形式，组织青年员工学习贯彻习近平新时代中国特色社会主义思想，深入领会习近平总书记关于青年工作的重要讲话精神和习近平总书记视察胜利油田、九江石化重要指示精神，促进青年深学深悟、培根铸魂、强筋壮骨，青年员工对“两个确立”的认识不断深化，做到“两个维护”成为青年的思想自觉、政治自觉、行动自觉。搭建“青年悦读会”读书分享平台，连续4年开展阅读交流活动，组织青年员工重温习近平总书记对新时代青年的寄语，学习马永生同志在党组书记与青年面对面活动暨“五四”表彰仪式上的讲话精神。青年员工以推荐书籍的形式分享对相关业务领域的认识和见解，结合个人实际畅谈读书心得与思考感悟。党总支委员会与青工分享读书体会，勉励大家在阅读中汲取养分，不断拓展思想的深度、宽度和高度，激励青年员工争当服务党组的高参、勤学善思的楷模、作风建设的标兵、优秀文化的传人，坚决做到干在实处、走在前列。

综合管理部开展“青年悦读会”活动

二、拓宽学习渠道，助力青年素养提升

创新学习方式，多措并举拓宽青年素质提升渠道。**坚持对标对表**，组织开展“三个问题”大讨论，通过对思想作风的深刻洗礼、“自画像”式的深刻剖析反思，引导青年员工自省、自悟、自警、自励。**积极共建互促**，与北京化工研究院燕山分院联合组织开展团建共建活动，42 名青年实地参观实验室和装置现场，深入学习、交流工作认识和体会，进一步加强对习近平总书记关于科技创新重要论述的理解，增强了作为石化员工的荣誉感和自豪感。**丰富学习内容**，举办“新风讲堂”，邀请总部相关部门和系统内专家讲解专业知识，邀请油品销售事业部专家讲授充换电业务。成立学哲学用哲学、习近平经济思想、党内法规等学习小组，定期组织交流，及时共享成果，切实以思想新风引领思维转

变、提升素质能力。

三、聚焦中心工作，激励青年岗位建功

紧紧围绕综合管理部中心工作开展青年工作，激励青年立足自身岗位，在“急难险重新”任务中始终发挥生力军和突击队作用，在扛稳公司“三大核心职责”方面多做贡献。**争当参谋助手，**组织赴驻青岛企业、烟台万华调研改革发展等工作，协助总师、院士开展“新形势下重点行业碳达峰碳中和”等30余项课题研究，为破解瓶颈难题、推进高质量发展出谋划策、贡献智慧；起草《输氢管道建设进入新发展阶段　安全风险防范亟待加强》上报信息，获中央领导同志批示。**全力督促落实，**开展习近平总书记重要指示批示精神贯彻落实机制研究，加强习近平总书记视察胜利油田、九江石化重要指示精神督办事项的闭环管理，撰写《习近平总书记重要指示批示精神贯彻落实机制建设的实践与创新》获集团公司第三十三届管理现代化创新二等成果。**积极协调服务，**牵头做好庆祝公司成立40周年活动组织协调工作，进一步奏响了“爱我中华、振兴石化”时代强音；参与世界地热大会服务保障工作，以高水平服务赢得中外嘉宾高度评价。通过不断强化实践锻炼，加大“传帮带”和复合培养力度，确保青年员工上升有空间、成长有路径，最大限度调动全员干事创业积极性。

四、加强作风建设，打造昂扬向上青年队伍

加强对青年员工的纪律教育、警示教育和监督管理。**大力弘扬精细严谨作风，**始终强调综合管理部工作无小事，推动青年员工树立“人人都是最后一关”的责任意识，努力做到“文经我手无差错，事交我办能放心”，切实把规范、严谨、放心的金字招牌树起来。**大力弘扬担当尽责作风，**面对繁重的工作任务，部门青年员工知苦不言苦，知难不畏难，始终胸怀“国之大者”“企之大者”，把小我融入大我，把党组

的事、部门的事当成分内之事，保持着旺盛的战斗力和工作热情，心无旁骛做好工作，在工作和奉献中体现自己的人生价值。**大力关心关爱青年成长**，关注总部青年成长培养，2023 年以来，部门 4 名青年员工晋升主管，8 名晋升高级主管，5 名晋升中层副职，1 名晋升中层正职，3 名获评高级职称。定期开展青年员工思想调研，切实关爱员工身心健康，及时帮助解决实际困难。成立 7 个兴趣小组，积极组织青年员工踊跃参加篮球、羽毛球、乒乓球、演讲比赛等活动，增进员工交流，营造和谐氛围，持续激发青年队伍生机活力。

打造“三维矩阵”引领青春建功
为华东油气田高质量发展注入青春动能

华东石油局团委

华东石油局团委深入学习贯彻习近平总书记关于青年工作的重要思想，在团员和青年主题教育中不断深化青年精神素养提升工程，紧扣“三学三育三立”工作主线，以“三维矩阵”扎实开展相关工作，推动青年精神素养提升成效转化为立足岗位建功的青春动能。

华东石油局领导为十大青年岗位能手颁奖

一、用好“三学”青年思想政治引领取得丰硕成果

在集中学习研讨阶段，为推动青年精神素养提升理论学习走深走实，入脑入心，局团委建立了“渗透式”“体悟式”“分享式”学习模式，让青年学习研有方、学有效。

一是“渗透式”学习，为团员青年配置“精神营养餐”。打造“3+X”学习模式，按照“自学课堂”“劳模课堂”“先辈课堂”三类学习动作规范做、其他学习动作特色做的方式，为团员青年学习研讨配置了一份“精神营养餐”，做到“党味浓”“形式鲜”“干货足”。在新入职员工训练营中，局党委书记姚红生为青年讲授题为《赓续红色血脉 提升精神素养 为华东石油局开创高质量发展新格局贡献青春力量》的“第一课”。局团委面向新员工开展“华东青年应具备什么样的精神素养”专题讨论，为他们送上《华东新入职员工成长手册》。针对新入职员工职业规划制定、业务能力打磨、持久力与内驱力培养等关心的问题，逐一给出精神食粮，让新员工带着满满的能量启航。

二是“体悟式”学习，让先辈精神成为“青年内生力”。组织青年在持续深入的感悟中对标先辈，找准差距、找出不足，通过线上线下联动的方式，开展“致敬青春”先辈故事讲述活动，讲好精神素养提升“第二课”。线上依托“青春华东油气田”微信平台推出“青春纪念册”线上栏目5期，邀请获得劳动模范、青年岗位能手、局优秀共产党员称号的先进典型分享奋斗故事。线下利用青马学员集中培训、团干部培训、主题团日，开展“先辈面对面 沟通零距离”座谈会，为团员青年创造探寻先辈奋斗历程、追忆过往奋斗岁月的体验。

三是“分享式”学习，为团员青年探寻“优质学习法”。进一步细化青年精神素养提升工程相关要求，形成了“623”工作模式，即落实6项清单：工作任务清单、必学清单、选学清单、二级单位团委工作销项清单、基层团支部工作销项清单、“华小东”（团员青年）对标提升清单。用好两本手册：《华东石油局青年精神素养提升工程团员青年学习成长手册》《华东石油局青年精神素养提升工程团青干部工作手册》。理顺3类信息：基层团支部信息收集、团干部结对联系青年信息收集、“三个问题”大讨论信息收集。汇集形成由基层团支部探索出的“卡片式”“问题链路式”等 7 种创新性研讨学习方法。

二、立足“三育”以石油精神石化传统为基准对标对表开展大讨论

以传承石油精神，弘扬石化传统为抓手，带领广大团员青年、各基层团支部围绕“三个问题”深入展开大讨论，做到团组织、团员青年全覆盖。

一是通过“再教育”提认识，浸润石油精神石化传统底色。充分利用华东企业展厅、江苏第一口工业油流井“苏 20 井”等油气田精神文化教育资源，开展学习 120 余场次，切实用精神教育激活青年红色血脉。组织开展“青春耀华东　永远跟党走”等主题团日，所属 36 个团青组织通过素质拓展、重温入团誓词、红色观影、会议表彰、青年座谈等形式开展主题活动，专题学习百年团史，进一步坚定青年理想信念，激发青春热情活力。开展“青马学员讲党的二十大精神”“我是青马——亮身份、作表率、当先锋”等主题践诺活动，鼓励学员立足本职工作攻坚克难、担当作为，切实发挥“点亮一盏灯，照亮一大片”的示范引领作用。

二是通过“再教育”悟初心，刻录石油精神石化传统本色。创新教育方式，组织开展“珍惜、感恩、回报”主题系列教育活动，以形势任务宣讲、劳模先进事迹报告会等形式追根溯源，进一步感受先辈们的责任担当。邀请“华东楷模”“科研先锋”“技能骨干”走上青年精神素养典型事迹分享会，与广大团员青年共话青春奋斗故事。开展“寻访我身边的好青年”主题宣传活动，以先进典型引领青年勇立潮头。

三是通过“再教育”找差距，防止石油精神石化传统褪色。聚焦“同先辈相比，我们身上少了什么”“同先辈相比，我们身上多了什么”“同党和人民期望以及企业发展比，我们还需要充实什么”，组织 36 个支部深入开展“我与先辈比奋斗”大讨论活动，在讨论反思中引导青

年校准价值坐标，聚焦解决“该做什么，该怎么做”，开展青年大讨论活动，形成心得体会200余篇，梳理问题整改项120余个。通过线上线下“比差距、比不足、比缺失”，进一步坚定了主动向先辈优良品格看齐的坚定决心。

三、聚焦“三立”以岗位建功大实践培养青年成长成才

一是立足岗位建功，贡献青春力量。围绕油气田高质量发展中心任务，引领青年立足新发展阶段，聚焦油气田重难点，组建“苏北页岩油攻坚创效”和“渝东南勘探开发”等12支青年突击队，以“学在现场、干在现场、比在现场”为主要形式，全面助力项目攻坚，在非常规油气事业中展现青春作为。

二是立足创新创效，彰显青年担当。为青年搭建创新创效平台，积极组织开展青年论文交流大赛、青工油气藏动态分析大赛、青年采油工、作业工大赛、企业文化青年宣讲员大赛等各类业务竞赛，不断激发青年创新热情，鼓励青年创新创造。在油气田当年取得的各类科技成果奖项中，35岁以下青年论文总量占比60%，广大青年正逐步成长为油气田科技队伍的骨干力量。

三是立足志愿服务，书写青年责任。疫情期间，组织开展以“青春之我”投身社区战“疫”志愿行动，为抗疫前线注入坚实力量，组织青年志愿者120人次，募捐各类物资3万余元。以“学雷锋树新风”为主题，12家二级单位团青组织在三省六地开展各类志愿服务活动。结合江苏省“五方挂钩”乡村振兴工作机制，与油气田在连云港灌云县挂职的帮扶干部联动，开展“书送希望　典亮梦想”书籍捐赠帮扶志愿服务活动，为贫困地区捐献图书1200余册。职工子女以视频、书信等形式，为当地留守儿童送上关心祝福，充分展现了油气田青年的社会责任感及爱心奉献精神，持续塑造党和人民好企业形象。

坚定奋斗信仰　强化使命担当
为端牢能源饭碗贡献蓬勃青春力量

工程建设公司团委

工程建设公司团委深入学习贯彻习近平总书记关于青年工作的重要思想和视察胜利油田、九江石化重要指示精神，认真落实集团公司党组部署要求，以“锚定第一责任、聚力两个提升、搭建三类平台”跑出青年精神素养提升“加速度”，持续激发青年拼搏斗志，凝聚青春奋进合力，为助力中国石化加快建设世界一流企业注入青春动能。

一、锚定第一责任，以党建引领增强定力

自集团公司党组启动青年精神素养提升工程以来，公司党委高度重视、统一部署、迅速行动，作为年度党建重点工作全面推进落实。党委书记切实履行第一责任，把青年工作摆上更加突出的位置，亲自指导青年精神素养提升工作近二十次，讲授主题团课两次，鼓励青年筑牢信仰之基、激扬奋斗之志、勇担时代之责。公司党委书记在集团公司青年精神素养提升工程成果展示汇报暨青年演讲会上介绍公司党委把青年工作作为战略性工作来抓的经验做法。分管共青团和青年工作的党委副书记逐月开展专项工作研究，传达上级重要精神，听取专题工作汇报，有力推动精神素养提升在青年心中落地生根。党委成员全力支持共青团创造性地开展工作，出席相关活动近五十人次。

各基层党组织积极发挥作用，负责人全程参与、持续推动青年精神素养提升工程走深走实。以 SEI 模式的对标讨论会为例，党支部书记全程出席倾听青年心声，中青骨干现场答疑解惑，公司、部门、党团组织

联动督导整改并提供有针对性的资源支持，相关经验做法纳入《中国石化青年精神素养提升成果集》。

工程建设公司党委书记讲授主题团课

二、聚力两个提升，以机制保障凝聚合力

以青年精神素养提升工程为抓手，构建多维融合学习机制，大力推动精神素养和业务能力“双提升”，助力青年既“想做”又“能做”，敢想敢为、善做善成。

坚持用习近平新时代中国特色社会主义思想武装广大青年，公司团委第一时间下发《工程建设公司青年精神素养提升工程实施方案》，围绕青年成长的关键环节和重点领域，用“一起，做更好的”核心价值观凝心聚力。一是构建公司与青年双向互动的“连心桥”机制。公司领导定期与青年面对面共话成长，推动管理力量、专业力量、榜样力量下沉青年群体。公司重要事项邀请青年代表出席，不断增强青年员工“主人翁”责任感、使命感、归属感。二是构建石化先辈与青年沉浸式互动的思想教育机制。结合共青团成立 100 周年、公司成立 70 周年等契机，组织青年参观历史照片展、老物件展、红色教育基地近百次，邀请“80 岁、90 岁”给“80 后、90 后”面对面讲故事，让岁月的沉淀点燃青春理想，在对标先进典型中厚植家国情怀。三是构建外出联学机制。组织 SEI 青年与总部、兄弟单位、合作企业青年共建联学十余次，以“走出去”方式拓宽视野、增长见识，共同感悟思想伟力、汲取奋进力量，脚踏实地走好“以学增智”成长路。

深入研究把握 SEI 青年成长规律，积极探索覆盖青年人才全职业生涯、全职业素养、全成长链条的培育机制，为青年定制“成长攻略”，搭建成才“快车道”。一是构建技能硬实力与思想软实力并重的新员工培养机制。用长达半年的入职培训、青工政治轮训和数字化培训的组合拳，帮助青年员工职业生涯开好头、起好步，系好第一粒扣子。二是实行总导师全过程指导、副导师分阶段辅导、思想导师持续引导的“多带一”师带徒机制。鼓励跨部室、跨领域选配导师，切实打牢履职“基本功”。三是建立与职业通道相匹配的“学习地图”岗位培训机制。实施“墩苗”“赛马”和“未来科学家”计划，为青年成长规划多层次、高质量的发展路径。自青年精神素养提升工程开展以来，公司多次邀请院士专家开展高端讲座，常态化开展强基授课和体系化专业培训，通过系统化、梯次化、精准化的复合型人才培养方式，越来越多的青年“行家里手”和“多面手”竞相涌现。

三、搭建三类平台，以建功赋能激发活力

围绕重点工程项目建设、关键核心技术攻关等领域，全力推动团青工作全面融入、服务公司中心工作，用青年岗位建功热情和实效检验公司团青工作成效。

搭建科技创新平台，激发青年创新创效活力。公司推行“首席负责人制 + 项目注册制”，实施“揭榜挂帅”，让甘于奉献、勇于创新、

追求卓越的青年聚在一起，打破专业壁垒，点燃创新火花，汇集创效合力。青年的创新拼搏精神更加昂扬。“双碳”目标下，公司聚焦二氧化碳减排利用等领域，首次设立3项青年揭榜挂帅课题，鼓励青年自由组队，吸引十余个青年团队竞争揭榜，相关做法被《中国青年报》报道。现在，一个个青年攻关团队活跃在聚烯烃弹性体、氦气提取、第三代芳烃技术攻关的最前沿。由青年注册立项并担任首席负责人的在研项目达30%以上，公司级攻关项目青年参与率近70%，青年担当奋斗意识日益增强。

搭建工程实践平台，砥砺青年艰苦奋斗品格。聚焦重点工程保障职责，把攻坚创效的一线当成“青春练兵场”，优先选派青年骨干到项目建设一线和艰苦复杂岗位锻炼，鼓励青年在攻坚克难中敢捧“烫手山芋”，多当“热锅蚂蚁”，不断增强发现问题、解决问题的能力。青年突击队围绕集团公司重点任务真抓实干，以211套老旧装置排查为例，约1/3的项目负责人由青年担任，有力保障了65万项排查评估任务的高质高效完成。在疫情肆虐的11月，51名青年奔赴现场，累计驻扎1206个工作日，用青春热血打造SEI有温度的“最强工程”。

搭建风采展示平台，焕发青年干事创业热情。积极开展科技论文评选、英语风采大赛、演讲比赛等一系列丰富多彩的活动，让更多业务能力强、综合素质高的青年才俊脱颖而出。公司举办首届青年技术讲坛，近百名青年在会上作报告交流，讲坛邀请到中央企业团工委副书记周林带队莅临调研指导，对SEI搭台架梯的做法给予了充分肯定。

第二节 青年马克思主义者培养工程

扎实推进“青马工程”为油田高质量发展蓄势赋能

胜利油田团委

“青马工程”是共青团为党育人的标志性引领性工程，是为党培育青年政治骨干的重要载体。胜利油田团委抓住“为油田培养建设者和接班人”这一根本任务，自2008年6月起，以“百人培养计划”为抓手积极探索建立青年人才培养机制，经过十多年来的不断完善，初步建立起集推荐选拔、集中培训、量化考核、跟踪培养为一体的科学化运行机制。2021年以来，油田团委主动适应新时代新形势新要求，积极响应油田“人才强企”战略，将“青马工程”与“百人培养计划”有机融合，目前已顺利举办培训班33期，共培养来自油田不同系统行业的优秀团员青年2000余人，其中57%的学员走上了经营管理、专业技术、技能操作等领域的重要岗位。

一、严把入口从严考核，提高参训学员质量

“百人培养计划”实施伊始，培训报名采用自愿申报、他人推荐与组织推报相结合的方式，通过笔试+面试，并征求二级单位意见后确定最终入围名单。为提高培训对象质量，采取“直属单位组织人事部门、团委（青年工作部）选拔推进—直属单位党委审核研究—油田党委组织部（人力资源部）、群团工作部（工会、团委）审定”的流程，对条件不符合的不予录取。自2021年以来，每期“青马工程”参训学员均在80人左右，选拔淘汰率10%左右。

“青马工程”培训由油田党校（培训中心）承办，集中培训时间为

胜利油田举办第三期“青马工程”培训班

30 天，定期开展“三查两纠”（查课堂、查宿舍、查食堂，纠正吃喝风、纠正享乐风）活动。培训班在培训期间成立班委，组建组织、纪律、学习、宣传、文体、生活等工作小组，制定班级活动计划并组织实施，以小组为单位进行量化考核，督促参训学员时时刻刻保持青马学员的良好形象。

二、坚持目标导向，全方位构建课程体系

“青马工程”培训课程设计共 4 个模块，包括政治理论学习、红色主题教育、优良传统教育和综合素质提升，在理论研学、实践锻炼、主题活动等方面设置精品课程，为学员全方位烹制色香味俱全的“营养餐”。

突出理论武装强信念。始终把坚定理念摆在实施“青马工程”的首要位置。坚持以学习贯彻习近平新时代中国特色社会主义思想为主线，不断优化完善“青马工程”培养体系。从邀请专家课堂授课到开

展理论晨读，从组织培训复盘研讨到围绕“三个问题”大讨论，培训班以丰富多样的学习形式，组织青马学员读原著、学原文、悟原理，在理论培训中品味真理之甘，在党史学习中追寻信仰之源，学懂、弄通、做实习近平新时代中国特色社会主义思想，不断增强对党的政治认同、思想认同、理论认同、情感认同，坚决做到“两个维护”。

开展红色研学忆初心。“知所以来，方明所往”。培训班组织青马学员走进井冈山、沂蒙革命老区等红色教育基地，开展为期一周的红色研学，从革命历史中汲取奋进力量，使学员们更加坚定了在经济领域为党工作的理念，以及端牢能源饭碗的使命担当。组织开展红歌赛、党史知识定向挑战赛、“青马学员说”等活动，进一步丰富学习生活，加强团队建设和交流分享，充分展现了新时代胜利青年的蓬勃朝气和青春活力。

弘扬石油精神讲传承。“铭记历史，以身践行”。培训班组织青马学员走进胜利油田优良传统教育展厅，走进华八井、营二井、坨 11 井等功勋井现场，走进“三大产业”火热现场，重走总书记视察胜利油田路线，开展“沉浸式”“体验式”优良传统教育，从历史的维度了解感受油田勘探开发 60 年的历程，重温端牢能源饭碗的殷切嘱托，引导青马学员切实扛起为国献油的职责使命。

拓宽工作视野练本领。“不谋全局者，不足以谋一域；不谋万世者，不足以谋一时”。“青马工程”邀请省委党校、地方团校以及高校的专家学者授课，帮助学员增长知识、厘清认识、拓宽视野。邀请油田相关部门专家、领导，围绕油田持续实施“6335”发展战略，重点推进“1337”系统工程，帮助青马学员准确把握油田的形势任务、战略规划和重点部署，引导青马学员积极投身到油田事业发展中。

三、坚持“培养 + 储备”，建立长效跟踪机制

扎实做好“青马学员”为期 1 年的集中培养，配备专家导师，定

期提交学习总结、调研报告，举办“青马论坛”分享心得体会。同时，结合各级青年文明号、青年安全生产示范岗、青年突击队创建，设立“青马”责任区、责任岗，发挥青马学员“点亮一盏灯，照亮一大片”作用。油田团委定期向学员所在单位党团组织了解学员日常，实时监督掌握学员表现情况，采取学员自评、党校统评、培养单位测评等多种方式，共同开展“青马学员”的持续培养考核评价。

坚持把“青马工程”作为发现、培养年轻干部的重要载体，以干部德才兼备标准，为更多的优秀青年人才扶梯子、搭台子、铺路子，让大家有希望、有干劲、有奔头。**注重推荐使用一批**。对于表现优秀的“青马”学员，在符合任职资格条件情况下，积极向所在单位党委推荐，优先选拔到基层领导岗位和专业技术序列岗位历练。**注重培养锻炼一批**。注重把具有潜质的“青马”学员优先纳入青年干部人才后备库，通过挂职锻炼、轮岗交流等方式，让他们经受历练和考验，锤炼品质意志，提升应对复杂局面和处置实际问题的能力。**注重表彰奖励一批**。对于表现积极、成绩优异的，优先推荐参评团内各类荣誉，积极营造学习先进、争当先锋的浓厚氛围。

"三点发力"提升"青马工程"为党育人实效

高桥石化团委

高桥石化团委始终秉持对青年成长的深切关怀，认真贯彻落实公司党委和公司集团团委的部署要求，把"青马工程"作为提升青年队伍政治素养的基础性、战略性工程，始终把培训体系建设、政治理论提升、实践成果转化摆在突出位置，将培养石化事业合格建设者和可靠接班人作为根本任务，培养了一批优秀青年政治骨干。

一、在"青马"培训体系建设上下功夫，选出好苗子

坚持党的领导。根据"党管青年""党管人才"原则，公司团委始终将党的基本理论、基本路线、基本方略贯穿"青马工程"实施的各领域和全过程，让党的理论之光洒满青年心田，研究制定了《高桥石化深入推进青年马克思主义者培养工程实施方案》，着力构建"青马工程"资源保障体系、培训内容体系、教育培养闭环，强化"青马工程"为党育人、为企育人的政治功能。

严格学员选拔。公司团委聚焦"青马工程"培养青年政治骨干的定位，严格明确选拔标准，建立选拔机制，采取个人自荐与组织推荐相结合的方式进行选拔。从公司 35 周岁以下青年党员或者团员的入党积极分子中，选拔坚决拥护党的领导，对习近平新时代中国特色社会主义思想有强烈的理论认同、实践认同和情感认同，政治表现良好，立足岗位取得较好成绩，群众基础好，获得先进荣誉称号的优秀青年。由公司团委会评审提出"青马工程"学员建议名单，并与公司人事部门沟通了解情况，在征求党委意见后确定"青马工程"学员名单。

科学设置课程。公司团委依托上海市团校、上海交通大学终身教育学院等优质师资及课程体系，按照理论素养、能力素质、党性修养、实践锻炼四个模块设置课程。采取每日晨读、专题讲座、场景化教学、学习复盘、结构化研讨、成果分享等教学方法，充分激发“教”与“学”两方面的积极性和创造性。采用团队积分管理，设置“比学赶帮超”积分榜，激励学员课上主动发言，积极讨论，认真总结，增强团队凝聚力和集体荣誉感。开展“给一年后自己的一封信”活动，帮助学员对如何践行所学所思，成为一个怎样的新时代青年做好规划，设定目标。一年后复盘总结，引导学员提升自我认知、优化行动策略、强化执行能力。

二、在“青马”政治理论提升上做文章，育出强信念

以政治学习提升理论武装。公司团委坚持把习近平新时代中国特色社会主义思想作为必修课，邀请专家、学者开展党的二十大、二十届三中全会等内涵解读，引导学员深刻领会习近平新时代中国特色社会主义思想，坚定理想信念，真正做到入脑、入心、入行。通过组织晨读《党的二十大报告》《论党的青年工作》等专题文集，深学细悟习近平总书记关于青年工作的重要思想，不断筑牢信仰之基、补足精神之钙。通过夜间课程复盘、交流研讨，引导学员牢固树立自主学习意识，把学习作为一种生活态度、一种工作责任、一种精神追求，切身感悟马克思主义中国化时代化的思想伟力和真理力量。

以红色教育提升精神素养。公司团委充分发挥高桥石化四十年发展历程中积累的深厚底蕴优势，组织学员参观企业文化展示馆，邀请老领导、老模范授课，聆听先进典型故事，弘扬“石化精神”，践行“专注、严谨、力行”的企业文化，让学员潜移默化接受教育、增进认同、形成共识。组织学员赴中共一大会址、中国社会主义青年团中央机关旧址、钱学森故居等红色教育基地，通过回顾历史、重温入团、入党誓

词，教育引导学员树牢对马克思主义的信仰、对中国特色社会主义的信念、对实现中华民族伟大复兴中国梦的信心。积极搭建青年交流平台，组织学员到中国商飞等公司开展团建共建，深入分享"青"字号品牌在创建工作等方面的经验做法，引导青年拓宽工作思路、创新工作方法，提高岗位建功的能力水平。

以实践锻炼提升能力本领。公司团委紧扣青年精神素养提升工程"三个问题"开展大讨论，引导"青马"学员在对标习近平总书记殷切期望和公司发展中明确目标、校准航向，在对标公司先辈和身边榜样中触及灵魂、找到差距，坚定公司"二次创业"高质量发展的信心决心。邀请管理学、心理学专家授课，进一步拓宽优秀青年人才视野，全方位提升学员在结构化思维、高效沟通、团队建设等方面的管理能力。围绕"青年、团组织在公司'三基'工作中如何发挥作用"和"为基层减负的有效措施"开展课题研究，将理论学习同实践锻炼结合起来，引导"青马"学员主动服务公司"1233"发展战略，撰写课题报告，让学员

高桥石化"青马工程"学员集体参观中共一大会址

在各自专业领域中争当排头兵和生力军。

三、在“青马”实践成果转化上务实效，干出新风采

提升示范引领效应。公司团委设置以“青马”学员为组长的“青马小组”，围绕公司“急难险重新”任务挺膺担当，推进“青马”学员领衔的“青”字号品牌创建工作，引领青年在安全环保、创新创效、转型发展工作中挑大梁。遴选优秀学员建强宣讲队伍，以有特色、接地气、抵人心的宣讲，加强对党的创新理论“青年化”研究阐释，让党的创新理论接地气、冒热气、有人气。选树优秀学员先进典型，充分发挥“青马”学员的引领和“传帮带”作用，通过“青春高桥石化”微信公众号加大先进典型的宣传力度，讲好青年奋斗故事。通过“以点带面”的形式，层层递进、面面辐射，引导全体青年学习先进、对标先进、争当先进。

建立跟踪培养机制。公司团委充分运用基层单位团组织资源，建立了动态青年人才库，并对入库人员建立跟踪培养机制。设定学员结业后3~5年的跟踪培养期，保持与学员的常态化联系，随时关注学员后续成长发展情况，为学员提供继续学习和交流等支持帮助。建立完善衔接培养机制，对于表现优秀的学员重点培养使用，吸纳为公司团委的挂职干部和团的各级委员会委员、团代表等。

大力举荐输送人才。公司团委及时向所在单位和人事部门反馈培养情况，对于优秀学员建议重点培养使用。积极推荐5名优秀学员参加上级团组织开展的“青马工程”示范班。对于表现积极、工作成效优异的，优先推荐参评公司各类先进典型，近两年来，42名学员获公司级荣誉，2名学员获地方上级团组织荣誉，4名学员获省部级荣誉。通过凝练总结先进青年集体和个人特质，引导全体青年向榜样学习。在公司《高桥石化共青团工作规则》中明确将优秀的“青马”学员作为推优入党对象，8名学员经共青团推优入党。

点亮信仰之灯 铸就信念之魂
多措并举深入实施“青马工程”

广州工程团委

“青”春集结，奋楫笃行，以梦为“马”，不负韶华。青年一代有理想、有本领、有担当，国家就有前途，民族就有希望。近年来，广州工程坚持以习近平新时代中国特色社会主义思想为指导，认真贯彻落实习近平总书记关于青年工作的重要思想，着眼党的事业薪火相传，着力为党培养和输送坚定的青年政治骨干，多措并举深入实施“青马工程”，打造共青团为党育人的重要工作品牌，为建设世界领先的技术先导型能源化工工程公司提供了源源不断的青年人才支撑。

一、立足“为党育人”，夯实“青马”系统培养之基

广州工程党委坚持“党管青年”“党管人才”原则，将“青马工程”作为党建带团建工作的重要内容，高度重视、精心组织、创新实践，切实形成了党委统一领导、组织人事部门、团委共同组织实施、各部门积极参与的工作格局。坚持系统谋划。公司将“青马工程”作为青年英才“朝阳工程”分阶段递进培养中第二阶段的重要内容，纳入公司年度培训计划，精心制定年度实施方案，科学设置课程内容，相关部门同心协力推进整合资源，用心推进各阶段培养安排，匠心设计培训课程。注重靶向培养。聚焦培养青年政治骨干的定位，明确培养对象原则上为新入职3～5年的优秀青年骨干，真正将坚定拥护党的领导、工作实绩突出的优秀青年作为培养人选。持续跟踪培养。发挥好“青马”学员的示范引领作用，做到“点亮一盏灯，照亮一大片”。组织“青

广州工程公司第二期“青马工程”培训班走进中科炼化实地参观学习

马”学员积极开展经验分享，结合党团知识竞赛开展培训效果检验。贯彻落实党员发展、推优入党有关文件要求，积极推荐“青马工程”优秀学员作为党的发展对象，引领青年不断成长进步。

二、着眼“理论育人”，淬炼“青马”思想信念之魂

理论之于青春，犹如阳光之于花朵。公司“青马工程”始终坚持政治思想引领，聚焦强化理论武装，构建了“政治理论、专题课程、研讨交流”的课程学习体系，切实做到理论学习内容系统、层次分明、重点突出、点面结合。强化理论武装。培训班坚持邀请党校、团校老师、团中央青年讲师团成员等，围绕学习贯彻习近平新时代中国特色社会主义思想、习近平总书记关于青年工作的重要思想、党史学习教育等讲授专题课程，引导青年学员更加深化对“两个确立”的政治认同、思想认同、理论认同、情感认同。开展红色教育。用好红色资源，通过实地参观井冈山、古田等红色教育基地，开展重温誓词、重走红军路、

聆听微党课、祭奠烈士英灵等多种体验式教学，使党性教育更加具体、鲜活和务实。传承楷模精神。将石油精神和石化传统教育作为“青马工程”培训的“必修课”，公司时代楷模陈俊武先进事迹宣讲团两次走进“青马工程”培训班，宣讲团成员从不同角度讲述陈俊武院士爱国奋斗奉献精神和感人事迹，不断提升青年精神素养。

三、聚焦“实践育人”，锻造“青马”笃行致远之力

公司“青马工程”注重实践导向，坚持在干中学、学中干，将理论学习同实践锻炼结合起来，组织引导青年在生动实践中见风雨、长才干，真正做到用习近平新时代中国特色社会主义思想武装头脑、指导实践、推动工作。坚持融入中心、服务大局。公司党委高度重视青年工作，领导班子率先垂范、亲自授课，分别围绕公司发展战略、工程设计优化、经营管理、技术创新与实践、市场现状与发展、财务知识、数智化发展等中心工作精心讲授课程，教育引导青年员工进一步增强大局意识，认清公司面临的形势与任务，为青年的成长进步提出殷切希望。邀请公司首席专家、公司副总师等从各自专业领域为学员分享行业前沿技术及国际市场发展前景，帮助青年提升理论认知与实践技能。坚持深学细悟、研讨转化。建立研讨交流机制，组织青年开展专题学习研讨，总结形成研讨成果并进行汇报展示。学员们立足工作岗位，结合学习习近平总书记视察胜利油田、九江石化重要指示精神，深入思考“青年员工在公司转型期、攻坚期、窗口期如何为公司发展贡献力量”“如何投身创新创效工作”等专题，热烈讨论、集思广益，积极为公司发展建言献策，贡献青春力量，深化学习效果，凝聚青年共识。坚持联系实际、指导实践。培训班注重学用结合、学用转化，先后组织学员走进湛江项目、中科炼化、福建炼化、先进制造技术研究院等地开展实地教学，深入了解项目概括和技术特点，增强了在设计工作中联系现场实际的意识，提高了与业主单位沟通交流的能力，也牢固树立了缔造精品、

缔造卓越的价值追求。

四、探索“共建育人”，凝聚“青马”干事创业之情

公司“青马工程”开展以来，培训内容从政治理论拓展到项目现场实践，从课堂教学深化到石油化工业务钻研，从团队素质拓展延伸到红色教育沉浸式体验，从企业一家独办到与兄弟单位联合开展，“不变”的是坚持为党育人的目标，“变”的是不断创新的方式方法。公司以“青马”为桥梁媒介，坚持党建带团建，创新开展团建共建、联合办学，拓展了培训方式、丰富了培训课程，也加深了企业之间、党建群团部门之间、青年之间的沟通交流，达到了党建引领、“青马”赋能的作用。

筑信仰之魂，培党性之根，重实践之基。广州工程坚持守正创新，不断提质增效，深入系统实施“青马工程”，引领青年更加紧密地团结在以习近平同志为核心的党中央周围，不断增强“四个意识”、坚定“四个自信”、做到“两个维护”，四年来已累计培养学员 170 人，培养造就了一批批具有忠诚的政治品格、浓厚的家国情怀、扎实的理论功底、突出的能力素质的青年马克思主义者。“星星之火，可以燎原”，公司一批批“青马”学员已逐步成长为“骏马”，将火热的青春、澎湃的朝气镌刻在中国式现代化石化新篇章中，为打造具有强大战略支撑力、强大民生保障力、强大精神感召力的中国石化贡献青春智慧和力量！

第三节

共青团推优入党

建“1234”体系　创“推优入党”品牌

中安联合团委

中安联合团委按照“有特色、创品牌”的工作思路，积极探索建立了“1234”推优入党工作体系。“1”是一个目标，即为党组织培养输送思想好、素质高的团员青年。“2”是两级联动，即实现“团组织培养推荐、党组织指导把关”两级联动。“3”是落实三个主动，即主动联系、帮助启发，主动关心、培养教育，主动帮助、考察发展。“4”是四个结合，即抓好“理论学习与素质锻炼、个人成长与企业发展、平台搭建与教育引导、选拔培养与择优推荐”四个结合。

一、完善组织机制，实现党团联动

实现党团“推优入党”制度有效对接。公司团委印发了《中安联合团员推优入党工作细则》，明确了推优目标。公司党委制定了《中安联合推优入党方案》，并将“持续加大推优入党力度”工作纳入《党委年度工作要点》中，进一步规范推优程序，实现党团制度上的有效衔接，确保“推优”工作运转顺畅。**成立“推优入党”领导工作小组。**成立以党委书记、副书记任正副组长，公司党委组织线条及公司团委相关人员为主要成员的“推优入党”领导工作小组，确保推优工作机制健全、程序规范、落实有力。**建立党团“推优入党”联席会议机制。**根据年度发展党员工作计划，召开“推优入党”工作联席会议，党组织听取团组织“推优入党”工作汇报，研究和制定发展青年党员工作计划，协调、部署“推优入党”工作，使党团两级联动落到实处，形成工作的合力。

中安联合团委组织召开“推优入党”述职答辩暨推优大会

二、突出多维“引优”，示范引领青年

注重加强阵地建设。坚持“党建带团建”，大力推进阵地规范化建设，以丰富团组织活动为载体，为广大团员青年提供社会实践、文体活动、岗位培养、志愿服务等各类活动，增进团员青年对党的认同感和荣誉感。**注重榜样引领。**依托“两红两优”“中安之星”“中安最美奋斗者”等平台，选树扎根基层、技能突出的优秀青年典型，充分发挥青年先锋模范作用。定期邀请先进党员代表参与团组织活动，积极发挥影响作用，使团员青年更加坚定理想信念。**注重强化身份意识。**进一步提升团员青年对党的信念，通过石化党建平台团青子系统“智慧团建”系统，全面实现基础团务信息网络化。以“三会两制一课”“青年大学习”等教育阵地为基础，坚持和完善团的组织生活制度，增强青年政治责任感。

三、突出分类“选优”，广泛凝聚青年

抓源头，加强前端选拔。重点对新入职大学生开展宣传引导工作，在“五四”期间组织优秀团员青年集体向党组织递交入党申请书，“七一”组织“纸上重走长征路”“我与国旗合个影”“爱国知识问答”等主题团日，同时，开展“学习铁人精神 · 激荡中安青春”“向党说句心里话”等专题“青C味”大讲堂，主动加强与他们的联系，培养他们对党的感情，启发他们入党的觉悟。**建平台，加强过程选拔。**深化“青”字号活动，持续推进“优才基金”，通过搭建平台，选拔推荐，让优秀的团员青年尽早进入组织发展的视野。打破行业、身份、归属、体制等界限，探索协作单位青工“推优工作中安属地化”。

四、突出实践“育优”体系，全面培养青年

重理论育优。组织开展青工政治轮训、青年理论学习研讨会、主题团课等，持续加强团员青年思想政治教育，引领团员青年坚定不移跟党走，为“推优入党”工作奠定坚实的思想基础。**重实践育优，**连续开展五届“技术难题揭榜攻关”和三届“青年环保守卫队”等实践活动，引领团员青年在实践中成长成才。同时，通过晒出“实践课堂”综合表现成绩单，展示实践育优的成果。**重引领育优。**为递交入党申请书的育优对象配备优秀青年党员，结为“成长伙伴”，帮助其不断提高思想政治素质和业务水平，通过“人盯人”培育方式，帮助每一名团员青年在正确的轨道上进步成长。

五、突出创新“推优”机制，着力举荐青年

建立完善基层评议制度。由团支部组织群众代表对推优对象进行测评，通过身边人打分，力求全面、客观反映推荐对象的现实表现。**建立规范公平的考核体系。**组织“推优对象”答辩会，对推优对象从思想

到实践进行全方位考量，力求提高“推优”的科学化水平。**建立公开透明的督查机制**。加强公司层面的监督指导，将“推优”工作纳入党群工作考核体系，每年开展“推优”工作的督查，确保工作深入、有效开展。

中安联合团委不断加强共青团推优入党工作，通过规范程序流程、科学考察评价、健全教育培养机制，使推优入党成为为党育人的生动载体、团员青年入党的必要环节和强化基层组织建设的有力举措。2022—2024 年，累计推荐入党积极分子 58 人，占公司入党积极分子总数的 73.42%；通过“推优”发展党员 89 名，占同期发展党员总数的 89.90%；实现协作单位青年属地化推优，12 名协作单位团员青年成为入党积极分子，其中 4 名已发展为党员。

党建带团建链式培育“推优入党”

湖南石油团委

近年来，湖南石油高度重视共青团推优入党工作，严格按照集团团委和省公司党委的工作部署，明确将推优入党工作纳入年度团委工作要点，聚焦“引、推、育”工作思路，将“团推优”与“党纳优”有效结合，不断为党输送新鲜血液。自2021年以来，139名思想进步、素质全面的优秀青年通过团组织推荐，被党组织确定为入党积极分子，28周岁以下团员经过团组织规范推优后发展入党的比例始终保持在100%，呈现出生机勃勃的为党育人工作格局。

一、聚焦“引”，抓实推优前的教育引导

“我是一名石化青年，我将时刻牢记习近平总书记对新时代青年的殷切嘱托，提高自身素质，锤炼过硬本领，成为让党和人民放心的国企先锋。”团员青年代表陈佳璐在学习分享会上说。一直以来，公司团委通过“开展1次理想信念教育、1次团支部书记谈话、组织入党申请人参加1次红色教育和1次党的创新理论学习分享”，加强团员青年政治教育和思想引领，切实发挥团组织为党育人作用，团委始终把“培优”放在推优的最前端，通过理论宣讲、榜样故事、团课学习等形式提升广大团员青年的政治素养和理论修养，提高团员青年向党组织靠拢的积极性和主动性，通过注重育“新苗”，抓实“三会两制一课”“青年大学习”，把理想信念、党章党纪党规和形势任务宣讲等列入团员青年培训的重点内容，组织开展党的二十届三中全会精神宣讲会、“阅读促成长、成长助服务”读书分享会，定期举办团青干部培训班，组织基层

团组织和团干部全面系统学习推优入党工作流程、规定和程序，指导团组织制定推优入党责任清单和任务清单，进一步明确“推优”的程序性、规范性。

二、聚焦“推”，抓实推优中的层层筛选

在“推优”入党系统工程中，精细化的“选优”机制至关重要。公司团委每年提前做好青年职工入党意愿的摸底调查，以35岁以下青年为主体，组织开展问卷调查、思想动态调研、谈心谈话等工作，全面掌握公司全系统每名青年团员的入党需要、思想观念等情况。其次，多方面、多角度、多层次建立考核体系，聚焦“看政治表现、看道德品行、看作用发挥、看纪律严明”的“四看”，将青年职工参加党团活动、日常工作表现、教育培训情况、参与创新创效和志愿服务情况等进行量化并纳入评议，以此来进行综合评议，保障推优的严肃性、规范性和准确性，确保将政治觉悟高、综合素质优、群众基础好的优秀团员青年推荐给党组织。公司团委通过坚持“两手抓”，既注重对团支部评议的指导，又注重对评议结果的考核。根据团员青年特点，从评议内容、评议过程、评议手段等多方面综合制定考核标准，对基层支部的评议工作进行全方位考量，力求进一步提高“推优”的科学化水平。同时，指导基层团组织依据各级党组织年度发展党员工作计划，确定年度工作计划，并在党组织发展党员流程的基础上，将“推优入党”所需的团支部进行登记、提出培养意见、报党支部备案、召开推优大会等必要流程细化，形成《发展党员工作流程图（团组织推优版）》，实现流程一目了然，让推优程序更加规范。

三、聚焦“育”，强化推优后的跟踪培养

“育优”是“推优入党”工作的核心内容，是团组织为青年在追求发展目标的道路上竖起的一架梯子。公司团委结合企业各项重点工作，

创新载体，不断提升基层团支部活力，通过构建“理论学习 + 主题活动 + 志愿服务”的三位一体“育优”平台，既注重理论水平，又培养实践能力，更发挥榜样力量引领青年成长，完成为党培养可用之才的“育优”任务。团委组织青年党员开展“雷锋家乡学雷锋”系列志愿者服务活动，湖南娄底石油青年党员在当地水源被油品污染、油罐车侧翻等突发事件中紧急驰援，为彰显“党和人民好企业”形象贡献青春力量，荣获全国青年安全生产示范岗称号；在脱贫攻坚和乡村振兴中，湖南湘西青年党员精心打造环站文化墙和红色教育展厅，讲解精准扶贫首倡地十八洞村脱贫攻坚历程、成就和经验，助力将湘西十八洞村加能站打造为“中国石化红色教育基地”，还化身带货主播，通过易捷平台推广扶贫农副产品和手工艺品，累计销售特色商品 1721 万元，在当地助力乡村振兴中传为佳话；每逢春运等重大节假日，广大青年党员带头在基层加能站开展基层帮扶志愿服务活动，与一线员工并肩作战，服务客户，践行“为美好生活加油”使命。

湖南石油党团组织共同开展“党政工团齐上阵，攻坚创效勇担当”主题活动

严把“推优”规范关 畅通入党“高速路”

扬子石化团委

扬子石化共青团始终秉持高度的政治责任感与使命感，认真落实“推优”工作制度，紧密围绕党建带团建，将为党育人这一政治使命扛在肩头。在全面从严治党的时代浪潮下，全力夯实“推优”根基，规范“推优”流程，严守共青团员入党关卡，创新性地探索构建更为完备的“党团衔接”机制，聚焦程序的精准性、逻辑的严密性以及操作的规范性，源源不断地为党组织输送德才兼备的优秀人才，让党的事业薪火相传、让红色血脉永续传承。

一、加强政治理论教育，储备优秀人才

思想引领，点亮信仰之光。扬子石化团委立足于团员政治素养的全方位培育，着眼于政治意识、组织观念与模范精神的深度塑造，着力提升团员对党的认知水平，增进其对党的创新理论的情感认同与理性笃信，激发团员向党组织靠拢的内在动力。以“三会两制一课”为基本遵循，持续优化团的组织生活制度，在一切与共青团相关的事务、会议及活动中，严格落实佩戴团徽、高唱团歌、高举团旗等仪式，强化团员的身份认同感与归属感。

理论武装，夯实信念之基。借助新思想青年学习小组、青年大学习平台以及青年宣讲团等载体，深化党的创新理论教育实践，广泛开展党史、团史、新中国史以及石油精神石化传统教育活动，引领团员青年深刻领会党的性质、纲领、宗旨、组织原则与纪律要求，筑牢团员青年的

理想信念之基，将加入党组织内化为坚定的政治追求，做到思想上与党同心、行动上与党同步，稳步扩充团员入党申请人队伍规模。

精准选苗，积蓄后备力量。在人才选拔储备过程中，坚守政治标准第一原则，精准发掘有潜力的后备力量。严格对标党章所规定的党员标准，开展优秀团员的选拔与储备工作，始终将政治素养作为首要考量因素，彰显先进性特质。在满足基本条件的前提下，从思想政治觉悟、综合能力素质、道德品行操守、日常现实表现等多个维度进行综合评估，优中选优。对于荣获公司级及以上荣誉的团干部、团员，以及青年岗位能手、先进工作者等，在同等条件下予以优先考虑，纳入“推优”候选序列。

扬子石化塑料厂聚乙烯团支部在车间会议室召开“推优”大会

二、精细规范“推优”程序，注重提质增效

明确原则，完善工作制度。扬子石化团委认真落实“两个一般，两个主要”原则，即 28 周岁以下青年入党，原则上从团员中发展；团员

入党一般需经过团组织的考察推荐。借此推动“推优”工作逐步成为党组织吸纳青年党员的主渠道，使共青团成为党组织发展青年党员的重要源头活水。将规范“推优”流程视为保障“推优”质量的关键所在，依据《中国石化共青团推优入党工作实施细则》，对《扬子石化共青团工作管理办法》进行修订完善，对“推优入党”工作的基本原则、目标对象、推荐方式等关键要素进行了全面更新，并对推优入党登记表、民主测评表、考察材料、公示模板等进行了标准化规范。

加强业务学习，强化执行力度。严格按照集团公司团委发布的《中国石化团青组织标准化规范化建设指导手册》推进“推优”工作，明确了工作计划拟定、推优大会申请、会议组织召开、候选人考察公示、上级团组织审核把关等五个核心步骤的“推优”程序，全面提升“推优”工作的严谨性与规范性。通过二级团组织书记季度例会、团干部专题培训班、团委书记团课讲授等多元化途径，多次组织团干部深入学习“推优入党”相关制度文件，确保入脑入心。同时，在季度例会、团干培训班以及青春扬子线上平台设置答题环节，精准检验二级团组织书记及基层团干部的学习成效，并要求二级团组织书记在本单位党支部书记例会、政工例会、团支部书记例会等场合及时传达学习成果，确保制度落实落地。

严肃检查考核，确保工作实效。结合年度党员发展规划，每年制定团支部“推优”工作计划，严格控制每年推优人数不超过本支部团员人数的 20%，依循规范流程申请召开“推优”大会，保障工作标准不降低、流程执行不走样。公司团委每年通过专项检查和党建考核等方式，对“推优”过程材料进行全面审查，对质量欠佳的予以考核通报，对频繁出现问题的公示和考察材料，借助季度例会等平台进行反复学习强化，确保工作取得实效，杜绝形式主义。

三、建立党团联合培养机制，创新工作方式

党团携手，共育时代新人。扬子石化团委积极搭建“推优入党”党团联动桥梁，主动与党委组织部等部门建立常态化沟通协调机制，联合策划实施青年马克思主义者培养工程，精心开设政治理论精品课程与红色实践特色课堂，加大对“青马工程”优秀学员的培育力度，创新推出由公司团委每年推荐1~2名“青马工程”优秀学员（团员）作为党员发展对象的举措。在2023年度“青马工程”优秀学员中，塑料厂韩志鹏作为优秀入党积极分子，成功入选党的培养对象行列，为广大团员青年树立了榜样。

创新形式，广泛开展宣传。借助青年群体喜闻乐见的方式，在“青春扬子”微信公众号的青春微课堂板块开启“推优”工作专题宣讲，并设立激励机制，参与者答题满分即可参与抽奖，调动了广大团员的学习积极性，有效提升了团员青年对“推优”工作的认知度与参与度。

聚焦中心，彰显青春担当。紧紧围绕安全生产、绿色企业建设、转型升级发展、科技创新突破等公司中心任务，积极引导“推优”团员投身其中，勇挑重担。以“青扬先锋”品牌建设为有力抓手，深入实施青春建功行动，团员青年踊跃参与炼油改造项目“青岗先锋”模范青年突击队，冲锋在前；聚焦创造一流业绩目标，齐心协力成功创建“江苏省青年文明号质检中心检验一室”模范青年文明号，彰显青春风采；在“安全生产　青年当先”品牌活动中，化身“青年啄木鸟”精准查找问题、隐患3000余条，以实际行动助力公司安全环保事业迈向新台阶。在“3·5”学雷锋便民服务、统一行动日、爱心募捐等志愿服务活动中，充分发挥“推优”团员的先锋模范作用，不断强化“推优”团员服务公司发展、奉献社会群众的责任意识与使命担当，为公司高质量发展汇聚青春力量。

第四节

青年宣讲

念好四字诀，基层宣讲接地气、聚人心

湖北石油团委

为深入学习贯彻习近平新时代中国特色社会主义思想，面向广大团员和青年讲好、讲清、讲实党的创新理论，湖北石油团委坚持把“理论宣讲青年化阐释”作为提升公司青年精神素养的重要抓手，精心组织、周密部署，通过抓好宣讲队伍、培育宣讲能力、优化宣讲内容、丰富宣讲形式等方面，念好“深、实、响、活”四字诀，进一步发挥基层宣讲在思想引领、凝聚共识等方面的积极作用，努力将宣讲成效转化为助力公司高质量发展的工作实效。

一、组建“高素质”宣讲队伍，宣讲工作“深起来”

积极探索建强队伍、拓展阵地、活化形式等方式，构建起横向到边、纵向到底的理论宣讲格局，深入了解青年需求，坚持回应青年关切，持续“在青年中播撒信仰的种子”，精准推动党的创新理论在青年学习中走深走实、入脑入心。依托湖北石油特色品牌“青年学习俱乐部”，邀请企业模范、榜样、青年骨干入驻，以“择优推荐、双向选择”为原则，梳理整合各单位的青年宣讲人才和资源，以理想信念坚定、理论基础扎实、思维视野开阔为基础，打造一支召之即来、来之能战、战之必胜的宣讲铁军。优选百名青年讲师，组建17支由青年团干、先进典型、业务骨干等各领域优秀青年组成的“星火”宣讲团，通过线上+线下的模式，已完成青年理论宣讲88场，覆盖基层3921人次。

二、培育“更有料”宣讲本领，宣讲工作“实起来”

牢记共青团的立身之本和政治之魂，将学习宣传贯彻习近平新时代

中国特色社会主义思想作为首要政治任务，探索“三聚焦三突出”工作法，聚焦为党育人，突出政治性；聚焦服务中心，突出行业性；聚焦服务青年，突出精准性；围绕讲什么、怎么讲，制定“4111＋N”提示清单，紧密围绕“思想旗帜”“坚强核心”“强国复兴”“挺膺担当”4个专题制定宣讲提纲、知晓使用1个学习平台、开展1次宣讲技能培训交流会、组织1场宣讲大赛，多种形式开展政治理论学习，每月梳理理论知识宣讲材料、定期推出宣讲菜单，并指导宣讲队伍根据不同群体差异性的需求，用好公司基层宣讲课件库。各级青年宣讲团成员要胸怀“国之大者”，聚焦“企之要情”，科学规划宣讲方向，研究制定宣讲提纲，结合自身领域、工作实际和企业青年需要开发宣讲课程，在讲师团“要讲”和青年“想听”之间找到最佳契合点。开展宣讲技能交流会，传达宣讲知识干货，组织宣讲团成员围绕宣讲工作形成了“定方案—选话术—树典型”的“宣讲三步法”，用心做好宣传引导的“宣讲员”，确保宣讲工作有计划，宣讲话术易理解，身边优秀典型案例及时推广。

三、设计“青口味”宣讲内容，宣讲工作“响起来”

“用青年人的话语体系、话语方式影响青年人。”理论宣讲是一门讲道理的艺术，只有青年“爱听”“愿听”“听得进”，党的创新理论才能以春风化雨之势浸润广大团员青年。把理论宣讲从“高大上”变得通俗易懂、平易近人，立足青年视角，精选宣讲内容，变“单一讲”为“复合讲”。坚持“青年要什么、宣讲讲什么”的思路，讲身边人、说身边事，让青年坐得住、乐意听、记得牢。搭建“统一性＋针对性”的内容框架，制定学习指南，推动理论素材库建设，下发理论宣讲标准课件包，通过预约机制送课到青年、约课到支部、授课到身边。通过讲述个人成长经历和奋斗故事，展现湖北石油高质量发展过程中勇立潮头的青年风采。

在宣讲内容上，注重突出“三个重点”。一是团青干部重点讲“道理”。充分发挥团青干部在政治理论、工作阅历方面的优势，面向广大团员青年常态化组织专题“团组织书记讲团课”，面向新员工开展“团青干部面对面”“入职第一次团课”，结合分享成长历程，深入浅出把党的根本宗旨和科学理论讲清楚，把蕴含其中的立场、观点、方法讲透彻，通过把“书面语”转化为“本地话”，引导团员青年走出学术“象牙塔”，积极从党的创新理论中找思路、找方法、找答案，不断提高政治能力、思维能力、实践能力，牢固树立正确人生观、价值观、事业观。二是青年先进重点讲“奋斗”。充分发挥先进模范的典型引路作用，组织青年先进讲述典型事迹、奋斗故事，以“小切口”反映“大主题”，生动展示、深入诠释湖北石油青年的精神品格，大力营造团员青年“学习先进、崇尚先进、争当先进”的浓厚氛围。三是青年骨干重点讲“故事”。充分发挥业务骨干、青马学员、技术标兵等青年骨干深入青年身边、遍布基层一线的“群众优势”，通过讲述个人成长和奋斗的青春故事，展现湖北石油高质量发展过程中勇立潮头的青年风采。

四、丰富“受欢迎”宣讲形式，宣讲工作“活起来”

党的创新理论宣讲就是要坚持大众化，要走进基层库站店，深入团员青年中去，结合青年员工喜闻乐见、易于接受的形式，让广大团员青年广泛参与。立足青年圈层，构造特色载体，变“平面讲”为“立体讲”，变“固定讲”为“动态讲”，推动青年宣讲深入人心。线上线下同步推进，不断探索“进油站、进油库、进机关、进宿舍、进网络”五进宣讲活动，围绕攻坚创效、技能比武、服务提升、工匠精神等主题，学思想、谈感悟、讲故事，以“小切口”讲述“大道理”，打通理论宣讲“最后一公里”。借助新媒体技术载体，筹备建立“星火”湖北石油青年宣讲直播间，合理运用碎片化时间，紧跟党的创新理论，做好党的最新理论的“扩音器”和“传声筒”。

党的政治理论从“青年听”到“青年说”，湖北石油团委矢志不移

湖北石油开展“进油站、进油库、进机关、进宿舍、进网络”五进宣讲活动

引领广大青年努力学出“听党话、跟党走”的绝对忠诚和“站排头、争第一”的使命担当。坚持不懈用习近平新时代中国特色社会主义思想引导青年，用党的创新理论构筑青年强大精神支柱，引导青年在“学中讲、讲中干、干中用”，让党的创新理论在青年群体中内化于心、外化于行，凝聚起奋力推动公司高质量发展的青春力量。

构建“三全”模式，推动青年宣讲见行见效

胜利石油工程公司团委

胜利石油工程公司团委以习近平新时代中国特色社会主义思想为指引，聚焦聚力“思想引领”根本任务，通过全覆盖理论宣讲，全领域典型带动，全方位联系服务，在团员青年中唱响主旋律，凝聚正能量，汇集强动能，青年团结奋斗的信念更加坚定，为集团公司高质量发展贡献了胜利工程青春力量。

一、全覆盖理论宣讲，唱响主旋律

始终坚持旗帜鲜明讲政治、高举团旗跟党走，把加强团员青年理论宣讲摆在突出位置，扎实推动理论宣讲走青年路、说青年话、有青年味，让党的政治主张转化为团员青年的思想认同、政治认同、情感认同。**以组织化动员为抓手，让理论宣讲“走青年路”**。把习近平新时代中国特色社会主义思想作为青年理论学习“第一议题”，持续深化“铁军青年大学习”和青年精神素养提升工程，组建青年理论宣讲团，成立团青理论学习小组220余个，深入开展学习党的二十大、团的十九大精神，以及习近平总书记视察胜利油田、九江石化重要指示精神等专题学习活动200余场次，开展青工政治轮训和青马工程培训20余班次，教育覆盖团员青年3000余人次，推动党的创新理论深入人心。**以生动化讲解为目标，让理论宣讲“说青年话”**。坚持做到想青年之所想，讲青年之所讲，针对不同领域、不同年龄阶段的青年开展形式多样、通俗易懂的宣讲。广泛开展“学精神、明初心、担使命”大讨论、大落实、大提升活动，举办“学习总书记讲话　青春心向党　创新向未来”“重

走总书记视察之路”主题团日，组织辅导报告会、故事分享、知识竞赛等各类“铁军青年大学习”活动，让青年愿听爱听、主动参与。**以网络化传播为依托，让理论宣讲“有青年味”**。充分利用新媒体传播优势，坚持用“青言青语”“网言网语”，大力构建从“身边”到“云端”立体宣讲格局。依托“云教育工作室”云端学习课堂，借助微信视频号、抖音号等网络阵地，定期推送相关报道、解读文章，形成了网上网下一体、线上线下联动的宣讲氛围，影响带动广大团员青年与党同心、与党同行。

胜利石油工程公司团委举办优秀青年事迹报告会

二、全领域典型带动，凝聚正能量

坚持把加强典型选树和学习宣传作为思想凝聚、弘扬正气、鼓舞斗志的有力手段，通过构建系统化、全方位的选、育、用机制办法，营造崇尚先进、学习先进、争当先进的浓厚氛围，引导团员青年见贤思齐、崇德向善。**规范化选树确保选得准**。为确保先进典型能发现、选得准，确定了“常态化培育、系统化选树、一体化推进”的工作思路，制定下发《胜利石油工程公司共青团先进典型选树管理办法》《十大杰出青年和青年岗位能手荣誉评选表彰办法》等系列制度规范，从培育、发现、挖掘到总结、宣传、推广明确责任分工，强化过程督导，形成齐抓共管、多措并举、整体联动的团青典型选树格局。先后涌现出第27届中国青年五四奖章集体黄河钻井70183SL钻井队，页岩油勘探先锋董德英等一批先进典型。**立体化宣传确保叫得响。**坚持突出重点、把准定位，及时掌握、深入挖掘各类青年典型的精神实质和鲜活事例，融合各种宣传资源，建立立体化典型宣传格局，使先进典型丰富生动、可信可学，增强吸引力、感染力和影响力。坚持线上线下联动，用好报纸、电视、主页、微信、抖音等各类媒体平台，开设“铁军青年群英荟”“青先锋”等典型宣传专栏，形成全媒体矩阵宣传合力，让青年学有目标、赶有方向。70183SL钻井队青年挺膺担当的事迹先后在《人民日报》等媒体刊发并接受新华社记者专访，青工代表马晓勇、唐帅入选共青团中央宣讲团作巡回宣讲。**示范性带动确保推得开。**坚持正面灌输和故事引导、典型带动和实践推动相结合，组织优秀青年事迹报告会、青工典型云宣讲等活动，用身边人讲述身边事，用身边事感动身边人，形成持续正面示范带动效应，在更大领域范围内引领带动更多的人，起到“点燃一盏灯，照亮一大片”的作用。在国家级页岩油示范区施工中，广大青工以70183SL钻井队为追赶榜样，竞技比拼，先后创出二开钻井单日进尺最多、三开钻井施工周期最短等多项全国纪录，用实际行动展示了“胜利速度”“青春力量”。

三、全方位沟通服务，汇集强动能

坚持走近青年、走进青年，真正融入工作生活，及时梳理解决诉求，实现思想价值层面上的真诚沟通与交流，全方位、多角度服务广大青年，汇集共同奋斗强动能。**建立联络机制，用心沟通青年。**构建常态化联系基层团员青年机制，定期组织覆盖全体团员青年的思想动态调研，开展各级党组织书记与青年面对面，完善“团组织书记—团代表—团员青年”联络渠道，建设“青年建言献策直通车”平台，做到线上日常有声音、有互动、有话题，线下月度有调研、季度有座谈，建立问题台账和需求清单，积极向党组织报告青年所思所盼、提出对策建议措施。**搭建关怀平台，贴心服务青年。**打造“听青年之声　汇青春动能”青年大走访活动品牌，开展“五个一”走访慰问，全覆盖走访、保姆式服务，彰显团组织的凝聚引领作用。聚焦基层一线单身青年交友、婚恋难问题，建立单身青年数据库，定期组织举办“相约胜利工程”大型青年联谊，创新开展“油地青年人才联训班”，通过“网络化、实体化、社会化”平台有效服务一线单身青年的交友和婚恋需求。**丰富活动载体，有效凝聚青年。**丰富青年文化生活需求，成立“钻梦人”“青服务”青年社团，建设2处青年之家，举办青年辩论赛、青年读书分享会、书香征文等青年喜闻乐见的活动，激发青年文化活力。关注青工心理健康，开通青工心理咨询服务热线，开展EAP员工亲子训练营、EAP一线行等活动320余场次，心理健康测评辅导2.2万人次，确保员工心理健康、队伍整体稳定。

打造“543”青年宣讲矩阵，唱响团结奋斗最强音

镇海炼化团委

镇海炼化公司团委坚持以习近平新时代中国特色社会主义思想为指导，依托中国石化青年宣讲团分团——“镇理享”新兵宣讲团，着力构建“543”宣讲矩阵，培养一批批政治坚定、擅于面向青年传播党的理论主张的优秀青年，发挥“点亮一盏灯，照亮一大片”示范引领作用，凝聚青年思想共识，激发青年奋斗热情，持续增强广大青年危机意识、担当意识、创新意识，为坚韧向前推进“世界级、高科技、一体化”绿色石化基地建设凝聚团结奋斗青春合力，唱响“我在镇海基地写青春，为职业生涯加分”最强音。

一、围绕“五大维度”，推动青年化阐释更具象

立足回应“讲什么”这一问题，我们细化青年宣讲五大维度，明确讲“理”、讲“史”、讲“势”、讲“策”、讲“情”宣讲内容方向，让青年宣讲员找准切入点，让青年找到共鸣点。**讲“理”——讲活党的创新理论。**依托党章学习小组平台，着力宣讲马克思主义中国化最新成果，特别是习近平新时代中国特色社会主义思想，用青言青语面向青工宣讲其中蕴含的思想资源、实践智慧，助力青工学会运用贯穿其中的立场观点方法分析问题，更加积极主动在深化、内化、转化上下功夫。**讲“史”——讲实企业发展故事。**依托关工委联合办学、青工政治轮训等平台，邀请企业先辈讲述公司在各个发展阶段的生动实践，特别是，讲改革开放以来，公司不断发展背后蕴含的敢为人先、敢闯敢试、改革创新的时代精神，组织青年宣讲学习体会，引领青年持续传承

“爱我中华、振兴石化”的企业精神和践行“为美好生活加油”的企业使命。**讲“势”——讲明企业形势任务。**借助青年精神素养提升主题团课、“三个问题”大讨论、企业文化故事会等载体，重点宣讲公司践行习近平新时代中国特色社会主义思想的奋斗实践以及石油石化行业、集团公司、公司发展大势、发展战略、管理理念、形势政策等内容，引领青年挺膺担当，与企业发展同频共振，战危机、应变局。**讲“策”——讲清青年成长政策。**利用青工座谈会，讲公司“精益”管理理念、发展策略以及青年职业发展、青年人才培养、青工队伍建设等青年关心关切的相关政策，帮助青年答疑解惑，引领青年学策、用策、建策，促进青年成长发展。**讲“情”——讲好青年奋斗情怀。**借助“奋斗的青春最美丽”青年成长论坛，宣讲公司各个领域、各个专业、各个岗位青年典型的成长故事、奋斗故事、奉献故事、青创故事，借助“朋辈教育”，用榜样的力量激励青年培育和践行社会主义核心价值观，帮助青年解开成长困惑、树立远大理想、涵养家国情怀、赓续奋斗基因。

二、组建“四支队伍”，推动多元化引领更对味

立足回应“谁来讲”这一问题，我们广泛搭建平台载体，组建青年宣讲“四支队伍”，让青年宣讲员找到成就感，让青年产生归属感。**组建“硬核”宣讲队，**一方面，邀请公司领导、业务专家在领导与青年面对面、青年云对话、“数字镇海基地建设·青年先行”主题论坛、导师带徒论坛等活动中宣讲；另一方面，通过寻访青年达人团，邀请有特长的“硬核”青年担任宣讲员讲给“圈内”青年听，让青年听得进、喜欢听。**组建“团干”青年宣讲队，**秉持“团干部人人都是宣讲员”理念，一方面，搭建团干部论坛、述学报告竞赛、“一团一品”交流等，促进团干部之间交流互鉴；另一方面，组织团干部走上讲台、走到岗位、走访宿舍、走进网络，同青年进行灵活式、互动式交流，既宣讲、又摸实情办实事，提升青年幸福感。**组建“春风”青年宣讲队，**

全员兼职化提供讲解服务，在石化知识普及、提升国企形象方面作出积极贡献。2012 年启动以来，累计服务各界公众代表、企地考察团、学生、专家、媒体等 770 余批 25100 余人次，2 名讲解员参加中国石化企业文化宣讲员大赛，获个人金奖、团体金奖。讲解集体获评 2016 年度浙江省优秀志愿服务队、2020—2021 年度集团公司优秀志愿服务项目。**组建“榜样”青年宣讲队，**积极选树青年岗位能手、优秀“青马”学员、青年工匠、检修“星”青年、优秀镇海基地建功一流青年突击手、“青创先锋”等青年典型，面向一线青工开展宣讲，激励青工扎根岗位、建功成长。

三、突出“三个注重”，推动体系化运转更高效

立足回应“怎样宣讲好”这一问题，我们注重宣讲能力提升、宣讲阵地保障、宣讲评价激励，让青年宣讲工作开展更有质效，让青年更快成长。**注重宣讲能力提升。**一方面，构建持续学习与实践的“日常练兵”平台，以“老带新”“传帮带”方式，助力宣讲经验与知识的传承积累；另一方面，深化理论与技能“集中培训”提升，每年组织集中强化培训班，邀请专业部门进行授课，涵盖理论知识、宣讲技巧、礼仪规范等多维度，确保宣讲内容形式符合我国法律规定、社会道德良俗以及意识形态相关要求，切实提升青年宣讲员的理论与实践素养。**注重宣讲阵地保障。**升级投用浙江省级示范青年之家，打造浙江省首家企业青年运动史展馆、青马书局、青年宣讲厅、视听教育室、多功能报告厅、团青活动室等，为青年宣讲提供新阵地、“练兵场”。青年之家入选浙江省企业“青马工程”实践基地、浙江省新世纪人才学院镇海炼化分院、公司主题党日地图 3.0。**注重宣讲评价激励。**在五四青年节、“检修改造”“学雷锋月”“红五月”“安全生产月”“创新创效月”等时间段，加强宣讲氛围营造，掀起青年宣讲热潮。积极选拔培养优秀青年宣讲员，录制生动有形的宣传文化产品，择优推荐至集团公司、省市

镇海炼化公司举办第八届“创新发展·青春担当”
青年创新创效大赛成果展示会

区地方各类平台展示青春活力，青年参与宣讲情况作为团内评先评优重要参考。各二级单位团组织宣讲工作开展情况纳入创先评价。

第五节 青年突击队

锚定“碧水”突击　现场实现成长

湖南石化团委

习近平总书记强调，长江经济带“共抓大保护，不搞大开发”。湖南石化团委积极响应总书记号召，以“守护好一江碧水”为己任，在破解“化工围江”的己内酰胺搬迁升级项目、港口码头提质改造项目、炼油生产装置绿色检修、重点领域科技攻关项目等中心工作开展攻坚克难、聚智创新的突击工作，圆满完成项目建设、停开工配合、边沟清理等任务，组建“水公益”“长江守护者”等青年突击队常态化守护长江沿岸，助力中国石化具有自主知识产权、全球首套酯化加氢成套新技术工业化装置建成投产。

湖南石化青年突击队有着优良的传统，从 20 世纪 70 年代初建立人检修青年突击队伊始，始终坚持“建功立业、带队育人”的理念，将一代又一代青年突击队员汇聚在青春旗帜下，传承“最艰苦的担子我们挑，最危险的地方我们去，最困难的时刻我们上，最紧急的关头我们到”的“四最”精神，坚持“哪里有困难哪里就有我们，这里没空话行动胜过誓言”，打造了一支“钢刀不卷刃、红旗不褪色、年年打胜仗、特别能战斗”的坚强队伍，创造了一项又一项佳绩，曾被共青团中央授予“新长征突击队”光荣称号，获得集团公司优秀青年突击队称号，2023 年青年突击队工作获团中央团员和青年主题教育第 4 指导组充分肯定。

一、守“碧水”先守思想

强引领聚青年合力。以青年精神素养提升工程为统揽，把青年突击

湖南石化青年突击队始终是检修现场、项目建设现场的一面鲜红旗帜

队建成青年素质提升的“学校”。组织主题团日、青年理论专题学习、形势任务教育等活动，对每一名队员讲清“守护一江碧水”的政治意义、青年员工应有的担当作为、当前面临的严峻形势，让参与青年突击队的青年带着使命干任务、人人争先求作为。邀请老队员讲传统、讲纪律，定期开展解放思想大讨论，及时鼓舞士气，凝聚起现场突击的正能量。

勇争先添青年动力。邀请中国石化、岳阳市委、湖南石化领导为大检修青年突击队、己内酰胺青年突击队授旗，制定《“建功大项目，青年当先锋”青年突击队（手）活动方案》，围绕“强化六种意识、争当六个先锋”，激发项目建设青年攻坚潜力。始终把牢“严”的总基调，严把劳动纪律、安全环保纪律和现场纪律，从严带队，形成了突击队雷厉风行、令行禁止的好作风。

树典型激青年活力。队内树典型，以“我为队旗添光彩”劳动竞赛为抓手，围绕队内班组劳动进度、工作质量等开展量化评比、定期考核，对“尖刀班”授旗、让“优秀学员”上榜亮相，充分激发内生动力。队外推先进，推荐60余名青年获集团公司“十大杰出青年”、省市及公司级劳模工匠等称号，多名优秀青年事迹在中国石化报、湖南工人报等媒体刊发，引领青年队伍比学赶帮超，齐心协力推动会战。

二、硬仗中练硬本领

在攻坚克难中磨砺青年。建项目时间紧、任务重，多项任务高度交织，青年在项目突击任务中可以得到充分磨砺。港口码头提质改造项目是立足于更好守护长江母亲河的项目，在项目建设中，青年突击队在持续暴雨天气导致油泵房积水的严重情况下，第一时间到现场抢险，防止污水场污泥池冒池；在打钢管桩任务中，青年突击队员锚定“一周工期”这个节点，配合项目团队倒排工期，每分每秒都要与时间赛跑，仅用5天时间，把“不可能完成”变成了现实。

在突击任务中彰显作为。在“绿色检修”突击任务中，完成检修指挥部交办、检修单位急需完成的任务，突击的足迹遍布炼油生产装置的每个角落，完成了炼油装置停开工配合、边沟清理、填料拆卸清洗、现场规格化等任务，及时发现并避免安全事故，得到公司检修指挥部和检修单位高度肯定。成立己内酰胺项目建设青年突击队，围绕新区建设开展突击任务30余次、安全督查6次，组织近600名突击队员支援项目开车，环己酮青年组成24小时加班“先锋队”，煤气化装置青年查找1000余项问题销项99.61%，助力全球首套酯化加氢成套新技术工业化装置建成投产。“水公益”青年突击队每年都主动开展长江沿岸义务植树、保护江豚宣传等系列活动，联合临湘海事处进行长江主航道清漂，保持主航道的洁净，保障水上交通安全。

在科技攻关中擦亮成色。在青年突击队中广泛开展青工“五小”攻关，常态化征集评选合理化建议，涌现省部级以上技术能手5人，氨肟化技术攻关青年突击队一项新技术为企业每年节约成本 1200 万元，近 5 年“五小”成果创效超 5000 万元。鼓励青年在突击任务中自主“揭榜挂帅”，揭榜青年联合团队开展头脑风暴、专题研讨、专项竞赛，提出了控制阀“一阀一策”、控制工作液状态稳定等措施，硫磺尾气和耗碱量达到了历史最好水平，240 万加氢装置每年降低加工成本约 1000 万元。

三、兴企业更兴人才

在学习中成长。秉持“培训也是生产力”理念，让青年突击队员青年在培训中增长本领、在实践中丰满羽翼。开办“青年突击课堂”，让懂专业的青年走上讲台讲解和突击任务相关知识，让队员们既长经历、更长知识；将学习放在现场，让已内酰胺项目青年全过程参与项目安全、质量、进度等工作，切实提升青年干项目能力。

在培育中成长。以突击文化培育人，开展温馨小家评比、趣味运动会等活动，加速团队融合。邀请队员家人、同事摄制惊喜生日祝福视频，编印队刊《队旗下》，打造家文化，培养青年“突击情节”，建好青年和谐团队“大家庭”。同步谋划突击任务和青年精神素养提升工作，为新入职青工配备成长导师、技能导师，开展师带徒座谈会、优秀青年分享会等交流会，促进青年快速成长。

在担当中成长。给青年突击队员压担子，促使青年在推进突击任务、项目建设、科技创新等多领域做出成绩，从青年突击队走出了原国家发展改革委副主任徐宪平等一大批优秀人才。

牢记殷切嘱托
在推动重大项目建设中彰显青春力量

石油工程建设公司团委

东营原油库迁建工程是落实习近平总书记视察胜利油田重要指示精神的标志性工程。面对时间紧任务重、标准高难度大、疫情反复袭扰等大战大考，石油工程建设公司在东营原油库迁建工程BEPC项目部中组建青年突击队，以“开局就是决战，起步就是冲刺”的战斗姿态，围绕集团党组“环境能源指标当先，智能化水平领先，生态与民生优先；高标准设计、高质量施工、高效率推进、高水平建设”要求全力攻坚，在10个月的时间内完成原需三年的工程建设，建成全国首座“智能高效、多能互补、环境友好”的绿色低碳标杆油库，交出一份让习近平总书记放心、让党和人民满意的优异答卷，为保障国家能源安全和服务集团公司重大项目建设贡献了青春力量。东营原油库迁建工程BEPC项目部青年突击队荣获集团公司优秀青年突击队称号，事迹入选“全国优秀青年突击队案例”。

一、强化政治引领，筑牢打造一流的思想根基

牢记嘱托凝聚思想共识。将持续深入学习习近平总书记视察胜利油田重要指示精神作为“三会两制一课”主线，定期围绕保障国家能源安全、数智化发展等方面组织学习研讨，将总书记的殷切嘱托牢牢记在心间，凝聚起“党有号召，团有行动”的强烈共识。**锚定初心激发使命担当。**编写“给建设者的一封信”，制作《牢记总书记殷切嘱托　铸精品树标杆做典范》思想教育短片，全面解读项目建设重大意义，将

集团党组部署要求、石油工程建设公司党委工作安排及时传递给每一名突击队员，不断激发队员们保障国家能源安全和保障重大项目建设的责任感、使命感。**践行优良传统注入恒心韧劲**。每旬编发《项目简报》，及时通报项目要求、优秀做法、先进事迹，以“身边人、身边事”引领全体队员把“苦干实干”“三老四严”的石化传统融入每一项攻坚任务，在艰苦环境和难题攻坚中始终保持坚定信念和拼搏精神。

石油工程建设公司青年突击队

二、践行守正创新，构建一体化攻坚机制

构建矩阵管理机制。依托 EPC 项目管理架构，打破参建单位壁垒，将负责设计、采购、施工的青年员工统一纳入突击队管理，分部、分项成立多个突击小组，形成跨部门、跨专业的协作矩阵，确保资源高效整合与任务无缝对接。定期召开工作例会，加强信息沟通与工作协调。坚持“首问负责、事不过夜”，建立快速响应机制，面对突发情况迅速调动力量，协同作战，为项目攻坚提供有力保障。**目标引领锻造精品工**

程。突击队围绕项目工期、安全、质量等定下突击目标和挑战目标，细化队员职责，以总体进度计划控制为主线制定分区、分专业、分工序的实施计划，桌面推演提高“计划”的准确性和可操作性。挂图作战盯进度、一抓到底攻难点，实行时间倒推、工期倒排、任务倒逼，以日保周、以周保旬、以旬保月，层层落实责任、加强考核监督，实现专而共享、分而统筹、忙而有序。按照日运行、周调度、月总结，各项工作按照节点计划目标要求，项目各项进度一直超前运行，过程中各项里程碑节点目标超前完成。**数智赋能提升工作实效。**充分发挥青年员工在数智化领域的优势，建设基于工业互联网架构的智能工地平台，通过大数据“赋能”项目安全、质量、进度、材料、党建的管理水平。该平台在人员综合管理、AI 场景识别、焊接智能管控、全流程二维码应用、物料综合管理等 7 个方面处于国内领先水平，为工程装上“智慧大脑”。

三、勇挑“急难险重新”，在一线担当中彰显青年力量

聚焦安全生产筑牢青年防线。坚持一切以安全为前提的工作理念，对现场实行“大封闭、小分割”网格化管理，严格执行安全生产规范，建立质量安全监督公众号，通过 AI 算法自动识别安全隐患及违规行为，带动全体青年员工积极参与安全管理。开展安全防范主题团日、安全警示教育、安全技能岗位练兵等活动，引导突击队员自觉增强安全防范和安全操作意识。**聚焦创新引领贡献青年智慧。**设计攻坚阶段，形成原油“分质分储分输”工艺，实现不同油品价值最大化；通过一体化集控系统等技术，将油库操作人员优化至 20 人，设备仪表运行费减少 70%，降低了运营成本；采用绿能梯级利用，每年减少碳排放 1351 吨；多专业集中会诊，针对性破解以往设备依赖进口的难题，项目全部设备材料实现“中国制造”。施工建设中，首创“天幕保温系统”，形成国内领先的冬季大体积混凝土施工技术，创新 3 项施工工法，攻关 6 项施工工艺，应用二维码质量管理、智能仓储等 26 项“四新”技术，实现技术

提效，储罐环墙顶面高差控制在7毫米，刷新行业纪录；储罐焊接一次合格率98.9%，工艺管道焊接一次合格率99.8%，超国优标准。**聚焦攻坚创效展现青年担当。**各突击小组紧密配合，积极推行“五化”建设模式，定型原油矿场中转库标准化设计，设计效率提升30%，用一个月完成可研和初设，为项目启动争取了90天时间；储罐“零件级”全三维建模，实现设计与加工的无缝衔接，创造了储罐现场预制和施工零变更的记录；工厂化预制、模块化施工、机械化作业方式实现施工人员减少30%，提高工效3~4倍，提前15天打下7182根管桩、提前37天完成罐基础交安、提前11天完成罐主体安装，从可研批复到中交仅用287天，创造了“东营原油库速度”！

挺膺担当砺青春　矢志奋进绽光芒
在推动高质量发展的火热实践中突击向前

山东石油团委

近年来，在山东石油党委、集团公司团委的领导下，山东石油团委结合企业实际和青年特点，弘扬青年突击队精神，擦亮青年突击队品牌，组织动员青年突击队敢啃“硬骨头”、敢挑“重担子”、敢攻“硬任务”，在推动企业治理中施展才华、在生产经营攻坚中建功立业、在创新创效实践中勇于突破、在志愿服务行动中激情奉献，用实际行动践行了“请党放心、强企有我”的铮铮誓言，奋力书写了为企业高质量发展挺膺担当的青春篇章。

一、聚焦“青年之魂”，强化思想引领、素养提升

以“青年大学习”高质量开展为抓手，千方百计提高青年突击队的理论素养。**明确系统学习计划**。公司党委指导制定学习计划，确保学习研讨成效。公司领导坚持每年讲授主题团课，各级团青组织依托“三会两制一课”、主题团日等形式，开展组织化专题学习 560 次，发放学习书籍 1000 余套。**覆盖广泛创新形式**。推动政治轮训成为青年员工的“必修课”，分级召开青年员工座谈会，开展系列读书活动，组织红歌朗诵、红歌传唱等形式多样的主题晚会，依托 6907 工程红色教育基地等红色资源，组织现场教学 111 场次。**青年宣讲典型引领**。精心选派青年专家骨干和优秀突击队长，深入基层一线宣传宣讲 188 场次，打造传帮带的浓厚学习氛围。**完善优化组织结构**。围绕生产经营、项目建设、创新创效、抢险救灾、应急保障、安全环保、志愿服务等领域，广泛动员组建青年突击队 132 支，合理设置类型和规模，确保在关键时刻

迅速集结，高质量完成突击攻坚任务。

二、聚焦“青苗成长”，实施多维发力、实训赋能

致力于将技能培训和竞赛比武作为提升青年突击队业务能力的重要途径。**丰富培训提高素养**。针对重难点业务，以能力和业绩为导向强化青年人才培养，完善专业技术人才培养评价机制，让有真才实学的青年人才脱颖而出。针对储运、安环、设备、新能源等薄弱专业，号召骨干突击队员积极参加专家型人才培训，缓解人才短缺现状。实施“师带徒”计划，帮助青年员工快速掌握业务技能，充实突击队力量。**搭建平台增技赋能**。通过挂实岗、带题式、实战化等多种培养方式，鼓励青年员工到基础薄弱、矛盾集中的岗位经风雨、壮筋骨。号召突击队成员参与各类竞赛比武，在全国石油石化系统加油站操作员职业技能竞赛期间，5 名选手临时成立青年突击队，与全国 33 支队伍、165 名选手同台竞技，勇夺团体一等奖及个人 1 金 2 银 2 优胜选手的优异成绩，展示了专业水平与敢打敢拼、奋勇争先的团队风采。

三、聚焦“青尽全力”，引领服务中心、岗位建功

公司青年突击队遍布齐鲁大地，在企业需要的地方、在“急难险重新”关键任务中，总有一面旗帜高高飘扬，总有一群青年冲锋陷阵。**他们是服务经营的先锋军**。“百日攻坚”专项行动期间，省市两级成立青年突击队，赶赴一线督导帮扶，实现客户服务差评率同比降幅 66%、投诉回访满意度 100%。省市县站四级优秀突击队员分级开展客户开发维护，助力开发及回流单位客户 2.6 万名。发挥青年才智，为经营管理献计献策，帮助策划开展品鉴会、茶友会等营销活动 110 余场次。**他们是安全环保的“护航员”**。结合安全生产和“三基”工作，创建山东石油油库青安岗班组 7 个、加能站 10 个，成功争创首个山东省青年安全示范岗。积极参加青年注册安全工程师公益培训、“百日安全无事故”等活动，增强

安全意识，提高安全素养。**他们是志愿服务的排头兵。**依托青年突击队成立志愿者服务队 170 支，集中开展公益服务活动、社区和谐建设、急难险重任务、恶劣天气帮扶等志愿服务项目，涌现出“红柳”“绿岛公益服务平台”等优秀志愿服务品牌。助力乡村振兴，第一书记、驻村工作队员 11 人均为青年骨干。在“三夏”“三秋”等农忙时节，就近组建青年突击队，助力农民抢收、颗粒归仓。

四、聚焦“青力而为”，勇于守正创新、谋新求变

围绕公司党委“综合能源 + 综合服务 + 数字经济”的发展思路，引领广大青年站好转型发展和创新创效的“C”位。**锚定“新能源”攻坚突击。**集中负责氢电业务的青年骨干，组建“氢动未来”青年突击队，高质量完成“氢进万家”国家课题中期考核指标。推动布局加氢站 9 座，其中 2 座实现“全国首座”、1 座实现“全省首座”，发表宣传报道百余篇。携手产业链上下游企业，与国家科技项目课题成员单位打造“氢能走廊”，共同推进全国首个氢能高速路权减免政策下发。**锚定“新突破”攻坚突击。**公司党委专题部署青年创新工作，班子成员带头参加青年创新创效大赛，点亮了青年创新创效之光。创建工作室 27 个，并相应成立青年突击队，4 年来全省创新创效项目立项 400 余项，评选优秀项目 40 项，每年促进节费创效超亿元。荣获第一届中国石化青年创新创效大赛管理服务类赛道二等奖、十九届山东省青年职业技能竞赛创新创效专项赛优胜奖等优异成绩。**锚定“新业态”攻坚突击。**省公司机关“易捷青创新锋”突击队直面消费市场变化新挑战，牵头开展转型创新业务。在车生态建设上，初步搭建洗车业务商业化，打造属于山东石油的综合汽服业务体系，实现多家车险公司同时报价、快速开单。在新网络发展上，制定开发指导意见，累计建成新型易捷网络 25 座，在 9 个地市铺设无人售货柜 47 台。在新业务拓展上，创立 + U 咖啡品牌，打造餐饮门店 88 座，投营洗衣工厂店 2 座。

五、聚焦“青心关爱”，着力激发动力、凝聚合力

积极探索并完善激励关爱机制，激发突击队效能和内生动力。**健全评价体系**。在各类培训中落实逢训必考要求，检验理论及业务知识掌握程度和思想认识深度。在实际工作中，根据不同项目任务制定量化工作指标，客观衡量突击队的实际工作成绩与贡献度。**健全激励机制**。将政治素养高、工作业绩好的突击队员列为入党积极分子重点培养，优先纳入“青马工程”学员、五四评优评先对象，每年评选 4 支优秀青年突击队，颁发证书与奖金，通过内部媒体宣传先进事迹，增强集体荣誉感。畅通职业发展渠道，积极为优秀队员争取职级晋升、岗位轮换及参与重点项目机会，有力托举青年成长，实现企业和人才的双向奔赴。

山东石油青年突击队节日期间深入库站帮扶助力经营

第六节

青年文明号

凝聚青春力量　激发青春活力
打造新时代青年文明号

天津石化团委

天津石化团委扎实推进青年文明号工作，以“敬业、协作、创优、奉献”的青年文明号精神内涵为指引，致力于培养一支“有理想、敢担当、能吃苦、肯奋斗”的青年队伍。多年来，天津石化团委结合企业工作实际，以完善机制、融入中心、服务青年为工作主线，抓实抓牢合规创建、作用发挥和活力激发，涌现出了一大批优秀青年文明号集体，青年文明号逐步成为了青年岗位建功、服务企业、彰显形象的重要载体，成为了助力企业可持续高质量发展的“青”字号品牌工作。

一、完善机制建设，确保青年文明号创建工作有章可循

标准化创建。明晰创建流程，结合企业生产和青年实际情况，印发《青年文明号创建工作一图通》《天津石化青年文明号创建管理办法》，明确“青年文明号”创建流程、创建要求。开放创建窗口，鼓励满足条件的基层青年团体广泛进行创建，形成“简易备案—对标创建—达标考核—审核认定—常态监督—动态调整”的工作流程，扩大青年文明号覆盖面。加强创建指引，将青年文明号创建纳入团干部专题培训，组织青年文明号号长线上学习创建流程，确保创建流程标准合规，有章可循。

细致化管控。制定细致指标，根据工种、装置、项目等分建制分类开展创建，重点对工作业绩、生产指标、产品质量、技术能力、安全工作等方面提出具体指标要求，为创建集体提供可执行、可参考的过程跟

踪指标。重视过程督导，加强对于青年文明号集体的日常督导，定期开展互访互学、自评互评、线下调研等活动，及时了解青年文明号集体的创建过程，并提供相应支持。定期召开专题推进会，通过结对共建、经验推广等方式不断提升青年文明号管理水平。

常态化监督。加强新创建集体考核，严格对照创建标准，通过现场抽查、网上监督、联检互查等方式开展日常检查，确保新创建集体真正发挥典型作用；加强已获荣誉集体的考查复核，严格按照年度考核标准，对所有已获得荣誉称号的集体进行年审复核，实行动态调整，加强督促整改，确保已创建集体长期发挥先进作用；加强群众测评，在指标性考核基础上，增加群众投票，确保创建集体作用发挥得到群众认可。

天津石化青年文明号集体在装置现场开展“装置查隐患 青年在行动”主题活动

二、融入中心任务，确保青年文明号作用发挥扎实有效

思想引领凝心聚力。开展集中教育，结合团员和青年主题教育、青年精神素养提升工程“青马工程”等，对青年文明号创建集体进行集中思想政治教育，包括石油精神和石化优良传统教育、企业形势任务教育以及青年职业素养教育等，相继开展了“青年茶舍”“夜班小课堂”“每天学习 1 小时，遇见更好的自己”等活动，凝聚青年思想共识。开展线上教育，在“青春天津石化”团属新媒体平台开展“青年说”，邀请青年文明号集体和表现突出的个人分享奋斗经历和奋斗感悟，用身边人、身边事现身说法，提升了思想引领的成效。青年文明号已经成为青年思想引领的有力载体。

融入企业岗位建功。注重岗位实践，带领广大青年文明号集体立足基层一线，通过亮标识、亮身份、亮承诺，开展了“创新发展　青年担当”“岗位学雷锋　青春建新功”“青年督查 show”“装置除隐患　青年在行动”等系列主题活动，为企业查找消除安全环保隐患千余项，解决攻关难题百余项，提出金点子、小妙招近百条，切实助力企业项目开车、分区检修、安全施工、工艺优化等中心工作。注重科技创新，发挥青年思维快、学历高、脑力足的优势，组织青年文明号集体参与“揭榜挂帅”、项目开车、分区检修、设备维护、新项目建设等，在科技创新、优化攻关、瓶颈突破、急难险重等任务中展现青春作为。经过多年实践，青年文明号集体已经成为共青团组织参与企业生产经营管理的重要途径。

志愿服务提升素养。组织青年文明号集体主动参与疫情防控、防汛防雨、赛事服务、迎接新生等重要志愿服务任务百余场，让“红马甲”与“文明号”交相辉映。南港新项目建设期间，组织 10 余个青年文明号集体，轮值为项目建设者提供志愿服务，承揽“情暖一线建设者　青助项目新征程”志愿服务项目的理发、手机贴膜、送冬装、发放慰

问品等重要任务。带领青年发挥专业特长，在企业公众开放日中担任科普员、讲解员、宣传员等，在线上新媒体平台开设“青科普”专题科普栏目。青年文明号已成为展示青年良好职业道德和文明形象的重要窗口。

三、助推成长成才，确保青年文明号载体丰富活力充盈

为青年成长成才搭平台。与“三基工作”融合，加强青年文明号集体的基本功训练，开展岗位技能培训、岗位实践锻炼、基础技术比武、青工技术论坛等活动，提升青年技能水平。与“号、手、岗、队”等青字号品牌工作联动，带领青年在关键岗位、重要任务中实践历练，收获真知识、掌握真本领、展现真作为。与各类竞赛融合，举办青年创新创效大赛、青年英语演讲比赛、青年科技精英赛等青春赛事，让青年文明号成为青年脱颖而出的“大舞台”。

为青年成长成才畅通道。发挥青年文明号实践育人阵地作用，在青年文明号集体中加大推优入党和推优荐才力度，将优秀青年文明号号长及骨干成员纳入公司青年人才库，根据青年人才特点和成长需求，将其推荐到相关专业部门挂职锻炼、强化培养，为青年成长拓宽渠道。组织青年文明号优秀代表“走出去”，广泛学习省部级、兄弟单位的优秀青年文明号创建经验。挖掘优秀个人、先进集体突出事迹，加强宣传力度，为青年人才成长树立榜样，让青年文明号成为人才涌现的“蓄水池”。

为青年成长成才做保障。以“我为青年办实事”为载体，加强对于青年文明号的服务保障。关注青年文化生活，举办“草坪音乐节”“青年充电局”“青春茶话会”等文化活动；关注青年婚恋交友，创新举办“团团知我心”爱情辩论赛，联合滨海新区大港区企事业单位举办多期“玫瑰之约　石化团缘”青年交友联谊；关注青年生活需求，定期举办座谈会，及时了解并解决青年合理诉求；提供物质保障，为表

现突出的青年文明号集体授予荣誉称号，并提供物质奖励，让青年文明号成为青年成长的“补给站”。

通过多年的扎实推动，天津石化团委逐步将青年文明号打造成响亮的“青”字号品牌，引领带动了一批又一批石化青年投身企业改革与发展，生动展示了新时代石化青年的生力军和先锋队作用，极大提升了共青团组织的引领力、组织力、服务力。

"三位一体"唱响青春号歌

河南石油团委

河南石油团委深入学习贯彻习近平总书记关于青年工作的重要思想，牢牢把握新时代共青团建设总要求，以增强团的政治性、先进性和引领性为统领，扎实推动育穗、塑魂、淬能"三位一体"行动，持续赋能青年文明号建设，已成功培育3个"国家级青年文明号"、81个"一星级河南省青年文明号"，团结引领广大团员青年在能源保供、服务保障和安全生产等各项工作中展现青年风采，在中原大地唱响青春号歌。

一、实施育穗行动，夯实创建平台，引领青年筑梦

持续加强基础建设。充分发挥党建带团建优势，紧密围绕集团公司"基层团支部建设强化年"等部署要求，对历届青年文明号创建情况进行摸底，全面梳理薄弱环节，认真落实团组织关系梳理、团青队伍信息更新等基础工作，持续夯实青年文明号阵地建设。**积极动员创建热情。**持续强化"青"字号品牌建设，明确以各级团组织为主体，以一线青年集体为核心，以经济效益、社会效益和人才效益为导向，积极发现、培育和推荐一批能打头阵、当先锋、见行动的青年文明号集体，其中郑州石油扬子路加能站、洛阳石油洛宁城南加能站、中原石油第二十七号加能站2023年成功获评全国青年文明号，展现河南石油青年风采。**注重发挥示范作用。**在官微平台开设"豫石团刊"专题栏目，同时注重用好视频号、抖音等各类新媒体平台，突出基层一线，突出先进典型，深挖人物故事，常态化宣传报道河南石油团青动态，刊发信阳石油沪陕

高速固始东停车区加能站“有爱有担当，青春更闪光”等典型宣传40余篇，讲述青年文明号创建背后的故事，营造“青”字号干事创业的浓厚氛围。

河南石油青年文明号集体开展青年宣讲活动

二、实施塑魂行动，擎起思想旗帜，深化青年教育

强化引领，筑牢思想根基。构建“导学、讲学、研学、比学、践学、督学”六位一体学习体系，引领团员青年认真学习习近平总书记关于青年工作和国有企业、能源行业等领域的重要讲话、指示批示精神，全省团支部广泛开展“党纪学习教育”“习近平总书记寄语青年”等专题学习，较好推动了党的创新理论在团员青年中入脑入心、见行见效。**用好平台，坚定理想信念。**依托“三会两制一课”和团干部下沉基层行动，各级团组织开展理论学习和交流研讨460余次。充分利用本

地红色资源，组织青年文明号等青年群体赴愚公移山精神展览馆、杨靖宇纪念馆、河南石油红旗渠加能站等红色教育基地开展国情、企情教育，激发赓续红色血脉。**专题宣讲，实现共促提升。**以理论宣讲为依托，通过组织团干部、青年文明号集体成员“上讲台”等形式，着力“培养一批青年讲师，讲好四类故事，开展五进宣讲，推广一批好经验”的“1451”模式持续开展青年宣讲活动，打造了“守望初心勇担当　实干拼搏绽芳华”“读懂中国路　奋斗铸青春”等30余个专题宣讲作品，有效带动团青队伍共促提升。

三、实施淬能行动，砥砺过硬本领，助力青年成才

精准滴灌，帮教带动技能提升。深化青年文明号创建与“豫见青蓝”师带徒体系联动互促，注重手把手师徒传承，为青年员工配齐配强思想导师和业务导师，避免出现“重业务技能、轻思想教育”问题，通过签订导师带徒协议，帮助和指导新职工迅速适应岗位并成长成才。立足“传帮带”实效，组织对“最美师徒”进行评选表彰，积极发掘背后故事并通过微信平台展播，营造争先创优浓厚氛围。**铺路搭桥，畅通成长成才渠道。**完善人才队伍管理办法，健全大学生岗位成长通道、培训培养机制、考核监督等管理和培养机制，促进大学生尽快成长成才。结合企业发展所需和青工成长所急，今年已举办零售经营管理、充电业务安全管理、网络安全技术等各类培训12期527人次，送培集团青干班、天然气业务骨干、高级技师培训班等20期120余人次，有效提升员工专业能力。组织“洛阳油库匠人创新工作室”青工参与“振兴杯”河南省赛并取得佳绩，辐射带动广大青工增强创新动力。**突出一线磨砺，大力引导岗位建功。**连续开展15年“三夏青春行动”，打造服务社会靓丽名片，彰显“党和人民好企业”形象。尤其是在去年6月份麦收遭遇近10年来最严重“烂场雨”时，近2000名团员青年组建176支志愿服务小分队，送油到田间地头，积极投身粮食抢收，受到社

会各界的广泛赞誉。**聚焦需要，用心用情纾困解难**。深入开展“我为青年办实事”实践活动，通过集体座谈和个人现场走访两种途径进行现场调研，深刻把握青年员工职工思想现状和内在诉求，解决青工群体急难愁盼问题 310 项，努力让共青团成为广大青年遇到困难想得起、找得到、靠得住的力量。

彰显青春担当　吹响文明号角

福建石油团委

福建石油团委围绕“一流工作、一流服务、一流业绩、一流团队”争创目标，扎实开展创建青年文明号工作。各级团组织坚持“以人为本”工作方针，带领青年立足岗位、优质服务，以出色的工作、一流的服务、优秀的业绩，圆满完成各项任务。

一、搭建“2+3”搭建平台，夯实青年人才培养

为加强新进毕业生的培养管理，福建石油团委根据毕业生的发展方向制定了5年职业生涯规划，即青年“2+3”基层实践培养工作法。前两年为基层经历期培养，分见习期和熟练期，以安排技能操作岗位、熟悉操作技能为主；后三年为成长期培养，根据大学生专业、兴趣爱好、个性特点等综合因素，综合组织对人才储备的需求，制定”一对一”的培养方案，以安排管理或专业技术岗位锻炼为主。在培养过程中，嵌入“导师制”、定期交流座谈制度等，全程跟进新员工培养计划完成情况，加快企业年轻优秀人才成长成才。通过持续搭建技师工作站、“站长站”等创新载体并给予设备、经费、人员等支持，发挥其育人功效，鼓励技能人才借助创新载体产出创新成果。这一培养机制为青年员工提供更多发展机会和空间，激发提升技能水平积极性，也有助于形成多元化、多层次人才结构，满足公司发展对不同层次、不同类型人才的需求。

以“团建共建”为抓手，福建石油连续两年联合重庆石油举办团干培训班，促进两企业青工队伍融合互促、能力共同提升。各级团组织

依托集中学习、分组讨论、实践锻炼相融合的模式拓展团员和青年培训内容，提升团干工作能力，增强团青干部队伍凝聚力。持续搭建技师工作站、“站长站”等创新载体并给予设备、经费、人员等支持，发挥其育人功效，鼓励技能人才借助创新载体产出创新成果。2024 年，青年技能人才林星获评闵恩泽青年科技人才奖。

二、完善青年服务建设，助力百日攻坚创效

福建石油团委带领团员青年紧扣企业每月重难点工作，找准切入点、结合点、着力点，推动团青工作与中心工作深度融合，先后组建 58 支青年志愿服务队、51 支青年突击队、29 个青年岗位能手，积极投入到“感恩奋进、百日攻坚、拓市扩销、挖潜增效”等专项行动、“爱心驿站”建设、基层库站帮扶行动中。在“百日攻坚”专项行动期间，各级团组织通过“线上 + 线下”的方式指导门店依据历史销售数据进行科学订货，定期剖析销售数据，营造良好的销售环境；组建“比服务创效益”青年突击队轮流到片区开展青年骨干“加油六步法”和“收银五步法”动作规范训练，进一步保证员工服务问候语流畅、手势动作规范，有效升级服务质量，提高顾客满意度。同时结合“党政协同多创效，齐抓共管保安全”帮扶行动，团员和青年深入加能站介绍营销活动、发放小传单、编发二维码等方式做好现场营销推广，提高营销活动触达率。青年志愿者还结合实际情况帮助站点分析，了解站点经营管理、客户需求等情况，查找日常管理中的薄弱环节，提出合理化建议，帮助进行问题整改，切实提高服务效率。

在拓宽平台深化成果应用方面，漳州石油市区分公司团支部创新推出“青年夜校”系列培训，由片区管理人员集中授课，构建起一个站经理、领班、员工三个层级全覆盖、全方位、多角度的学习体系，持续为站经理及储备人才“知识充电”。爱跑节期间，市区分公司档期商品完成量增长超 40%，为“百日攻坚”专项行动提量增效以及公司高质

量发展奠定坚实基础。

三、发挥青年引领示范，展现央企责任担当

福建石油各级团组织始终把“顾客满意”作为服务标准，以“青年文明号”服务卡为载体，开展客户满意服务活动。通过制订文明服务承诺标准和文明服务公约，坚持开展优质服务承诺活动。为方便客户的监督，站点派送“青年文明号服务卡”、设立监督台，公开全站员工姓名、承诺措施和投诉电话等，并设立意见箱，接受群众监督，并承诺接到顾客投诉后，将在3小时内对客户做出满意处理。持续推行青年文明服务承诺活动，进一步规范团员青年的一言一行，最终实现由抓规范服务向自觉服务转变，由个体文明服务向整体文明服务转变，由单纯的提高服务质量向形成良好的服务质量转变。

福建石油青年文明号开展青年服务承诺活动

积极发挥青年典型的示范和引领作用。2024 年，吴志明、肖京获评集团公司优秀团干、集团公司青年岗位能手。“五四”青年节期间，福建石油团委结合举办“青春筑梦 · 安全有我”青年演讲、开展“五四”表彰等多元化形式，扎实推进“形势任务进青年”和“号手岗队”系列宣讲活动。坚持以赛促练、以赛促学，积极开展 RPA 数智创新、加能站 HSE 最强操作、法律合规、数质量管理等业务技能竞赛，获得集团公司法律合规业务竞赛团体二等奖，让青年在各项业务技能竞赛中增长才干、尽展风采，在攻坚中淬炼初心使命、强化责任担当。

第七节

青年岗位能手

聚焦岗位能手培养　奏响青春建功强音

浙江石油团委

青年是企业的未来和希望，而青年岗位能手更是青年群体的中坚力量。浙江石油团委积极发挥团组织优势，坚持“党建引领、团建赋能”的工作理念，积极探索创新思想引领，通过开展岗位练兵、创新创效等系列活动，持续引导广大青年争做岗位能手，关键时刻走在前，重要任务能担当，紧要关头顶得住，在浙江石油高质量发展的新征程中奏响青春岗位建功最强音。

一、学习提升强技能，助力青年岗位能手成长成才

浙江石油团委依托“青年大学习”，落实“第一议题”制度，常态化学习习近平新时代中国特色社会主义思想、习近平关于青年工作的重要思想，不断引导以青年岗位能手为代表的青年骨干坚定不移听党话、跟党走。结合不同工作领域青年学习需求，搭建形式丰富的“线上+线下”平台，线上现场直播、网络学院、石化党建等平台学习与线下领学、讲学、自学、研学相结合，在各基层库站和公司机关打造青年示范书屋20个，青年互助学习小组和青工夜校等逐步走入青年群体，为把青年培养成思想清正、能力突出的岗位能手打下坚实基础。

制定省分公司两级包括青年岗位能手在内的人才培养计划，结合青工职业生涯规划，按照“入职适应、技能提升、成长成才、成熟发展”四个阶段和时间轴制定系统性、中长期培养计划，为员工队伍建设蓄力赋能。配合专业线开展各类专业岗位练兵活动，通过以赛促学、以学促用，尤其在销售企业面临转型发展巨大压力，新能源业务对新技能要求

迫在眉睫的情况下，青年岗位能手带头引导团青参加各类相关技能培训、鉴定、职称评定和取证活动，2024年浙江石油共404名青年考取电工证，占总取证人数的22%；183人获评中级及以上职称，占总数的10%。

二、创新创效促发展，助力青年岗位能手建功立业

聚焦公司转型发展的战略需求，逐步探索了青工创新创效工作机制，青年岗位能手广泛活跃在全省11个青年创新创效工作室和3届青创赛当中。通过“引领+考核+机制”，广泛推动青年岗位能手们带头认领课题，组队研究，全力为青年搭建成长、成才、建功平台。2024年浙江石油团委举办各级青年创新创效活动3场，50余名青年拿出创新成果，部分项目已应用于生产经营实际，实现降本压费。青年岗位能手缪自强《加能站檐口清洗车》、徐志刚《油库全域异常智能化应对联控项目》两个项目效果显著，各方反应积极。宁波分公司罗辉辉获得4项国家级实用新型专利，杭州分公司刘焕获得1项发明专利，2项国家级实用新型专利。

在企业转型、新能源迅猛发展形势下，浙江石油团委号召和引导在“青字号”“双红双优”中涌现的先进集体和个人立足岗位常态化开展攻坚。尤以青年岗位能手群体领办新能源领域的研究探索活动为重点，就光充储一体化、售电、虚拟电厂以及新能源场站营销运营管理等相关项目进行研究探索，超20份调研成果为企业决策和发展提供参考，带领全省256名青年累计发展充电桩1637个，切实做到了聚青春之力，助企业转型发展。同时让不同工作线条青年岗位能手能够通过业务特长碰撞发挥乘数效应。技术类和宣传类岗位能手协作，孵化充电常识科普IP“亚超”说新能源，拍摄新能源科普视频28期，传播量50万次。带领全省团青组织制作石化易电推广、教学、打卡等类型视频57条，累计传播量48.9万次。

浙江石油青年骨干在浙江杭州桐庐油库创新创效工作室交流学习

三、典型选树重引领，助力青年岗位能手示范带动

浙江石油团委以青年岗位能手为先进典型，除了评选后常规开展线上事迹宣传以外，还着重让青年岗位能手走到青年群体身边，强化示范带动作用。依托“师带徒”“青马工程”融合互促等，从入职起点就注重各类优秀青年人才的发现与选育，纳入青年岗位能手培养体系，为其配备由历年青年岗位能手担任技能或德育导师，与青工共同成长。同时将接受培养蜕变成为青年岗位能手的青工，再次转化身份重新进入培养新入职青工的良性循环当中。

同时注重将理论学习和宣讲实践有机统筹，聚焦企业改革转型、创新创效、乡村振兴、绿色发展等重点领域，坚持让青年岗位能手走上讲台，讲述青年岗位能手的故事，“以青语讲理论”“让青年影响青年”，形成“目标精准化、实施项目化、工作系统化、宣传立体化”的宣讲模式，举办企业文化故事会青工专场，通过生动讲述、故事表演、情景还原，展现浙石青年们立足岗位、勇担青春使命、不懈奋斗的青春力量。促使广大青工对以青年岗位能手为代表的青工典型有更深的理解，进一步激发其爱岗爱企爱国的信念。

打造青年岗位能手成长“快车道”
夯实企业高质量发展人才支撑

广州石化公司团委

广州石化团委始终牢记习近平总书记“悉心教育青年、引导青年，做青年群众的引路人”的重要指示要求，深刻把握公司高质量发展对青年人才培养的新需求，根据石化青年成长发展规律，健全完善共青团常态化发现、培育、储备、举荐优秀青年人才的工作机制。通过开展争当青年岗位能手活动，努力锻造一批政治过硬、信念坚定、业务精通、作风务实的高素质专业化青年生力军。

一、健全培育机制，确保“育好苗”

加大青年岗位能手培育与企业人才培养体系的融通融合力度，做好青年职业导航工作，引好路、导好航。**深入开展职业成长规划。**持续做好大学生“一人一策”培养规划，全面分析青年学历、专业、经历、潜质和个人意愿等情况，帮助青年设计清晰明确的近期、中期、长期成长提升目标和职业发展目标，与教育培训、岗位实践、绩效管理相结合，量身定制个性化的培养方案，激发成长成才内生动力。**做好全过程培养工作。**全程掌握青年员工的岗位工作情况，引导各直属团组织经常性开展谈心谈话、经验分享等活动，动态了解青年发展规划和目标需求，及时解惑答疑、纠偏正向，确保短期目标能实现、长期目标能看见，不断引导青年向着既定目标快速成长。**深化“双导师带徒”工作。**为每一位新入职员工配齐配强思想导师和业务导师。充分发挥大国工匠、劳动模范、主任技师对团员青年的“传、帮、带”作用，帮助青年骨干弥补知识弱项、能力短板和经验盲区，让好传统好经验得以在年轻骨干中传承积淀下来。

二、强化技能提升，确保“充好电”

坚持实践育人，全力打造高素质专业化青年队伍，培育一批企业所需、业务所盼的青年岗位能手。**助力青年素质提升**。坚持以赛促学、以赛促练，通过青年岗位练兵和青工技能比武，着力增强青工适应岗位需求能力。打造“岗位我最强”装置“寻宝”、大修青年跨装置跨岗位学习等特色团建品牌，持续激发自我学习热情和干事创业激情，引导青年职工在刻苦学习、苦练本领中成长成才。**搭建青年成长平台**。深化开展“青年装置通”素质提升工程，通过“双百青年人才计划”（5 年培养 100 名青年岗位能手、100 名青年装置通）工作的推动，加快装置操作骨干、多装置操作能手的培养，交流培养复合型人才，促进优秀青年人才不断涌现。搭建跨公司团建共建平台，促进不同板块团青组织工作联动、资源共享、交流共进，帮助公司团员青年增长知识、拓宽视野、提升本领。**丰富青年培训方式**。通盘考虑青年工作能力提升的需要，结合管理序列、专业技术序列、技能操作序列等岗位需求设计不同的能力素养培训班，如：青年干部管理能力提升培训班、青年干部专业技术能力提升培训班以及领导干部管理力提升班等。持续开展青年学习小组活动，因时因地因需选取多元化的培训方式，提升青年学习的自觉性、主动性。

三、强化跟踪培养，确保“引好路”

及时发现培养青年中的好苗子、选树激励青年身边的好榜样，充分调动青年立足岗位、创先争优的积极性。**做好关心关爱工作**。充分发挥党组织书记、团组织书记在团员青年思想教育中的作用，深层次了解青年职工的心理状态，做好青年一人一事的思想工作，让积极向上始终成为青年价值认同的主流。做实团干部直接联系服务青年工作。引导各级团干部积极与部门青年谈心交流，及时了解他们的学习、思想、工作、生活情况，加大日常动态关怀力度，虚心听取意见建议，力所能及地帮助解决实际困难。**拓宽青年成长渠道。**注重在生产经营主战场、安全环保第一线、科技创新最前沿、基层实践大熔炉挖掘青年榜样，定期开展“两红两优”“优秀青年装置通”“大修跨装置跨岗位学习优秀青年”等评选活动。积极推选优秀青年参加集团公司级、省级、国家级技能竞赛，拓宽各级青年岗位能手成长渠道。将青年岗位能手与青年安全生产示范岗、青年文明号、青年突击队等工作有机结合，积极发现、培养、推荐优秀青年骨干。同时加大岗位交流、锻炼力度，助推青年岗位能手全方位发展。**深入开展推优荐才。**主动与组织部门、业务部门加强沟通，推进把青年骨干培养成党员、把青年党员培养成骨干的“双向培

广州石化公司“五四”表彰会表彰公司青年岗位能手

养”工作。在推优入党、青年干部培训班、“青马工程”学员遴选等推优荐才工作中对青年岗位能手予以一定优先考虑。建立青年岗位能手人才库，纳入企业青年人才库动态管理，为培养推荐青年人才提供可靠依据。

四、强化先进辐射，确保“树好型”

大力营造爱岗敬业、比学赶超的青年成长环境和支持岗位成才、激励岗位建功的良好环境。**坚持典型引领**。积极发挥青年岗位能手“师带徒”“老带新”的“传帮带”作用，鼓励青年岗位能手面向身边团员青年积极传授技术技能经验。定期开展石化青年论坛、青年岗位能手面对面等特色活动，推动各级青年岗位能手走到台前宣讲政治理论、分享成长经历、交流工作收获，辐射带动更多青年见贤思齐、奋发有为。**强化作用发挥**。推荐青年岗位能手加入公司创新创效工作室等技术交流、科技创新平台；在炼油化工提质增效升级，在重大项目、重点工作中“揭榜挂帅”；组织优秀青年岗位能手参加集团公司青年科技精英赛、集团公司青年创新创效大赛等比赛，不断增强企业高质量发展“硬实力”。**营造浓厚氛围**。利用好“报刊网端微栏”等宣传平台，线上、线下共同发力，扩大典型影响，大力宣传青年岗位能手的先进典型、先进事迹和突出贡献，充分展示石化青年的良好精神风貌，为广大石化青年树立可学可做、可追可及的标杆，营造技能成才的良好氛围，搭建青年榜样示范平台，激发石化青年学习先进、争当先进的工作积极性。

打造青年岗位能手“孵化器”
点燃高质量发展“人才引擎”

江汉石油工程公司团委

江汉石油工程公司团委紧紧围绕公司党委人才强企的部署要求，积极融入公司青年人才队伍建设全局，充分发挥共青团紧密联系青年、善于发动青年的组织优势，从政治过硬、能力过硬、作风过硬、业绩过硬四个方面着手，为广大青年展示自身才华、争当岗位能手搭建平台、创造条件，全力打造青年成长成才“孵化器”，以一流的青年人才队伍助力公司高质量发展。

一、制定精准化“培育”流程，挖掘培养青年岗位能手

强化政治引领。将政治理论学习纳入团组织培训、青年素养提升工程、青年马克思主义者培养工程必备课程，每年邀请公司各级党组织书记和企业前辈为青年讲授主题团课，培养青年忠诚于党、忠诚于企业、忠诚于事业的政治担当。根据石油工程点多、线长、面广的工作实际，用好“青年学习大课堂”线上平台，组织团干部、青马学员、青年典型带头读原文、谈体会、见行动，定期推送专题学习内容、交流工作动态、分享学习感悟、开展互动答题等闭环模式学习，切实把思想和行动统一到习近平总书记重要讲话精神上来。

创新培养举措。健全完善导师带徒机制，联合组织人事部门研究制定《关于深化青年专业技术人才“导师制”培养工作的实施方案》，以新入职 5 年青年为重点，制定培养计划，注重专业对口、专家带头、动态管理，鼓励和支持跨区域跨单位的“师带徒”交流和技术攻关，实

行导师和徒弟的双向选择，分门别类制定《导师带徒协议书》，推动师徒结对、协议签订、跟踪培养、考核评价全过程管理，优秀青工培养签约率达 100%。聚焦服务公司创新驱动发展战略，鼓励在生产、科研一线成立以青年岗位能手为核心带头人的钻井液研发、高温高压检测中心、页岩气开采技术研究、环保技术等 5 个青年创新工作室，围绕现场难题开展研究，打造高素质青年科研团队。公司 2 名青工获得集团公司首届青年创新创效大赛二等奖。

实施关爱激励。采取线上问卷形式，大范围调查青年员工的思想现状，特别是掌握大量来自基层一线青工对公司发展战略、人才政策等的评价看法和认知程度，深入剖析青年思想状态，特别是在当前形势下，动员各级团组织加强思想引领工作，引导青年员工与公司同心同向、共克时艰。建立“我为青年办实事”长效机制，建立“青年需求清单”，针对性开展系列工作，并积极协调解决青年员工“急难愁盼”问题 37

湖北省青年岗位能手巩明锐在现场给
基层一线青年讲解电驱压裂现场安全管控重点（左二为巩明锐）

个，有效解除了大家的后顾之忧，使青年员工能迈开步子、甩开膀子、扑下身子全力投入工作中。

二、建立规范化“选优”机制，层层遴选青年岗位能手

有效覆盖青年。不断扩大青年岗位能手评选的覆盖面，结合公司生产实际，评选对象从一线合同制用工青年逐步覆盖到业务外包用工青年。同时，把标准具体化，聚焦创先创效、市场开拓、科技创新、安全管理、经营管理、党建工作等方面取得突出成绩的青年，对于超额完成生产经营任务、安全生产无事故、获得发明专利、创造发明先进操作法或先进技术、获得省部级以上荣誉，为公司创造了明显的经济、社会效益的青年员工进行适当加分倾斜，做到评选对象全公司、全领域覆盖，充分调动各专业各岗位青年立足岗位建功的积极性。

规范选树机制。根据团中央关于青年岗位能手评选的有关要求，公司团委不断探索和完善精准“选优”工作机制，每年评选一次公司青年岗位能手，每两年评选一次公司十大杰出青年，逐步形成了各专业经营单位团组织发掘和党委研究推荐、公司团委审核、公司“双争”领导小组评审、公司党委审定发文、表彰激励、典型宣传等工作流程。特别在评审前，通过公司官方微信平台开设投票专栏，广泛宣传候选人事迹，公司党委组织部（人力资源部）对候选人进行认同度测评，确保优秀人才能够脱颖而出，使评选工作更加公平公正。

落实结果运用。每年对评选出的青年岗位能手，进行规范的运用和评价，从“精神”和“物质”多个层面进行奖励兑现，让青年的业绩得到认可、受到激励。同时，建立青年岗位能手人才数据库，坚持每年向各级组织人事部门推荐优秀青年人才，做到重点项目中评选出的杰出青年必推、技能练赛取得优秀成绩的必推，使优秀青年岗位能手能够享受推优入党、后备干部培养等优先机会。2020 年以来，公司累计表彰了三届十大杰出青年、五届青年岗位能手共 80 名，7 名青年获得省部

级以上青年岗位能手称号，67 名青年岗位能手走上了重点项目负责人和基层领导岗位。

三、搭建实用化“展示”平台，发挥青年岗位能手示范作用

搭建岗位建功平台。抓好争当青年岗位能手活动与青年文明号、青年突击队、青年安全生产示范岗等“青”字号活动的有机结合，广泛开展“七比七赛两争”青年突击队竞赛活动，组建 59 支突击队，动员青年岗位能手担任青年突击队队长，发挥青年典型辐射作用，在涪陵、顺北等重点工区累计刷新或创造 125 项施工纪录，勇夺流动红旗 20 余面，带动广大青年在生产经营主战场争一流，创佳绩。

搭建技能练赛平台。搭建技能竞赛主战场，联合人力资源部门每年举办岗位技能练赛，发现技术过硬青年人才，近年来，公司青年在集团公司级以上技能大赛上共获得 7 金 5 银 3 铜，8 名青工获得省部级技术能手称号。举办青年创新创效大赛、青年科技精英赛，争取政策支持，对于在公司级以上技能竞赛中取得优异成绩，并在生产等方面发挥关键作用的青年岗位能手，可破格晋升资格，4 名公司青年岗位能手被聘担任高一层级专业技术岗位，3 名近三年入职高校毕业生被破格选聘为项目执行经理，进一步激发青年创新活力，引领青年学技术、提素质、强本领。

搭建榜样引领平台。通过开展十大杰出青年、青年岗位能手等评选，树立先进典型，充分运用报纸、网站、新媒体等平台或媒介，对优秀青年典型进行充分挖掘和宣传，公司青年岗位能手的事迹登上《工人日报》《长江头条》等媒体，充分展示了青年典型良好精神风貌，形成了引导广大青年立足岗位、创新创效、矢志成长成才的良好氛围和社会影响。每年举办青春榜样面对面分享会，邀请老中青三代青年岗位能手称号获得者与青年互动交流，以有温度有刻度的身边人、身边事，激励广大青年在公司高质量发展征程中扛大旗、挑大梁、担重任。

第八节

青年安全生产示范岗

抓思想　重实践　强规范
以"青"字号品牌建设筑牢安全生产防线

中原油田团委

近年来，中原油田团委紧紧围绕"安全生产　青年当先"活动主题，扎实开展青年安全生产示范岗创建活动，激励广大团员青年以良好的安全素质和过硬的安全技能，保障油田各个领域、各条战线安全平稳运行，提升本质安全能力。

一、强化青年思想淬炼，营造安全生产氛围

以"学思想转观念、学案例转方式、学要求转作风"主题活动为牵引，坚持把安全生产宣传教育活动与创建活动结合起来，深入学习贯彻习近平总书记关于安全生产重要论述，大力宣传国家安全生产法律法规、方针政策和油田安全规章制度，普及安全知识，弘扬安全文化，切实增强严守安全生产的责任感和使命感。**上好"安全课"，将安全意识引入班组。**围绕"安全生产月""消防宣传月"等节点，举办誓师大会、印刷宣传册、编发短消息、拍摄微视频，把安全知识送到书桌上、手机里、电视中。深入推行"会前安全教育5分钟"，创办"亲情嘱托墙""安全漫画墙"，开展"我的安全观"征集活动，累计提炼形成"时刻坐在毒气库上，生死在毫秒之间"的风险观，"我的安全我负责、伙伴安全我有责"的责任观等"安全三十观"，从不同角度营造浓郁的安全文化氛围。**用好"党建+"，将健康情绪融入工作。**用好"团干部直接联系团员青年"载体，推行"七访三必谈"制度，定期开展"EAP面对面"岗位走访和重点人员谈心谈话，及时掌握员工心理变

化、化解心理矛盾。近3年，累计走访一线岗位青年1.9万人次，帮助解决后顾之忧1600余件，广大团员青年助力岗位安全生产积极性显著增强。**打好“感情牌”，将安全教育带入家庭。**积极开展青年安全生产示范岗文化建设，针对外部市场工作实际，通过写一封安全家书、照一张全家福、通报一次工作情况等方式，调动职工家属的亲情力量，促进青年安全行为养成。截至目前，油田外部市场5000余名团员青年心理状况持续保持稳定。

中原油田举行全国青年安全生产示范岗授牌仪式暨“安全生产　青年当先”誓师大会

二、强化青年岗位实践，增强安全生产技能

以“安全守护中原梦—青安岗在行动”“五个一”活动（开展一次安全生产宣传教育活动，开展一次安全隐患排查整改活动，开展一次安全生产知识培训活动，开展一次安全技能岗位练兵活动，开展一次安全生产“五小攻关”活动）为载体，引导和带动广大团员青年将安全生产知识内化为安全生产意识和安全生产行为，增强用安全守护“中原

梦”的自觉性主动性。**一是抓培训强素质。**采取“每日一练、每月一考、每季一比、每年一评”的“四个一”培训法开展岗位安全技能练兵，制定“分层次、分岗位、分班组”的培训计划，突出以考促学，通过“听讲练”“一对一操作演示”，查找薄弱环节，制定强化措施，提升安全意识和操作技能。深化“师带徒、匠带兵、老带新”，签订师徒协议，选派理论水平高、实践经验丰富的技术能手、技术标兵、劳模工匠，“手把手”帮教，充分发挥“传帮带”作用，从思想意识上实现“要我安全”到“我要安全”的转变。**二是抓创新解难题。**弘扬工匠精神，鼓励团员青年以立足岗位、解决问题为导向，以安全生产实践为重点，开展“五小”创新创效，促进安全管理，展示聪明才智。近3年累计征集安全生产类创新成果390余项。开辟“心灵博客”“青年说事”线上安全专栏，广大团员青年思考安全良策、畅谈企业发展，累计推动解决问题946个。**三是抓隐患补短板。**深入开展“啄木鸟—青年安全哨兵”行动，充分发挥青年群众安全监督员作用，发动广大团员青年积极争当“安全哨兵”，及时查找生产现场各类安全隐患和违章行为，建立“红、黄、蓝”安全隐患监督机制，开展“安全随手拍”“我为安全献一计”合理化建议征集，特别是针对新入职员工、新工艺、新设备和工作短板、管理弱项等，扎实开展安全技能岗位练兵活动，强化处置异常和紧急工况应急演练，全面提升团员青年专业能力和岗位技能，带动全员素质整体提升。累计征集合理化建议13580余条，采纳建议11600余条。

三、强化体系机制规范，提升本质安全能力

持续完善改进安全管理制度，创新建立以“ 张表、一清单、一排榜、一督查”为抓手的“四个一”工作机制，快节奏、递进式、全方位抓好创建提升各项任务落实。**一是“一张表”明确干什么。**对标《中国石化青年安全生产示范岗创建活动实施细则》，制定《创建行动

(6+X)推进表》《质效提升行动(8+X)推进表》,采取“规定动作+X”动态模式推进,及时将方案措施、标准制度、考核评比和安全活动记录纳入推进表,量化工作目标、细化工作措施,确保各项工作任务有目标、有方向、有抓手。**二是“一清单”分析干没干。**直属单位制定《青年安全生产示范岗创建工作清单》,一个岗位一张清单,每月晒出“成绩单”,精准分析研判创建工作情况,对推进工作滞后、质量较差的岗位详细梳理记录,做到底数清、情况明。**三是“一排榜”掌握干怎样。**结合日常了解、每月统计,每季度对36家直属单位创建工作开展情况进行排序、作出评价、建立红黄榜。将推进创建工作扎实有力,质效提升明显的单位列入红榜;将工作开展拖拉滞后、落实不力,工作成效不明显的单位列入黄榜,查摆不足、找准差距,促进互相学习交流,形成“比学赶帮超”浓厚氛围。**四是“一督查”确保干得好。**坚持“重创建、严考核”原则,按照“三化三可”的标准,定期会同安全环保部门成立评审组,对创建备案基层单位的创建做法和成效进行现场集中评审验收。以“青年安全生产示范岗开放周”活动为抓手,组织创建单位团组织负责人联合进行现场验收,现场交流创建经验,实地展示创建成果,确保评到点上、审在实处。

青年安全生产示范岗创建活动开展以来,中原油田团委从安全意识教育、安全技能提升、安全班组建设、安全管理监督等方面持续发力,先后创建油田级青年安全生产示范岗285个,24个集体获评省部级青年安全生产示范岗、13个集体获评全国青年安全生产示范岗,为油田加快打造千万吨级一流油气公司发挥了积极作用。

保障安全当先锋　示范引领建新功

青岛炼化团委

安全生产，青年当先。多年来，青岛炼化团委以青年安全生产示范岗等“青”字号品牌创建为牵引，团结带领广大青年员工自觉增强安全生产本领，积极投身安全生产实践，在引领助力青年员工立足岗位成长成才、建功立业的同时，为保障企业安全发展注入了强大的青春动能。目前，公司拥有全国青年安全生产示范岗1个、公司级青年安全生产示范岗5个、创建中集体5个，形成了典型示范引领、主力装置先行、基层全面参与的良好创建局面。

一、强化政治引领，筑牢安全发展理念

开展思想政治教育，增强青年使命担当。通过开展“青年大学习”和团内主题教育，组织深入学习习近平总书记视察胜利油田、九江石化重要指示精神和习近平总书记关于安全生产的重要论述等内容，深刻理解安全发展理念的核心要义，切实把习近平总书记“端牢能源饭碗”“走新型工业化道路”的殷殷嘱托转化为广大青年员工积极践行安全发展理念、推动企业高质量发展的使命担当。

开展企业文化教育，端正青年价值取向。组织开展“文化引领，青春聚力”系列活动，将弘扬石油精神、石化传统和公司企业文化贯穿始终。通过主题征文、开设微信专题，举办企业文化宣讲员大赛、青炼故事会等形式，弘扬企业文化，讲述先模故事；在青工政治轮训和“青马工程”培训中嵌入“三个比一比”大讨论等活动，引导广大青年员工传承行业先辈“我为祖国献石油”的光荣传统，始终把“保障国

家能源安全”等企业核心职责记在心上、扛在肩上。

开展安全意识教育，提升青年安全素养。通过入职培训、青年讲堂等形式，邀请公司安全专业领域的领导专家为青年员工宣讲解读安全生产法律法规、方针政策和企业安全生产规章制度、工作部署要求。组建青年安全提升小组改进安全培训课件制作水平，通过归纳制度重点、播放警示视频、看图识别违章、案例互动讨论等方式提升日常安全培训效果，强化青年员工安全意识，引导广大青年员工像维护自家安全一样维护好企业安全，构筑起全员动手保安全的铁壁铜墙。

青岛炼化公司举办青年安全应急基础技能竞赛

二、助力技能提升，夯实岗位安全本领

加强组织动员，促进岗位练兵。以青年安全生产示范岗创建为抓手，积极参与公司百日安全无事故、安全管理提升年等专项行动；开展“安全生产、青年争先”主题团日，组织发动青年员工深度参与“查现

场隐患、促安全提升”活动，立足岗位助力企业安全生产。利用公司“四年一修”难得契机，开展“青年装置通”检修大练兵，组织动员青年员工“干中学，学中干”，夯实安全生产基本功；组织青年员工参加注册安全工程师公益培训，助力青年安全素养提升。

抓实导师带徒，深化经验传承。协同培训主管部门在新员工“师带徒”全覆盖基础上，以加强新员工安全和操作技能培训为重点，以“五懂五会五能”为核心，健全“1＋3＋N”培训管理网络，进一步加强培训质量提升。基层单位均组建由党支部书记主抓的“导师带徒”培训团队，为入职三年内员工配备技能和技术“双导师”并按照“一人一策”制定逐月培训考核计划。扎实开展“我与师傅找差距”活动，对标榜样薪火相传，争做守护装置的安全卫士。

规范实操培训，提升本质安全。协同培训主管部门共同探索实操培训模式，根据青年日常操作应知应会需求建成装置实操培训基地，组织精心编制培训方案。以公司4位首席技师和各基层单位优秀青年运行工程师为班底，组建实操基地教学团队，设置初级、中级、高级三个级别共24个项目开展标准化实操训练，帮助入职三年内的青年员工掌握日常装置操作的关键内容，养成良好的操作习惯和思维模式，以人的技能操作水平提升促进装置运行本质安全水平提升。

推动青工比武，增强应用本领。坚持以赛促学、以赛促练、以赛促创。以入职两年内员工为参赛对象，组织主题为“安全应急强本领 守护装置我当先”的青年员工安全应急基础技能竞赛活动，通过“个人＋团体”的比赛方式，提高新入职员工安全应急基础技能和协作意识；以入职五年内员工为参赛对象，组织开展“最强青工”技能比武，通过“笔试＋实操”的模式，引导广大青工立足岗位“学知识、练技能、增才干”，增强安全生产本领。以35岁以下员工为参赛对象，联合有关部门举办青年科技创新大赛、“揭榜挂帅”项目评选和青年创新创效项目评选，在青年中营造创新攻关氛围，为企业本质安全汇聚青春智慧。

三、发挥示范作用，擦亮青年安全品牌

立足本职岗位，冲锋陷阵勇担当。青岛炼化消防中心作为全国青年安全示范岗，坚持加强队伍建设，苦练救援本领，参加山东省首届危险化学品救援技术竞赛即名列三甲，始终是公司安全生产的可靠保障；同时，他们充分发挥专业救援优势，协助成功处置2019年“3·21”江苏响水特大爆炸事故、2021年“7·20”河南特大水灾事故等各类企外救援任务70余起，有力地保障了人民群众的生命财产安全，展现了中国石化的央企责任担当。各基层创建单位在装置大检修、现场问题技术攻关等急难险重任务重中，多以示范岗成员为骨干组建青年突击队或青年攻关小组，在安全生产中心工作中充分发挥了青年员工的生力军、突击队作用。

聚焦本质安全，服务大局作榜样。青岛炼化消防中心青年安全生产示范岗积极承担公司每年的全员应急能力提升培训任务，提高员工应急综合处置能力，助力企业防范化解安全风险；在中国石化首届炼化企业基层应急能力竞赛中，公司青年安全示范岗创建单位炼油二部5名青年员工组成的代表队挺进团体4强，展现了良好的培训成效。同时，公司和各基层创建单位多次组织示范岗成员深度参与制修订安全生产、作业监护、安全教育等重要制度，为企业安全生产标准化建设献计献策；各示范岗还积极组织成员参与企业重大活动秩序维护和特殊时期安全保障任务，为企业公共安全贡献力量。

履行社会责任，热心公益树形象。青岛炼化消防中心会同各创建单位青年安全生产示范岗，定期协助完成公司“公众开放日”活动的展示和讲解任务，展示公司安全环保、绿色低碳等方面的风采和业绩；积极配合地方组织开展“安全咨询日”等活动，推进“您身边的消防员”

社会责任示范项目，利用“3·5”“6·16”“11·9”等重大时间节点定期为驻地群众进行基本消防知识和技能普及培训；在“平安社区，有你有我”企地联合公益活动中，组织青年志愿者和消防员走进社区开展反诈和消防知识宣传演示，切实增强群众的安全意识，树立了良好社会形象。

坚持“三个聚焦” 青安岗助力安全生产

江苏石油团委

江苏石油团委以组织动员青年员工做好安全生产工作为着眼点，以安全意识教育、安全技能提升、安全班组建设、安全管理监督等为着力点，围绕“安全生产 青年当先”主题，聚焦强基固本、责任落实、创新赋能，集中开展青年安全生产示范岗创建活动。多座库站获得省市级青年安全生产示范岗，南京玉带油库、淮安齐湖油库计量班获评全国青年安全生产示范岗。

一、聚焦强基固本，强化安全意识

讲好政策课，坚定理想信念。青安岗以“青年大学习”为抓手，通过主题团日、红色教育基地参观、青年理论学习小组、党团支部书记讲团课等形式，组织团员青年集中学习习近平总书记关于安全生产的重要论述，用党的创新理论武装青年，用党的初心使命感召青年。每季度举办“青年大讲堂”和青安岗先进事迹分享会，邀请优秀青年岗位能手和技师走上讲台，宣讲当前形势任务、安全生产知识、设备操作规范、应急处置工作要点等，使安全发展理念潜移默化入脑入心。

讲活案例课，夯实业务基础。青安岗深入推进“会（班）前五分钟”活动，及时分享典型事故案例、违章视频分析、“啄木鸟”行动成果、安全工作感悟、岗位安全风险等，提高青工安全生产意识。按月开展安全生产警示教育活动，针对安全专项整治重点领域，建立事故和典型问题库，编制分场景安全教育要点培训材料，组织观看警示教育片、专题展，对岗内青工进行多角度的警示教育。邀请经验丰富的老员工为青年上现场实景安全课，讲解安全规程背后的风险故事。组建青年宣传小组，拍摄安全警示、规范操作、创新创效小视频，岗员积极分享实用安全小技巧、小妙招。

讲精培训课，提升团队素质。深化“油站周周行、油库大讲堂、施工直播间”，组织青年集中学习安全、环保、数字化等内容，班组成员一起分析典型事故案例原因，谈体会、谈措施。常态化开展“低头捡黄金”“安全随手拍”等专项安全隐患排查活动，将培训与实操相结合，通过开展岗位职责标准化、班组安全标准化、现场安全标准化培

江苏石油南京玉带油库青安岗组织油气回收真空泵维修培训

训，不断增强青工专业技能和素质。鼓励青工提高自身学历水平、技能素养，青安岗班组本科及以上学历占比 90%，6 名岗长取得注册安全工程师称号。

二、聚焦责任落实，夯实安全基础

守住安全生产红线，确保责任落到实处。加能站青安岗将现场管理区域划分为若干网格，通过“定格、定人、定责、定方法”的方式，明确各级网格管理责任人，推进管理力量下沉。按照设备“五定”管理要素要求，确保设备设施有效运行，杜绝带病运转，遏制物的不安全状态引发事故事件的发生。采用“一书两卡”规范现场操作，强化风险隐患管控，切实提升加能站安全管理水平。油库青安岗强化“三大纪律”执行，深入推进交接班、巡回检查、“手指口述”等操作法。组织青年骨干参与修订 HSE 运行手册，重点对油库值班要求、网格化管理、新设备新工艺等内容进行优化完善。

拉好隐患排查警戒线，严格执行闭环管理。青安岗扎实推进“百日安全无事故”“安全管理提升年”和绿色企业行动。油库青安岗充分发扬“丝杆精神”，对所辖区域的设备、阀门实行全员分包，岗长带头进行设备维保展示，带领全班人员掀起设备维保高潮。加油站青安岗坚持开展“一月一设备”主题活动，围绕“防雷防静电、报警联锁、环保设备、消防安全”等内容，针对性开展排查、整治，做实问题缺陷溯源分析，提升设备基础管理水平。

筑牢应急演练保障线，提高员工防范意识。青安岗分专业常态化组织应急预案演练，深入分析“加油站接卸油、油库油罐登高作业、新能源施工现场”等场景存在的安全隐患和安全生产准则。邀请技能精湛、经验丰富的专家人员，培训安全防护、应急逃生等技能，练一遍复盘一遍，不断提升青工安全技能，避免安全事故发生。聚焦仓储、加油站、检维修等重点领域组织竞赛活动，以赛促练，季度开展技能大比武，树立安全标兵模范。

三、聚焦创新赋能，促进安全管理

提升数智管理能力。青安岗持续开展智能油气回收专项整治，搭建环保监测平台，形成强检、自检、在线的诊断机制。探索开发 RPA 巡检机器人，及时推送异常信息，建立预防性检维修机制，提升问题预警和整改响应效率。组建青年创新创效工作室，聘请各级劳模、大师傅为团队带头人，指导岗内青年进行科技创新课题研究。定量进取样装置、U 型接油槽等创新发明获得国家专利，有效解决公司安全生产一线技术难题。青安岗累计完成 12 个创新项目和 3 项技术难题攻关项目的推广应用。

提高综合服务实力。青安岗主动研究施工检维修、新能源、新业态等风险，落实风险降级减值措施，从管理立标、视频监控、风险承包、作业许可等方面实现创新升级。开展加油站“最美服务日、最美星期几”活动，青年自己动手，通过小技改开展治破治旧，美化油站环境。积极参与长江码头环保能力提升工程，组织团员青年成立“应急抢险先锋队”和“安全设备维护先锋队”，轮班前往改造现场，稳妥推进安全施工督促工作，配合做好送餐、采购等后勤保障，解决现场施工人员工作和生活实际困难，为打造长江最美岸线贡献青春力量。

提增安全生产氛围。青安岗坚持开展“安全生产，青年先行”主题活动，强化班组建设，将当好安全生产青年先锋的理念内化于心、外化于行。充分利用电子屏、宣传栏、文化墙等阵地，展播优秀案例，宣传先进典型，营造浓厚安全文化氛围。加大典型选树，按月评估安全生产履职情况，评比安全生产先锋岗，持续挖掘奋斗典型，设置专项激励，充分发挥先进带后进作用，在各级青安岗创建推选中进行优先推荐。

第九节

青年赛事

创新引领未来　创效推动发展

上海石化团委

上海石化团委切实履行引领凝聚青年、组织动员青年、联系服务青年工作职责，紧紧围绕公司生产经营实际，坚持需求导向，自 2011 年起，连续 15 年开展青年创新创效竞赛，鼓励团员青年围绕自身岗位工作，以“小创新”发挥“大作用”，用“小改造”推进“大变革”，持续加强青年创新人才培养、提升创新创效能力，为上海石化高质量发展贡献青年智慧，在扛稳扛好集团公司三大核心职责中贡献青春力量。

一、围绕中心，明确“青创赛”意义

科技创新是高质量发展的核心驱动力。2011 年，国资委、共青团中央专门印发《关于进一步深化中央企业青年创新创效活动的意见》，2024 年 2 月，国资委党委再次印发《关于深化新时代新征程中央企业青年创新创效活动的意见》，集团公司党组高度重视，印发相应实施方案。上海石化团委不断打磨青年创新创效竞赛品牌，引导广大团员青年借助竞赛平台，寻找消除隐患、破除瓶颈的创新创效切入点和关键点，发挥青年团队作用，打造全员参与、勇于创新的品牌理念。

二、聚焦战略，打造“青创赛”品牌

1. 紧密结合生产实际，科学设置竞赛类目

考虑到上海石化各单位团员青年从事的专业方向有所不同，公司团委牵头，组织专业部室人员精心研判，设置精细管理、技术攻关、节能降耗及环保治理三大竞赛方向。精细管理要求青年以改进生产和管理流程为主要内容，针对自身岗位工艺操作规程、工艺卡片、业务流程中不

合理或不完善的内容进行分析，制定解决方案并付诸实施，从而提高装置精细、从严管理水平，重点考察青年系统思维、管理水平；技术攻关要求青年以解决生产装置或工程建设中的技术难题为主要内容，针对生产装置中存在的“老大难”问题和工程建设中出现的技术难题进行分析，制定解决方案并付诸实施，从而提高装置专业技术水平，重点考察青年创新意识；节能降耗及环保治理要求青年以持续推进污染防治攻坚、严抓风险管控实现“零污染”、依法合规推进固废源头减量及资源化利用、节能降碳持续绿色低碳发展等为主要内容，针对生产过程中存在的安全环保问题及风险隐患，制定、优化解决方案，针对生产过程中污染防治攻坚、风险管控、危废固废处理及节能降碳等方面，制定措施并付诸实施，重点考察青年节能、创效能力，全面推进创新创效与公司发展深度融合。

上海石化选手参加第一届中国石化青年创新创效大赛并获一等奖

2. 整合优化资源配置，多措并举搭建平台

为充分发掘青年创新创效人才，确保群众性覆盖，上海石化广泛组织动员，各二级单位团组织引导35周岁以下团员青年积极准备创新创效项目，并开展部门级评选。各二级单位以团员青年为主体，根据三大竞赛方向成立项目攻关团队，通过牵手劳模工作室、技师工作室、职工创新工作室、专家督导认领等方式，坚持需求、问题、效果导向，紧紧围绕提质增效升级，结合青年岗位特点，确保竞赛项目立足实际问题、制定解决方案并得以实施。上海石化团委联合企业管理、生产、设备、安全等相关职能部室，结合创新创效项目产生的实际效益，对申报项目开展初期评审、中期答辩和卓越成果发布会，科室专业人员就项目推进中遇到的问题等与青年团队探讨沟通，为青年提供实用策略、给予深度反馈。

三、注重实效，展示“青创赛”成果

1. 创新机制激活力

上海石化青年创新创效竞赛不仅是青年创新人才展示自我、挑战自我的平台，更是激发青年创新思维、增强青年实践能力的有效途径。在生产实践方面，青年员工扎根一线，将理论知识与生产实际相结合，针对自身岗位中存在的实际问题，提出创新性的解决方案，通过小革新、小发明、小改造、小设计，研究开发、不断改进出更加高效、环保的生产技术和工艺流程，提升企业的生产效率和经济效益。在人才培养方面，青年创新创效竞赛培养了青年的创新意识和创效能力，锻炼青年项目管理、沟通协调和团队协作能力，引导青年更加重视知识产权的申报与保护，为未来的职业发展打下坚实的基础，早日成长为助力企业转型发展和新质生产力形成的关键力量。

2. 能力提升促发展

上海石化青年创新创效竞赛催生了一批创新成果落地见效，如

“催化油浆调和炭黑原料”项目，是青年团队利用催化油浆和催化循环油生产炭黑原料油，解决催化油浆黏度高、脱固处理工艺复杂的技术问题，从而实现催化油浆直接调和生产炭黑原料，优化装置产品结构，2023 年 6 月至 2024 年 7 月，共计调和出厂 19600 余吨，创效超 2350 万元。截至 2025 年，竞赛收到申报项目超 450 项，覆盖超 4700 人次，推动了新技术引入、新产品开发、新设备应用、工艺流程改进，促进成果共享、推广和应用。许多优秀项目凭借其创新性、实用性等显著优势推荐参加全国、上海市、集团公司级竞赛，并取得优异成绩。上海石化团委曾获上海市产业青年创新大赛优秀组织奖，竞赛项目先后斩获第一届“创青春”中国青年碳中和创新创业大赛铜奖 1 项，上海市产业青年创新大赛金奖 1 项、银奖 6 项，第一届中国石化青年创新创效大赛一等奖 1 项、二等奖 1 项。

"青论会"助力青年成长

石油化工科学研究院团委

石科院团委在院党委和集团公司团委的领导下，始终以"引导青年、服务青年、成就青年"为宗旨，坚持围绕中心、服务大局，搭建了一系列青年成长平台。其中，自 1987 年创办并延续至今的青年科研论文交流会（以下简称青论会），作为最闪亮的"青"字号品牌，紧跟石科院发展需要，在比赛形式、内容等方面不断追求创新，越来越显示出其旺盛的生命力和喷涌勃发的青春朝气，在促进青年科研人员成长、增进青年学术交流等方面发挥了重要作用。

一、团委牵头、部门联动，"青论会"组织尽善尽美

落实主体责任。青论会由分管科研和青年工作的院领导直接指导举办，院团委、科研管理部、党委组织部联合主办，知识产权部、图书信息档案室协办。为进一步厘清各方职责，规范青论会管理要求和工作流程，院团委牵头修订《石科院青年科研论文交流会管理办法》，从组织报名、选手选拔、论文审查、组织办会等方面对工作全流程进行梳理，明确各主办方和协办部门工作职责。

院团委负责论文征集、送审、会议组织和筹备、表彰宣传等事宜；院科研管理部负责论文保密审查，提出评委名单，并根据评委意见确定选手参会资格等事宜；院党委组织部负责对选手参会资格进行审查，协调选手、评委奖酬金发放等事宜；院知识产权部负责对参会论文进行保密审查；院图书信息档案室负责对参会论文进行规范性审查，并负责编辑论文集等事宜。

2024 年石科院青年科研论文交流会

完善比赛形式。青论会坚持“演讲 + 现场问答”比赛形式，并在此基础上对标集团公司青英赛，通过要求选手在现场演讲过程中增加科学问题提炼部分，增设英文自我介绍、介绍英文摘要等环节，不断创新和完善比赛形式。具体评分组成中，前期论文规范性评分占比 5%，旨在考察青年科研论文撰写水平；“演讲 + 现场问答”评分占比 95%，旨在考察青年科研工作者总结提炼科学问题、阐释科研工作思路的能力；现场还设置超时及演讲用时不足扣分项，旨在考察青年抓住重点、掌控时间的能力。鼓励青年作英文现场报告，增设 1 分钟英文自我介绍环节，旨在鼓励引导青年科研工作者提升英文科研报告水平。

丰富评委组成。为确保比赛公平公正，并让青年在展示自我的同时能够得到现场“一对一”指导机会，青论会坚持邀请院领导、集团公司级专家、院副总工程师、院级专家和各二级单位负责人共同担任专家评委，评委会主席由分管科研工作的院领导担任，评选产生一、二、三等奖和最佳英文表述奖。由上届选手及各单位青年代表组成大众评委，评选产生最佳风采奖。同时，自2021年起，邀请院青年学术委员会委员共同担任专家评委，通过“青”与“青”之间的交流，以“青”带“青”，以“青”促“青”，进一步凸显青论会的“青”特色。

二、全院搭台、青年唱戏，“青论会”平台凝聚人心

引导青年聚焦中心。青论会坚持以引导青年聚焦院科研中心为工作原则，三管齐下，引导青年了解院科研规划方向并积极投身其中。一是根据院年度工作报告，确定交流会主题，引导青年聚焦中心工作需要。二是组织召开选手会，集体学习年度工作报告精神并对相关要求再度进行解读宣贯，加强青年对院科研发展方向的认同。三是增设基础前瞻单项奖，落实集团公司和院党委“加强基础研究”工作要求的同时，通过实际奖励，进一步强化青年将自己科研工作与院发展方向有机结合的个人愿望。

薪火相传助力成长。多年来，青论会受到院各级领导和专家的重视，已成为老一辈科研工作者对青年科研人员进行“传帮带”的重要平台。在论文初审环节，他们认真阅读每一位选手的参赛论文，并就具体研究工作和论文撰写等指出亮点和不足，由院团委汇总后返至选手对论文进行修改完善，帮助选手提升科研论文撰写能力。现场问答环节，他们根据每位选手的演讲进行“一对一”指导，既充分肯定参赛选手取得的成绩，又就选手在科研方法和工作思路上的不足提出意见建议，帮助选手解决科研方向上的问题和困惑，有效激发青年思考，助力青年成长。

“面对面”交流助发展。为进一步增强青年参与青论会的获得感，青论会坚持邀请院领导面向青年作主题讲话或专题报告。近年来，院党政主要负责人分别围绕加强基础研究、青年该做什么样的科研工作、如何做好科研规划和课题立项、如何加强价值观和能力建设等方面，从自

身理解和感悟出发，深入浅出地向青年科研工作者讲明院发展方向和对青年人才的需求，有效帮助青年找准工作定位和努力方向。

三、崇尚科学、传承精神，“青论会”成果可圈可点

青论会举办至今，始终坚持把研究院战略大局与教育、服务青年相结合，不断改进自身工作，优化平台；始终坚持把传承经典与开拓创新相结合，鼓励青年人继承传统，勇于创新；始终坚持把服务企业发展与提高青年综合素质结合起来，使共青团工作适应科研院所机制，找准定位，推动一批又一批青年科研工作者脱颖而出。

自 2021 年以来，共有 73 名青年在青论会的平台上展示了自己的科研成果。其中，5 名青年被推荐参加集团公司青英赛，1 名青年进入第三届集团公司青年科技精英赛前 10 名；4 名青年被推荐参加北京市青年学术演讲比赛（中国石化赛区），1 名青年获得 2024 年该项赛事一等奖。通过青论会平台，有 2 名青年已成长为二级单位负责人，1 名青年成长为院专家，完成从青年到各领域骨干和带头人的蜕变，成为了石科院中坚力量的一员。

科技讲坛，铸才育林，37 岁的青论会风华正茂。未来，石科院团委将在院党委和集团公司团委领导下，继续秉承“崇尚科学、求实创新”的创新文化理念，不断开拓创新，为青论会平台注入更多活力，持续推动青论会发挥好衔接青年成长需求和石科院发展需要的桥梁纽带作用，以激励全院青年积极投身科研，不断提升自身综合素质，为石科院建设世界一流研究院，为集团公司加快建设世界一流企业奉献青春智慧与力量。

持续打响英语大赛“青字号”品牌
助力国际化经营高质量发展

物资装备部（国际事业公司）团委

物资装备部（国际事业公司）［以下简称物装（国事）］团委聚焦物装（国事）“物资管理部、中央采购部、国际贸易部”三位一体职能，以助力集团公司国际化经营业务发展为主线，以培养青年人才为目的，连续组织八届青年英语风采大赛，打造了青年员工积极关注、踊跃参与的“青字号”特色品牌活动，搭建了青年员工历练本领、展示风采的广阔舞台，为国际化经营人才队伍建设提供了有力支撑。

一、因需而行，立足发展丰富“青字号”品牌内涵

推动国际业务高质量发展的现实需要。物装（国事）在境内设有12家子公司，在境外13个国家和地区设有子公司，随着集团公司国际业务版图不断拓展，外语作为开展国际化经营、开拓海外市场必不可少的语言工具和沟通媒介，对物装（国事）国际业务发展尤为重要。

打造国际化高素质人才队伍的内在要求。物装（国事）始终高度重视国际化人才队伍建设，“十三五”期间，累计引进留学回国人员41人、占引进总数的35.3%，累计派出海外员工31人，累计引进海外当地员工87人，国际化人才梯队建设取得初步成效。然而，仍面临着国际化人才储备不足、高端国际贸易人才缺乏等潜在问题，急需大力发现培养和储备一批外语水平高、适应国际化经营战略需要的人才。

拓宽青年员工成长成才途径的实践探索。青年英语风采大赛自举办以来，为广大青年员工提供了互相交流、学习英语的良好环境和浓厚氛

第七届英语风采大赛情景模拟环节展示

围，涌现和培养了一批专业型、创新型、复合型人才，是物装（国事）团委聚焦为党育人、为国育才使命，引领青年成长成才的重要实践。

二、提质而进，立足创新塑造“青字号”品牌实力

实践优化提升组织力。2007 年，物装（国事）在重组整合后举办了第一届职工英语演讲比赛。经过多年的不断调整，从最初仅有主题演讲到目前优化固定为笔试、主题演讲、即兴演讲或情景模拟等三个环节，并固化为每两年举办一届。比赛分预选和决赛两个阶段进行，并邀请系统内外相关专家组成评委会，确保比赛结果的权威性和公正性。

交流互动提升感染力。比赛过程中，参赛选手围绕青年立足岗位履职尽责、勇于创新、敢于担当的故事，全方位展示英语才华。特别在情景模拟环节，围绕主责主业编排短剧，在展现比赛竞技性、专业性的同时，提升了比赛的观赏性和感染力。情景模拟环节得到了集团公司团委的认可，为集团公司第八届青年外语风采大赛应用展示环节提供了参考。

营造氛围提升影响力。通过微信公众号、协同工作平台、电子宣传栏等内外部媒体进行跟踪报道，及时发布赛事动态，展示选手风采，并注重意见收集、微话题讨论等正面引导，营造了良好的学习交流氛围。自 2022 年起，对比赛全程进行网络直播，覆盖面进一步扩大，在青年中的影响力进一步提升。参赛人数从第一届的 25 人增加到第八届的 73 人，累计共有 343 名青年员工参赛。

三、向实而为，立足成长提升“青字号”品牌成效

以实力赢得机遇，青年展示的舞台更加广阔。通过举办青年英语风采大赛，物装（国事）先后有 5 名青年员工进入集团公司青年英语风采大赛决赛并取得优异成绩，其中，1 名青年斩获集团公司第七届青年外语风采大赛金奖。他们以良好的外语表达和现场表现得到了评委和参赛选手们的一致认可，在更广阔的舞台展现了自己的青春风采。

以培养助力成长，青年前行的步伐更加稳健。青年英语风采大赛激发了青年员工学习外语的热情，提高了对外洽谈能力和沟通交流水平，发现和培养了一批既精通外语又熟悉业务的复合型人才。物装（国事）团委和公司人力资源部门密切沟通、协调联动，重点关注优秀参赛选手的在岗表现，对其思想和工作状态进行持续跟踪，根据个人工作绩效和所在单位人才需求优化调整岗位，推进实施优秀选手多岗位交流锻炼，为物装（国事）国际化人才储备和选用提供了有力支撑。

经过多年的创新实践，青年英语风采大赛已成为物装（国事）发

现人才、培养人才的重要载体。绝大多数参赛选手已成为业务骨干，特别突出的已提任为公司中层领导干部。38 名获奖选手中，有 14 名从原岗位交流至国际贸易相关岗位工作，占 36.8%；6 名经组织选拔交流至境外公司工作，占 15.8%。

第十节 青年志愿服务

坚持三个面向，深化志愿服务

上海海洋石油局团委

随着集团公司发出“担当中国石化走向深海远海主力军”的号令，上海局以高质量发展“13381”战略为指引，阔步迈出海域油气大发现、大突破的步伐。上海局团委坚持听党话、跟党走，主动融入上海局党委高质量党建“六大行动”中的幸福海洋行动，重点面向在职职工、面向退休职工、面向社会公益，推进“我为群众办实事”“我为青年办实事”，充分发挥“星火”青年志愿服务队服务企业、服务社会的积极作用，内聚人心、外树形象，用实际行动服务于企业高质量发展，擦亮央企社会责任名片。

一、坚持守正创新，完善组织体系增添新动力

全力构建以团组织为主导的青年志愿服务运行机制，不断提升组织化动员基础上的有效运行能力。

统一名称，形成品牌效应。1963 年，新中国地矿部第一任部长李四光曾为上海局题字“星星之火可以燎原，唯有奋斗才有发现”。取意于“星星之火，可以燎原”“聚是一团火，散是满天星”，上海局“星火”志愿服务队成立于 2020 年。2021 年，集团公司团委印发《关于组建中国石化青年志愿服务队的通知》，因为已经具有一定品牌效应，中国石化上海局“星火”青年志愿服务队的名称便因此被保留了下来。

坚持原则，弘扬志愿精神。上海局团委坚持以“奉献、友爱、互助、进步”的志愿精神为宗旨，秉承 4 项工作原则。自主参与、自愿服务，团员青年自愿参加青年志愿服务组织，通过有组织的形式动员青年

志愿者，让团员青年在无压力的情况下自愿参加志愿服务；为企分忧、为民解难，青年志愿服务坚持从实际需求出发，通过奉献爱心，增强互助关怀，助推和谐企业建设；量力而行、讲求实效，青年志愿服务坚持尽力而为、量力而行，不走过场，不搞形式，注重办实事、求实效；互帮互助、促进成长，青年志愿者坚持走进群众、互帮互助，沉下身子、无私奉献，传递爱心、共同成长。

上海海洋石油局青年志愿者赴教育帮扶学校开展支教活动

完善机制，加强规范管理。依托“志愿汇”“上海志愿者”等数字化志愿服务交互平台，全覆盖推动志愿者注册、签到、荣誉时数累计等动态管理。通过线上发布项目需求、招募志愿者，志愿者随时就近就便参与服务活动，切实打通志愿服务“最后一公里”。另外，以“局团委总体协调，各团组织分队承办”形式，进一步规范队名、旗号、服装，组织开展形式多样的志愿者服务活动，形成以点带面的辐射作用。同时，制作青年志愿者注册流程指南，每年在新员工入职群团见面会上进行统一宣贯，号召团员青年积极加入青年志愿大家庭。

二、坚持三个面向，不断践行青年志愿新使命

结合企业高质量发展和社会需求，以项目化管理推动青年志愿服务品牌化发展。

服务在职职工，开展“海洋在身边”服务项目。着重在服务内部职工方面开展工作。上海局一线职工来自五湖四海，职工上班在海上，下班回陆地，在海上工作期间，对家庭照顾或应对突发事件存在较多不便和限制。为保障职工后方稳定，在海上一线张贴志愿服务海报，成立困难帮扶纾困队，为职工家属发放志愿服务联系卡，当职工家属遇到急难愁盼问题时，陆地志愿者可以迅速给予一些力所能及的帮助。组织青年职工代表成立文明宿舍评审组，利用工作之余，每季度开展文明宿舍评选，解决了集体宿舍存在的脏乱差问题，青年职工安全、卫生和自我管理的意识进一步增强。除此之外，利用工作之余，青年志愿者自发、义务开展汽车短驳、健身指导、电脑维修等志愿服务，青年互帮互助的氛围越来越浓。

服务退休职工，开展“海洋暖人心”服务项目。持续开展关心关爱活动，让退休职工能够持续感受到企业温暖。近年来，重点与独居、失独、生大病等退休职工进行结对，每月定期进行联系、了解需求。利用春节、元宵节、重阳节、中秋节、老人生日等时间节点，协助离退休管理中心加强对退休老职工的关心关怀，收获多封感谢信和锦旗。在开展志愿服务的同时，退休职工为青年志愿者们讲述前辈创业经历，达到“关心关爱＋青年教育”互相影响的目的。

服务社会群体，开展“海洋聚微光”服务项目。利用3月5日学雷锋公益、3月12日“中国植树节”、12月5日“国际志愿人员日”等节点，积极协调属地政府或公益单位，开展相关志愿服务活动。2021

年，上海局结对教育帮扶贵州省雷山县永乐小学，累计派出 5 批共 18 名青年志愿者开展驻校支教志愿服务，得到社会各界的广泛好评。另外，在遭遇突发疫情，地震、洪水、台风等自然灾害危机时，积极组织开展疫情防控和抗灾救灾志愿服务，为保护共同家园贡献力量。

三、坚持资源共享，多方发力形成合作新模式

坚持资源共享，统筹用好企业内外部人力、物力、财力以及信息等资源，增强志愿服务的聚合力。

发挥内部组织动员优势。强化思想政治动员，将青年志愿服务纳入青马工程“四个一”（一次读书活动、一支青年突击队、一名青年岗位能手、一次志愿活动）内容，引导广大团员青年积极参与志愿服务。强化多部门统筹协调，联合党群工作部、工会、财务等部门建立日常沟通协调机制，在发挥政治优势、保障经费支持等方面强化协同效能。例如，在助力乡村振兴教育帮扶工作中，印发《派驻志愿者管理办法》，从组织层面完善奖励机制。另外，利用五四青年节等节点，对表现优秀的志愿者给予表彰，进一步激发青年志愿者的活力。

拓宽外部交流合作渠道。在属地管理系统中，上海局在上海市建设交通系统内，经常性加强属地系统内各单位的沟通交流，进一步盘活场地、人员、物资等资源，联合参与开展了世界城市日、建交系统集体婚礼等志愿服务活动。2024 年，中国石化上海局“星火”志愿服务队当选上海市青年志愿者协会第六届会员。

厚植石油石化文化基础。在开展志愿服务活动的同时，注重弘扬石油精神石化传统。每年通过参与服务上海局公众开放日活动，选派青年志愿者为单位内部职工家属、行业相关企事业单位人员等群体讲述海洋石油和绿色环保的故事。在教育帮扶的学校中开设“蓝海大讲堂”，志愿者们将石油精神和石化传统传播到校园中，进一步弘扬正能量。

自青年志愿服务队成立以来，累计开展活动共计 300 余次，服务人

数超过一万余人。其中教育帮扶贵州雷山永乐完全小学、跟着劳模做志愿、阳光之家送温暖、“碧水蓝天”净滩行动等志愿服务项目逐步品牌化，得到中国青年志愿者、青春石化、浦东党建等多家媒体报道。多名青年志愿者被评为上海市浦东新区优秀志愿者。2022 年，“山海情”乡村振兴教育帮扶项目获得“奉献杯”第三届上海青年志愿服务项目大赛优胜奖。2023 年，国家乡村振兴局党组成员调研教育帮扶学校，现场和青年志愿者们合影并点赞。

让青春在火热的志愿奉献中绽放绚丽之花

中韩石化团委

中韩石化青年志愿服务分队现设有志愿服务支队 18 支，注册青年志愿者 948 人，实现了全体团员注册成为青年志愿者。自成立以来大力弘扬“奉献、友爱、互助、进步”的志愿精神，积极响应习近平总书记提出的“五个模范”要求，以“为美好生活加油”为宗旨，聚焦“国之大者”，力行“民之小事”，组织动员公司广大青年志愿者在全面建设社会主义现代化强国的新征程上施展抱负、建功立业。

一、提高政治站位，把握工作方向

中韩石化青年志愿服务分队以习近平新时代中国特色社会主义思想为指导，切实把习近平总书记重要讲话精神贯彻落实到青年志愿者工作全过程各领域。

坚持为党育人，强化思想引领。中韩石化青年志愿服务分队在广大青年志愿者中大力开展党史、团史学习，进行理想信念教育，坚定不移听党话、跟党走，深刻领会“两个确立”的决定性意义，增强“四个意识”、坚定“四个自信”、做到“两个维护”。

聚焦党建统领，彰显政治本色。中韩石化青年志愿服务分队把青年志愿服务作为引领凝聚青年、组织动员青年、联系服务青年的重要载体，公司各级党组织大力支持，党委书记、分管青年工作的党委委员等同志多次参加志愿服务，要求把青年志愿服务的平台打造成净化、锻炼、培养人才的平台。

二、紧密围绕中心，“青”力服务大局

中韩石化青年志愿服务分队在开展工作中，牢记作为“石化青年”的职责使命，围绕企业中心工作的同时，在党政关心、社会关注、群众关切的问题上进行思考，找到发力点。

围绕国家战略，助力乡村振兴。坚持开展“双结双促”活动已经8年有余，与20名农村贫困留守儿童结对做到“四个一”（每月一次电话沟通、每季度一次“微心愿”帮扶、每半年一次物资帮扶、每年一次实地走访），同时与武汉市3所学校合作进行“大手拉小手”活动，把送物资的方式变成送绿色课堂、送智能工厂、送体育辅导等模式，组织教育帮扶对口的岳西店前石化小学学生到武汉进行夏令营游学和武术培训，用好公司“绿色企业”“科普教育基地”等资源，不断创新教育帮扶模式，提升帮扶效果。

促进地企融合，聚焦社区服务。在石化社区和东方红社区常态化开展志愿集市活动，每年到化工厂区所在的八吉府街道社会福利院服务孤寡老人，联合地方有影响力的企事业单位和医院，共同为社区免费提供医疗、便民生活等基础服务，创新性提供双减政策下的子女教育、学龄前儿童育儿、假期托管班、EAP以及美妆等个性服务，助力满足社区居民对美好生活的向往。同时在重要节日和关键时间节点，在社区开展庆祝活动，常态化对独居老人和残疾群体进行上门服务，在社区服务中做到小而实、小而专、小而美。

注重品牌延续，扩大社会影响。中韩石化青年志愿服务队历来重视新老传承，不断深化志愿服务品牌项目，暖冬行动、金晖行动、光盘行动、绿企行动等志愿品牌令人耳熟能详，联合市直机关团工委常态化地帮扶武汉市社会福利院孤儿，带他们接触社会新兴事物。在开展活动时老团干带新入职大学生，让他们收获志愿服务的快乐，注重在实践育人上下功夫。

应对急难险重，投身疫情防控。中韩石化青年志愿者在急难险重新任务中大显身手，河南暴雨险情和岳阳洪水灾情，应急救援中心团支部组织青年志愿者到河南卫辉和湖南岳阳等地参加救灾抢险服务，为受灾地区紧急排涝，新冠肺炎疫情阶段青年志愿者们常态化地配合社区和企业内部核酸检测工作。

广泛开展调研，解决实际问题。青年志愿们不想自己能提供什么，而是要了解大家需要什么，通过全覆盖的思想调研和“我为青年办实事”问卷调查得出结论，马上对既定任务进行增补。

中韩石化开展守护美丽长江系列志愿服务

三、加强改革创新，全面从严治队

中韩石化青年志愿服务分队对青年志愿服务进行项目化运作，通过规范的项目管理体系建设，提高青年志愿服务工作标准。为了维系青年志愿者们长期的青年志愿服务热情，中韩石化青年志愿服务队不断加强改革创新，始终走在前列。

重视项目管理。公司团委建立了“立项、执行、评价”的项目化管理体系，编制了《青年志愿服务项目管理指导书》，明确了项目的申报、评审、过程实施、效果评估等全过程管理机制，做到每个项目前期有调查，中期有资源，后期有总结。**重视立项环节。**公司团委针对青年志愿服务项目立项环节制作了《青年志愿服务申请表》，旨在加强青年志愿服务项目立项环节的策划和思考。**重视参与主体。**在项目启动、执行和结束后，都要体现团员青年作为志愿者的主体作用。

成立领导小组。公司团委会成立由团委书记任组长的考核领导小组，负责对公司青年志愿者管理方案进行制定，两名团委委员分别主管炼油和化工片区考核工作。团支部成立领导小组，具体负责本团支部的青年志愿者考核和评先。**制定考核细则。**结合实际情况，制定了《中韩石化青年志愿者管理办法》，同时将青年志愿服务工作开展情况纳入到团支部工作季度考核，同时关联所在党支部分类定级评分。每年评选表彰“十佳青年志愿者”和“优秀青年志愿者”，通过“企业文化网”“奋进中韩石化”“青春中韩武汉石化”微信公众号进行宣传，在推优入党、推优荐才时将是否参加志愿服务作为否决项之一进行评比。

通过大力开展青年志愿服务工作，青年志愿者们在追求“大我”中找准“小我”的人生航向，中韩石化青年志愿服务队获评湖北省本禹志愿服务队，青年志愿者马晓楠、王蕊和费今分别被聘为湖北省环境友好使者，团委委员邬琳娜获评武汉市好市民，青年志愿者张会达获评青山区道德模范。

“小邮箱”志愿服务　化作微光陪伴湘西山区孩子

广东石油团委

为深入贯彻落实习近平总书记在党的二十大报告中作出的“办好人民满意的教育”的重要指示精神，2021 年 9 月，广东石油作为中国石化乡村振兴教育帮扶首批 37 家试点单位之一，与泸溪县石化中学结对开展教育帮扶。2023 年初，由广东石油团委牵头启动“小邮箱”公益关爱项目，“邮”与“油”同音，“箱”与“湘”同音，寓意广东石油携手陪伴湘西孩子们健康成长。活动启动以来，广东石油团委累计招募储备有才艺特长并热衷公益的“驻校支教志愿者爱心库”130 多人，全年分批次、不间断累计派出 19 期 42 名青年志愿者驻校支教，总志愿服务时长达 1.2 万小时，奔赴往返距离长达 7.2 万公里。

一、探索建立“1 +4 +3”驻校支教体系

为保障驻校支教志愿服务顺利开展，广东石油团委结合学校和学生实际需求，探索建立“1 +4 +3”驻校支教体系，具体为“1”项助教模式，即全天跟班管理，安排每名青年志愿者负责一个班级，任助教班主任，配合班主任管理班级工作。“4”大特色课堂，即在校内开设石化科普课堂、心理团辅课堂、社团兴趣课堂、班会励志课堂。“3”种沟通渠道，即在课后开展学生家访、解忧加油站、互动小邮箱。其中学生家访安排在每周晚自习放学后，由青年志愿者送学生回家，并到家中与学生、家长面对面交流，和学生交朋友，建立信任，累计开展 38 次；解忧加油站是由青年志愿者为学生提供心理疏导服务，通过了解学生的小情绪、小烦恼，如家庭问题、被同学误解等，为学生及时答疑解惑，

累计服务 51 人次；互动小邮箱是在青年志愿者办公室门口设置固定小邮箱，便于学生给志愿者投递信件，累计收信并回复 156 封。

广东石油“小邮箱”志愿服务队向泸溪石化中学留守女童赠送成长加油包

二、创新开设“石化科普课堂”

广东石油团委将“石化科普课堂”作为驻校支教服务的特色项目，为学校科技馆捐赠霍夫曼水电解制氢、氢燃料电池制氢、太阳能风能发电等新能源实验器材，面向全校初一新生开设石化科普课程。以寓教于乐的方式，广东石油团委精心设计课程内容，共分为石油的形成、发现、开采、炼化、应用等科普章节。为了使课堂更加生动有趣，吸引孩子们的兴趣，青年志愿者在课堂上特别借助“一滴油的奇妙旅行”作为情景导入，配以形式多样的漫画，从而引出有关大气层、地壳运动、火山爆发等知识点的讲解。在理论知识的讲解上，青年志愿者力求深入浅出，在实验演示过程中，加入了大量的漫画、图片，辅以简单的文字说明帮助孩子们理解科学原理。同时，广东石油团委还将中国石化“深地一号”“齐鲁石化—胜利油田百万吨级 CCUS”“特大型超深高含硫气田安全高效开发技术”“高效环保芳烃成套技术”等一批中国石化科技创新成果和新能源应用融入青年志愿者教学内容，引导学生了解石油工业对国家社会发展的支柱作用，帮助更多的孩子学科学、爱科学，从小立志做合格的社会主义建设者和接班人。截至2024年10月，广东石油团委已累计开展“石化科普”300期，参与学生达15000人次。

三、创建“春蕾加油站”心灵辅导员团队

广东石油团委邀请专业心理咨询机构专家、广州理工实验学校心理教师等人员，专门为公司主动报名参加心灵辅导的同事开展心理辅导专业技能培训，包含青春期身心发展特点、与青少年沟通艺术技巧、留守儿童心理健康等。目前，广东石油心灵辅导员已累计与49名留守女童“一对一”结对，通过书信、电话等方式进行倾诉与陪伴，引导女童自信开朗、向阳生长。其中深圳公司员工魏建华具有高级家庭教育指导师和EAP资格证，在广东石油团委的牵线搭桥下，她与孤儿女孩向慧欣成功结对，一直通过信件与她联系，成为了向慧欣的“小邮箱妈妈”。据学校老师反映，在魏建华的鼓励和关爱下，向慧欣逐渐变得开朗自信，初三以来更加主动认真学习，在2023年中考中超常发挥，如愿考入泸溪县重点高中。

四、打造行走的“科普研学”课堂

暑假期间，累计组织湖南省泸溪县石化中学100余名师生赴广州参加由广东石油团委主办的“逐梦少年‘湘粤’未来”科普研学行，获评2023年全国科普日优秀活动。特别邀请公司资助的“手拉手”困难学生、“朝阳奖学金”学生代表参加。活动以“石化科普”为主题，广东石油团委精心策划了红色之旅、文化之旅、结对之旅和能源之旅四项研学内容，让学生们接受爱国主义教育、了解广东民俗文化、结交知心朋友、学习科技与新能源知识，帮助学生开阔视野，满足学生们多元化

教育需求。青年志愿者带领学生们走进广州新能源和可再生能源科普基地，学习科普节能和储能、环保及能源战略等新能源知识；走进中国石化广东石油历史文化展馆，学习传承石油石化优良传统；走进中国石化广州金龙、开泰北、白鹤洞加能站，参观“油气氢电服”综合加能站建设，近距离感受中国石化加氢、加气、充换电、自助洗车等新业态服务，沉浸式体验绿色石化、智能石化的魅力；走进中国石化广东石油加氢仿真基地，学生们借助 VR 设备体验加氢流程，在志愿者的耐心指导下，完成了有趣的氢能、油品小实验，在好奇心的引领下走进神奇的能源世界；走进中国石化黄埔油库，学习油品收储发全流程，学生们被中国石化基层工作者“严谨务实”的工作作风所感染，立志成为不骄不躁、脚踏实地的建设者、奋斗者。

“小邮箱”志愿服务不仅陪伴山区学子健康成长，更是一场生动的企业文化课堂，中国石化在教育帮扶工作中彰显的责任担当，深深感染和影响着每一位志愿者。一名青年在朋友圈里感叹道“这是一次终生难忘的双向奔赴”。

05 第五章

中国石化团支部优秀工作法

第一节 引领凝聚青年

创新“135”工作法　凝聚红星“青”力量

江汉油田采气一厂技术中心团支部

团支部创新“135”工作法，通过“一条主线”“三支队伍”“五大品牌”，团结激励青年积极投身“中国石化天然气增产七年行动计划”重点工程项目“红星500亿方增储工程”，打造提质建功的“青春引擎”。

“一条主线”聚合力。以“科研铸红星”品牌为主线，以“高质量发展第二次跨越怎么看、面对困难怎么办、结合实际怎么干”为主题，充分依托“三会两制一课”，丰富理论课堂形式，开展“每日学习推送、每月集中学习、每季教育实践”，切实将青年的思想行动统一到建功“红星500亿方增储工程”上来，引领青年在学思践悟中筑牢思想根基、强化使命担当。

“三支队伍”强动力。充分发挥“五老”、团青干部、青年典型的示范引领作用，举办“五老”报告会、劳模青年座谈会、“身边人讲身边事”分享交流会。同时，结合建南气田发现井建3井、红页1示范井组、黄为祥烈士墓、陈盛孝纪念碑等教育阵地，以重大节日和活动为契机，扎实开展石油精神石化传统教育，让团员青年在赓续前辈精神血脉中汲取奋进力量。

“五大品牌”激活力。倾力打造“红星青课堂”“红星青悦读”“红星青讲坛”“红星青志愿”“红星青关爱”等五项工作品牌，以思想聚心、以文化连心、以实践育心、以服务暖心，有效引导青年在丰富多样的活动载体中展示青春风采、提升精神素养、开拓思维视野、激活奋进动能。

“四抓四好”引领凝聚青年力量

江西石油新余石油机关团支部

抓理论武装，奠定好思想根基。始终坚持强化政治思想引领，结合“三会两制一课”，组织青年“线上+线下”多形式深入学习党的理论知识。开展“青年榜样说”“中华魂读书会”、主题研讨、红色教育等活动，以身边人、身边事激励广大青年，帮助树立正确的世界观、人生观、价值观。

抓平台搭建，提供好成长舞台。积极优化团组织建设，实施“师带徒”“双师带徒”等模式，为每位新入职的青年配备1～2名经验丰富的导师，加速青年成长。通过推荐参加青年创新创效大赛、参与创新工作室课题研究，激发青年创新意识。同时，大力搭建、联系系统内外技术比武、技能竞赛等活动，促进提升青年综合素质，增强归属感与责任感。

抓服务提升，关注好青年动态。实施青年成长关怀计划，设立一名团干部联系三名团员青年包干制，关注青年工作、生活需求，与时俱进做好服务工作，解决实际问题。定期开展“书记青年面对面”、心理EAP辅导等，掌握青年思想动态，增强团组织的凝聚力和向心力。

抓岗位建功，融入好中心工作。常态化开展“青”助力行动，支部青年持续性参与节假日进站帮扶、进社区“带货”，在“养车节”“易享节”等IP活动中，冲锋在前，发挥生力军作用。设立“身边安全身边查”青年志愿队，定期对库站安全进行抽排查，发现风险隐患立即上报，配合制定整改措施，实行闭环管理，助力各项工作安全平稳运行。

多措并举培养“特种部队” 党建引领打造“政治铁军”

广州审计中心青年工作小组

多措并举培养青年“特种部队”。立足培养“师徒结对”。为新进青年配备师傅，签订协议，制定培养计划并定期考核。按照“全科医生”要求，不断拓展查证业务领域至安全、环保、财务、投资、采销、数质量、物流、内控等9个方面；鼓励青年参加国家内审协会理论研讨，撰写论文4篇，获集团公司二等奖4项。搭建平台“揭榜挂帅”。鼓励青年“揭榜挂帅”，主动担任特大型、大一型等企业经责项目主审3次，撰写的专题报告得到马永生董事长批示，促进增收节支1.12亿元，获集团公司优秀审计项目一等奖1项、年度优秀项目1项。全面打造“数字尖兵”。派出8名青年参加“南京审计大学计算机中级审计培训班”并全部通过考试，6名青年考取数据分析师CDA证书。将全部青年纳入平台式审计研究项目组，牵头建设“成品油物流违规分包”等审计模型5个，编写信息系统查询指引、典型案例12个。

党建引领打造青年“政治铁军”。坚持把习近平新时代中国特色社会主义思想作为青年政治学习“第一议题”，不断提高“政治三力”，始终拥护“两个确立”，做到“两个维护”。组织青年到革命旧址、“陈俊武院士事迹展览厅”等开展红色教育，汲取革命先辈和榜样克服千难万苦、取得伟大成就的力量。强化党风廉政建设。组织青年学习党章党纪、员工守则、反面案例等，相互提示、警醒，时刻牢记“打铁必须自身硬”，以“君子检身，常若有过”的态度不断强化守规执纪意识，从签订廉洁承诺书、不让企业提供非工作用品等做起，牢牢守住廉洁底线红线，打造青年审计铁军。

三强赋能　三维联合
引领服务青年技术人才成长

国际石油勘探公司海外技术支持中心团支部

强化思想引领，赋能团支部“三力”协同。落实党建带团建，定期组织时政集体研学、党总支委员与青年面对面交流，加强形势任务教育，引导青年立远志、知定位、明职责、勇担当。自上而下倡导“严、细、实”工作作风，引领青年在传承石油精神、弘扬石化传统中锤炼优良作风。发挥团支部桥梁纽带作用，组织青年座谈会、思想动态调研，提升团支部的组织力、凝聚力、服务力。

强化人才培养，赋能中心职能发挥。健全“双导师带徒”和“干中学、学中干”的培养机制，鼓励青年员工参加集团公司级各类赛事活动，以赛促学、以学促行、以行促效，全方位提升专业技能。按照T型人才培养思路，结合国际化经营管理需求，开展“一人一策”青年技术人才培养，组织多样化社会实践、专业交流、“有点is”、青年讲堂等品牌活动，为有效发挥中心职能夯实人才根基。

强化岗位建功，赋能公司高质量发展。以技术支持项目为载体，选拔优秀青年员工担任次级任务项目长或重要技术岗位，引领青年员工在实战中“练兵利刃”。结合重点任务组建青年攻关团队，开展创新创效探索，助力难点痛点问题解决。结合业务需要，分专业线条开展劳动与技能竞赛，定期与相关部门、海外机构或系统内外院所开展基于业务交流的联建共建活动，为推动“1+N+X”技术支持体系落地贡献青年力量。

引领凝聚青年“五抓五落实”工作法

上海院第六团支部

抓年度工作系统化，落实党建带团建工作机制。坚持党建带团建，主动对接党委委员工作联系点，以党工团联席会议形式，紧密结合中心工作，整体谋划团支部年度学习目标任务，发挥群团优势，形成工作合力。

抓组织生活规范化，落实任务清单长效机制。明确强化年度主要任务的完成时间和责任人，严格落实“三会两制一课”，结合实际每月设置学习主题，制定学习清单，将主题团日打造为引领凝聚青年的长效载体。

抓学习形式多元化，落实学习成效反馈机制。积极创新学习方式，将读原著、学原文、悟原理融入到丰富多样、青年喜闻乐见的学习形式中，提高学习成效和活动参与度。定期开展读书分享会、知识竞赛等活动，及时检验青年学习成效。

抓青年宣讲常态化，落实以讲促学联动机制。发挥团干部、青年骨干模范带头作用，面向基层青年，聚焦精神传承、安全管理、改革发展等方面，通过主题团课、专题宣讲等方式，积极引导青年在中心工作中发挥生力军作用，助力夯实科研领域“三基”工作。

抓青年队伍层次化，落实差异化匹配机制。针对青马学员、青年党员、团员青年等不同青年群体，区分层次开展学习交流活动，增强青年思想政治引领实效。

“四有”工作法提升青年工作质效

科技部青年工作组

把传统的事情做得有系统。以党建带团建，建立“第一议题＋主题团课＋学习分享”机制，邀请党总支书记讲授主题团课，组织青年大讲堂，与部委及兄弟部门开展联学活动，并通过云端不定期组织视频学习，促进理论学习系统化。

把有品质的活动做得有品牌。大力弘扬科学家精神。利用科技部优势，开展院士与青年面对面交流会，组织青年聆听老科学家们干事创业的动人故事。组建科技部志愿服务小组，累计组织近百人次参与 CCUS 论坛、科协地热展等志愿服务，特别是在中国科技馆常态化开展讲解志愿服务工作，得到了馆方的高度认可，并获得“中国科技馆 2023 年度优秀志愿服务组织单位”荣誉奖项。

把有意义的工作做得有意思。创新开展了“我向基层学到了”活动，组织青年深入科研生产一线学习调研，在不影响基层工作的前提下，亲身参与一次倒班、现场感受开车、体验加油工人的一天，组织青年在活动分享会上交流所感所思，最终形成十多篇调研报告。

把有活力的组织做得有魅力。加强“青年之家”建设。举办信息化培训及公文讲座，为青年提升业务水平搭平台；组织青年参加直属团委举办的英语风采大赛、演讲比赛，助力青年成长；开展诗朗诵、摄影展、“童心向党”画展、北大红楼见学、趣味运动会等文体活动，团结凝聚青年，其中依托科技馆地热展创新举办的“小小探油家”亲子研学活动参与度极高，获得广泛好评。

儋州团支部开展“四季常青”品牌建设

海南石油儋州团支部

“青年文明号”号声嘹亮。打造昌江尖岭西站、东方顺达站青年文明号集体，通过“青”字号集体创建，组织具有特色的青年集体活动和公众开放活动，重点展现青年集体精神风貌，为基层青年打造立足岗位干事创业主阵地。

“青年突击队”突击在前。针对急难险重工作任务，以青年党员、团员为主体组建青年突击队，“突”在攻坚创效第一线、安全环保主战场、基层实践大熔炉。“青年突击队”重点展现青年党员、团员冲锋在前，突出先锋模范作用，对青年员工形成示范带动作用。

“青年志愿者”有爱有心。依托“志愿汇”开展青年志愿者招募，结合业务特点组织志愿活动，尤其在博鳌亚洲论坛、国际消费品博览会等重大活动保障中激发青年活力、发挥青年力量。“青年志愿者”队伍建设，突出展示石化青年活力和创造性，充分调动不同专业背景和特长青年员工，在各项工作中发挥作用。比如，召集安全线条骨干组建“啄木鸟”安全检查志愿队，组织国外留学背景或国际贸易专业背景青年员工组建自贸港政策研究小分队等。

青干”担大梁挑重担。组织立足岗位创效活动，计划性选树青年骨干和集体，通过活动开展，给青年压担子、加任务，以过程跟踪和指导的方式打造青年先进典型，帮助青年骨干在岗位创效中学本领、增才干，树立不怕苦不怕累，勇挑各线条重担精气神，争做新时代好青年。

三储备三运用　引领凝聚青年

九江石化储运运行部团支部

强党的创新理论储备。开展“循着习近平总书记足迹、体悟新时代青年使命”系列主题团日，沿着总书记考察江西路线实地学习，深刻体悟重要指示精神；沿着总书记成长足迹，组织学习《习近平的七年知青岁月》等书目，感悟领袖的为民情怀；利用“青马小组”平台，分模块组织“四史”学习研讨，深化团员青年“四个认同”。建立团员青年理论学习档案，推动理论学习成果在“双向培养”和推优入党工作中运用。

强形势任务知识储备。开办“我来讲形势”青春课堂，邀请运行部党支部书记、经理、劳动模范、团员青年，公司团委委员、青年理论宣讲员从不同视角为青年讲清形势，解决好“如何看”的问题；聚焦实际任务，开展“三个问题”大讨论，对标对表、对照需要、对比先进，制定具体举措，解决好“怎么干”的问题。组建安全作业监护、VOC 检测、技术攻关等青年突击队，推动形势任务学习成果在安全生产、创新创效等建功实践中运用。

强技术技能知识储备。打造青年晚班微课堂品牌，青工全员上讲台，讲风险识别、讲操作要点、讲工作原理；机制性开展设备知识、消气防实操、“技能三强”、技术论文撰写等青工竞赛，促进青年练强本领、增长才干。建立青年人才活页夹，链接“三支队伍”人才库，推动技术技能学习成果在人才培养、推优荐才等服务青年成长成才实践中运用。

第二节 组织动员青年

“三步走”工作法

燕山石化公司储运厂西区团支部

第一步，上好两堂课，当好组织动员青年的引路人。上好思政课，筑牢青年思想根基。支部书记每周讲学，支部委员每日领学，团员青年结对自学，以“讲学 + 领学 + 自学”的方式，强化青年思想基础。上好提升课，加快青年能力提升。制定青年专属“培训菜单”，打造“班组长带领学，专业技术人员配合讲”讲师团队，利用“实战作业”，将学习“搬到”现场，提升青年专业素养。

第二步，搭建两个平台，当好组织动员青年的铺路人。搭建青年建功平台。以“号手岗队”品牌建设为抓手，紧密围绕生产经营存在的突出问题开展技术攻关；开展隐患“啄木鸟”活动，发现跑冒滴漏及时整治等。搭建青年展示平台。开展“今天我是主讲人”活动，领导为青年布置课题，青年围绕本职工作、业务知识、经验分享三个方面自备课件，经审核确保内容有“干货”接“地气”，锻炼提升青年从能干到能讲、从现场到讲台的能力。

第三步，完善两类保障，当好组织动员青年的贴心人。办好实事好事，服务青年。为青年配齐思想导师，确保思想引导和心理疏导工作覆盖到每一个班组、每一名青年，及时解决团员青年急难愁盼问题，提升团员青年的幸福感、安全感、归属感。开展共建活动聚拢青年。通过团建共建活动，与其他团支部联合开展活动，丰富团员青年文化生活，寓教于乐，联谊交友扩大“朋友圈”，增强青年凝聚力。

创新“1+N”工作法，聚力青年攻坚创效

贵州石油六盘水石油钟山团支部

贵州六盘水钟山团支部在上级团委和同级党委的领导支持下，坚持“党建+团建”深度融合，创新“1+N”人才培养工作法，组织动员青年聚焦中心工作，围绕市场拓展、新能源发展、施工管理、风险防控、损耗管理、现场服务等开展项目攻坚。

依托1个工作室，榜样引领激发青年干事热情。钟山团支部依托已创立的（钟山加油站）劳模创新工作室，将青年工作室与劳模工作室合并设置，充分发挥先进人才带头模范作用，在年仅34岁的六盘水市劳动模范张超的带领下，利用工作室经验传授、工作比拼、成果展示等平台功能，开展青年理论学习、青年技能培训、师带徒等工作，动员青年员工以先进青年为榜样，立足岗位、精进技能、争优创先。

成立N个项目组，聚焦重点动员青年创新创效。钟山团支部全力搭建青年员工成长历练平台，动员青年员工围绕年度重点工作、阻碍经营管理效益提升的瓶颈问题、短板或“痛点”问题，推荐优秀青年主动参与竞聘，组建团队，成立青年人才项目小组，跨区域、跨部门联合开展课题研究，目前已成立新能源工作、风险防控提升、安全攻坚、降本节费、施工项目、市场拓展等13个青年项目组，新能源车辆喷淋灭火设备、“三层三群”沉浸式客户开发、“一查二看三清理”快速巡检等一批创新研究成果在实际工作中得到广泛推广，获得企业认可。

聚力“三提升”，引领青年绽放青春之花

云南石油玉溪红峨团支部

聚力党建引领提升，强化支部运行活力。抓实党建带团建工作，每年初根据党支部工作重点制定团支部工作任务清单，实现党、团支部有效联动。对标党支部开展团支部规范化建设，落实“党建带团建”实施细则要求，从“挖掘、发展、培养”三点发力，团支部书记由党支部委员兼任，青年工作组组长由优秀青年站经理兼任等，选优配强团干部队伍，发挥引领示范作用，不断提升支部运行活力。

聚力组织建设提升，强化青年工作纵深维度。结合所在地“地区广、民族多”的特色，抓实“青年工作组”建设，做到“青年在哪里，工作组就建在哪里”，实现青年工作全覆盖；突出地方特色打造“一团一品”，在彝族“火把节”期间开展志愿服务活动，组织易捷商品“摆摊”营销活动。围绕中心、服务大局，组建青年服务示范队到各加能站开展互查互学，指导落后站点提升服务水平、加强自身建设；成立青年突击队，在基层急难险重工作中冲锋在前，近 3 年组织 140 余人次开展各类帮扶 30 次。

聚力综合能力提升，强化青年组织战斗堡垒。持续开展团干部教育培训、参观红色教育基地等工作，夯实思想根基。连续 10 年到敬老院、特殊教育学校等地开展“特别的爱给特别的你”爱心公益活动，高考期间开展爱心助考活动，履行社会责任、彰显企业担当。加强与属地团支部共建，强化沟通交流，激发青春活力。

“三创三助”工作法　构建青年科技创新建功体系

石油勘探开发研究院京外团支部

创成长平台，助推青春担当。建立“团员讲堂—青年论坛—雏鹰计划”三级青年成长平台，给予团员青年锻炼自己、展现才华的机会，有力助推团员青年从职场小白到技术骨干的快速转变。团员讲堂鼓励团员青年走上讲台，青年论坛引导团员青年展示科研进展，雏鹰计划鼓励青年科研人员开展基础前瞻研究。从走上讲台敢于发声，到踏上论坛善于发声，再到创新理论付诸实施“三部曲”，把团员青年“金点子”“好想法”付诸实施，拓宽青年人才创新渠道。

创建功平台，助推青春绽放。面对艰苦地区野外地质考察、紧急重要科研攻关等任务时，组建青年党员先锋队和青年突击队，以实际行动发挥“跟我上”的引领作用。油气勘探开发前线工作量大，工作节奏快，成果要求高，团员青年扎根一线，在羌塘野外、新疆荒漠、四川山区……到处有党旗飘扬，见青年行动。其中，羌塘5000米高原上的青年科考队故事入选中国石化优秀故事百篇。

创交流机制，助推青春搏击。鼓励发声，指导督促团员青年积极参与国内外学术交流会，帮助青年员工开拓视野，鼓励发声，加速从满腹经纶的学生转变为创新创效的员工。挂职锻炼，让科研骨干到油田企业、管理骨干到研究院挂职关键岗位，激励年轻干部立足岗位担当作为，多名青年已成长为中层干部、专家。制度激励，制定青年人才奖励实施细则，设立青年科技人才奖和青年技术创新奖，激励青年人才凝练创新成果。

“三型双带”工作法

西北石油局采油三厂团总支部

采油三厂团总支部为进一步健强青年员工全面、立体的培养体系，始终立足分层教学和分类培养两个着力点，探索形成了“三型双带”工作法，旨在适配青年员工多元的成长需求和岗位的发展需要。

构筑“三型”能力提升模式，实现梯次培养全覆盖。“名师带高徒”强引领，依托油田各专业领域专家，对40周岁以下业绩突出、综合素质较高的青工“一对一”培养，使其成为高层次青年拔尖人才。“导师带优徒”提能力，以具备高级及以上任职资格的专业群体为主要师资力量，针对35周岁以下有较大发展潜力的青工“一对一”培养，全面助其成为专业领域行家里手。“老师带新徒”促融合，针对新入职员工开放和多元思维特点，以工作5年及以上且表现优异的职工定向培养新职工，扣好入职转型的“第一粒扣子”，快速适应并融入企业高质量发展现实需求。

做实“双带”复合培育模式，实现综合培养全方位。思想导师拧好“总开关”。依托党纪学习教育、“牢记嘱托、感恩奋进，创新发展、打造一流”主题行动等，分层分类宣讲党的创新理论，以及中国石化、油田公司发展形势，凝聚发展共识，筑牢成长成才根基。充分释放“一对一”思想政治工作效能，及时掌握徒弟工作生活动态和思想趋势，确保其“知形势、明责任、勇担当”。业务导师传授“真本事”。聚焦培训提能力、轮岗激活力以及比武晾成绩等，开展不同业务领域的岗位培训，全面促进徒弟掌握油气生产程序中的各项流程，实现多岗位的历练交流，全面提升徒弟的综合业务水平，依托劳动竞赛、技能比武等载体充分展示徒弟“学有所成”的工作业绩，积极营造“比学赶帮超”浓厚氛围。

建强“三个平台”工作法

新星公司新能源研究院第一团支部

建强理论武装平台、提升政治素养。依托“三会一课”、主题团日等，积极组织团员青年学习党的创新理论，坚持读原著、学原文、悟原理，支部书记带头领学、深入解读，团员青年提前自学、认真思考，并围绕“贯彻二十届三中全会精神、推进科研体制改革”等主题开展研讨，推动广大团员青年对党的创新理论的思想认同、情感认同不断增强，对企业发展形势、责任使命的认识不断深化。支部 1 名团员当选集团公司直属团委委员，带动青年政治判断力、政治领悟力、政治执行力全面提升。

建强学术交流平台、深化建功实效。总结前期开展“青年小讲堂”的好做法，将其升级打造为“星火讲堂”学术交流平台，鼓励团员青年走上讲台，全方位展示专业技术领域前沿信息、示范科研项目研究进展、技术方法路径创新、科研成果转化展示、小改小革创意展现等成果，搭建了团员青年成长和发展的广阔平台，支部 1 名团员获得“闵恩泽青年科技人才奖”，参与的科研项目获集团公司科技进步三等奖、中国非金属矿工业协会科技进步一等奖，进一步激励了团员青年在科技创新领域建功立业。

建强志愿服务平台、提振精神面貌。在抓青年志愿服务活动的实效性、针对性上下功夫，组成青年团队专项服务保障中国石化“拥抱双碳、共赢未来”地热科普展，先后服务观众 40 余万人次，积极参加世界地热大会青年志愿服务项目，组织支部团员青年科研人员面向社会公众开展“热氢风光”新能源专业知识科普，展示了公司新能源产业发展成果，提振了新星青年的精气神，受到社会公众的广泛好评。

“三个三”工作法

塔河炼化炼油第二作业部团支部

建立“三个机制”。团支部建立组织、保障、评价机制。坚持党建带团建，党总支专项听取团支部工作汇报，部署研究团的重点任务。选优配强团干部，以年度述职、民主评议、签订目标责任书督促责任落实。建立团干定点联系班组青年制度，为组织动员团青参与生产工作提供保障。组织专题学习、“青年大学习”，确保团青在政治上、思想上与党中央保持一致，坚定不移地贯彻执行党的方针政策。

实施“三项激励”。团支部实施成长、荣誉、关爱激励。提供职业规划指导和技能培训机会，开展名师带徒，制定“青工基本功训练33法”“SOP卡”标准化操作指南130个，帮助青年快速成长，2人获自治区、中石化青年岗位能手。评比季度团员明星、团青标兵、名师带徒，会上表彰、阵地亮相，激发团青工作热情和服务意识。因公司地处南疆地区，为丰富青年业余生活，开展冬至包饺子、电竞大赛等活动，举办4次青年联谊，5次EAP团辅，增强青工幸福感和归属感。

聚焦“三条主线”。团支部聚焦生产建设、安全环保、创新创效。组建4支青年突击队，在绿氢示范项目、装置大检修等重点工作中发挥生力军作用。“全国首个万吨级绿氢炼化项目”青年突击队事迹入选全国优秀青年突击队案例。深化青年安全生产示范岗工作，动员青年撰写安全文章69篇、选派青年参加安全演讲比赛、参与安全随手拍和“低头捡黄金”等活动，树牢预防为主的安全理念，9名青年获评公司“安全卫士”。吸纳青年参与创新工作室技术攻关和生产优化，组织申报并荣获自治区“五小”创新成果71项。

“智慧施工管理 Plus”团建工作法

上海工程公司施工管理部团支部

“线上 + 线下打造”思想引领新模式。通过线上会议开展“引领式”学习，邀请党支部书记讲团课，坚持读原著、学原文、悟原理，通过集体研学共享学习感悟与成果。线下充分发挥各项目所在地红色教育阵地资源，走进革命旧址开展研学实践，进一步深化青年精神素养提升成效，团支部引领力显著提升。

“榜样 + 青年”发挥团青建功新动能。聚焦现场直接作业环节安全管理创建青年安全生产示范岗，荣获上海市青年安全生产示范岗；立足项目一线施工、质量、安全管理，争当青年岗位能手。上海市青年五四奖章（个人）、上海市青年安全生产岗负责人、公司优秀青年突击队队长为支部团员青年传授经验，号召团员青年在平凡岗位上攻坚克难，成为“有理想、敢担当、能吃苦、肯奋斗、善作为”的新时代上海工程好青年。

“甲方 + 乙方”开拓多元共建新方法。坚持“党有号召，团有行动”，在严格落实党建带团建的基础上，各项目青年党员、团员积极与业主、参建单位开展劳动竞赛、互学互访、志愿服务、体育比赛等活动，开拓党团共建、团建共建的新方法。目前已与天津石化、镇海炼化、海南炼化等系统内外单位“共建组织、共抓队伍、共享资源、共谋发展”，真正凝聚起“甲方乙方都是一方”的奋进合力，实现了参建各方优势互补，为项目建设筑牢坚实的组织根基，团支部服务能力更加完善。

第三节

联系服务青年

"1+3"联系服务青年工作法

江苏油田采油二厂地质研究所团支部

"1"为落实一项制度。严格落实团干部直接联系服务青年工作制度，要求团支部书记每年"面对面"联系服务6名团员青年，两名支部委员各联系服务5名团员青年。团支部通过持续开展好"走访寻"活动，充分运用问卷调查、青年座谈会等形式，深入调研团员青年的思想动态、价值取向、行为方式、工作生活情况以及对企业发展和共青团工作的意见建议，切实提升团支部服务青年的针对性和实效性。针对青年普遍反映的工作压力较大、存在"本领恐慌"等问题，组织团干为联系青年开展心理疏导、结对互助。

"3"为打造三个阵地。努力打造思想引领阵地，通过"三会两制一课"、主题团日、谈心谈话等方式，组织青年及时深入学习党的最新理论成果、集团公司及油田各项会议精神，引导团员青年始终坚定"永远跟党走"的理想信念，积极践行"端牢能源饭碗"嘱托。努力打造岗位成长阵地，持续开展"青舞飞扬"青年学习社活动，按照团员青年需求定制"学习套餐"，邀请优秀青年干部、技术骨干分享工作经验，形成以平等互助为原则、自发学习为特色，资源整合为平台的群众性学习团队。扎实推进"3+1"导师带徒工作，为新入职大学生配备学术导师、现场管理导师、现场操作导师和青春导师，护航团员青年成长成才。努力打造青年之家阵地，根据青年的兴趣爱好搭建起读书分享会、羽毛球兴趣组等特色各异的交流平台，定期组织开展志愿服务，持续开展好红色剧本杀、微信健身打卡、青年联谊等活动，不断丰富青年业余生活。

关爱成长　服务成才
打造“暖心筑梦”团支部

地球物理公司胜利分公司团委 SGC2101 队团支部

关爱团员青年生活需求，打造服务“暖心”支部。为全面掌握新入职团员青年的思想、需求等情况，团支部每年都在第一时间开展新入职员工专项调研。在了解到团员青年希望在厂区附近居住的需求后，该支部积极向上级组织反映，配合分公司党委建设完成“青年人才公寓”，洗澡间、电视、无限网络等设施以及各类生活用品一应俱全，使团员真正感受到组织的温暖。工作之余，协调开放分公司文体活动场馆，尽力满足团员精神文化需求。

探索开展联建共建，提升支部凝聚力。联合 SGC2102 队团支部、胜利油田物探院处理二室团青工作站共同开展了“团青共建、联动联心”青年联谊活动。通过“集体联谊、书香联诵、项目联动、观影联忆、共建连心”等形式，进一步强化了团员青年之间的沟通交流。团支部积极开展“沟通，从心开始”“新起点、新跨越、心连心”等主题团日活动，团队凝聚力得到有力提升。

扎实开展“导师带徒”，助推团员成长“筑梦”。坚持“量身定制”，每年根据新入职团员的专业特长、兴趣爱好、性格特点，为每一位团员配备 1 ~ 2 名优秀青年“导师”。组织签订导师带徒协议，不定期开展谈心谈话，充分发挥好“导师”“传帮带”作用。在史南胜北项目施工期间，组织青年“劳动竞赛”，召开团青工作表彰会，团员岗位建功本领得到有力提升。近年来，先后培养出石油工程公司“铁军名匠”、分公司“物探工匠”各 1 名，15 人次在各类技能竞赛中获奖。

联系服务青年"三心"工作法

联合石化第三团支部

"成长事"上心做。聚焦集团公司各大竞赛和各类评优评先，坚持全员动员、层层选拔，发动团队力量打造金牌选手，不断树立青年标杆、赛出青春风采。搭建青年业务提升平台，常态化承办"联化讲堂"、按季度举办"学思享"主题团课，围绕经营管理热点，推动团员青年争当"朋辈导师"。提高青年横向交流力度，以基层团组织共建为桥梁，促进跨专业跨领域间青年群体的业务融合。

"关心事"用心帮。发动青年志愿服务力量，成立志愿服务支队，每年定期开展办公场所清洁、闲置衣物置换、血压测量、手机清洁等服务。关注青年婚恋交友需求，根据时下青年兴趣爱好开展匹克球、咖啡品鉴、烘焙体验等各类"青年周末时光"活动，与市属医院、在京央企等企事业单位常态化合作开展交友联谊，拓展青年"朋友圈"。

"烦恼事"尽心解。落实团干部联系服务青年要求，实现青年思想动态摸排全覆盖，定期举办"青年茶话会"主题团日，聆听青年心声，共话成长发展，织密团青组织"连心网"。做好重点群体关心关爱，为新入职员工举办迎新仪式做好答疑解惑工作，为育龄青年提供儿科科普讲座，细化暖心服务举措。深化"青年之家"阵地建设，结合青年实际需求，配备图书、桌椅、咖啡茶水台等软硬件设施，提供会议、阅读、沙龙、授课等多功能服务，着力提升服务温度。

联系服务青年“4个1”工作法

黑龙江石油黑龙江哈尔滨石油团支部

完善一套多部门协作机制。把握党建带团建关键点，围绕青年员工所需所想所盼，建立多部门协作运行机制。与组织部精准制定“远航计划”，做实团青品牌建设等工作，进一步畅通青年员工成长通道，现已培养储备机关、基层管理岗后备青年人才22人。

打造一支高素质服务队伍。创建“团干+技师”青年服务队，系统制定“中长期”联系青年计划，以“面对面”“一对一”的方式每月到站与青年开展谈心谈话，给员工进行精准画像，有序开展“点穴式”帮扶，实施“定制化”指导，切实做到“哪里困难帮哪里”“哪里不会补哪里”，解决员工在思想动态、技能提升、家庭生活等方面问题，为公司高质量打造“油气氢电服”综合能源服务商目标源源不断注入源泉活水。

建设青年服务一件事平台。持续推进“我为青年办实事”，常态化调研，精准化问需，搭建青年服务平台，办好暖心小事，联合省直机关工委开展联谊交友，促成更多员工找到心仪对象，及时完善宿舍配套设施，建设完善EAP活动室，配备健身器材、学习书籍等，切实为公司青年职工解决急难愁盼问题。

畅通线上青年交流渠道。通过“青春之声”“青年云讲述”“龙江一线奋斗者”等公众号专栏强化网上共青团建设，把党的先进理论传导下去；利用团支部微信群、微博等社交媒介，构建责任清晰、覆盖面广泛、渠道畅通的青年线上交流体系，收集基层青年员工思想动态。

坚持“三聚焦”服务青年、凝聚青年

石化出版公司第一团支部

团支部坚持“三聚焦”创新服务青年工作，聚焦政治引领、聚焦人才培养、聚焦志愿服务，将团青工作与生产经营相融互促，用实际行动书写了多彩的青春篇章。

一是聚焦政治引领，找准“着力点”。在公司团委组织下，团支部积极参与党组织书记讲“五四”专题团课，明晰公司当前发展的形势任务，以党建带团建，做到党组织有号召、团支部有行动。邀请优秀共青团员、公司优秀青年代表等进行分享互动，为支部优秀成员提供交流平台，做到学有榜样、行有方向。

二是聚焦人才培养，建好“蓄能池”。勇于打破部门间壁垒，针对成员各自性格特点成立学习小组，建立多元化培养途径，形成常态长效的青年成长支持机制。根据个人发展方向邀请公司专家担任导师，开展“因材施教”，提升业务技能，做到协同培养、合力强基。

三是聚焦志愿服务，驱动“助推器”。组织支部成员参与中国科学技术馆展厅志愿讲解服务，为观众讲解“一滴油”的前世今生，使观众深刻感受到“石化科技”的魅力。团支部将以此为契机，为石化科普传播，擦亮中国石化“文化名片”贡献更多的青春智慧与力量。

联系服务青年"三问三提升"工作法

中原石化烯烃一部团支部

问需青年，提升精准服务获得感。一是坚持问题导向。采取思想动态调研、座谈会、谈心谈话等形式，了解青年需求，制定问题清单，逐一解决处理。二是坚持分类施策。面向住宿青工、新入职职工、单身青工等不同群体，有针对性地开展入户走访、新职工一对一迎新帮扶、单身青年联谊等活动。三是坚持办好实事。针对青年需求，开展"公寓大扫除""添置文体用品""形势任务宣讲"等活动，为青年解困惑、去烦恼、提信心。

问计青年，提升关爱服务满意度。一是用好青年园地。每季度组织团员青年在"青工之家"开展"剧本杀"、乒乓球、桌球竞技等文体活动，提升凝聚力。二是深化节日关爱。把握"春节""中秋""冬至"等节日节点，开展"迎新春送祝福""中秋青工慰问""冬至包饺子"等活动，传递组织温暖。三是培养健康情趣。组织青年读书交流、"红色基地参观寻访""相约运动场　为青春加冕"等活动，促进青年健康成长。

问效青年，提升成长服务加速度。一是搭建"传帮带"平台。持续推进新员工"双导师"带徒、组织拜师仪式等，助力青工快速成长。二是搭建"竞技"平台。组织开展"学技争先，争做活流程""青年安全知识竞赛"等活动，开展"青年技能标兵""青年安全先锋"评选，助力青年提技能、快成才。三是搭建"推优"平台。积极开展推优入党、推优荐才、推优参训、推优参赛，做好青年人才的发现、推荐、培养和跟踪，拓宽青年成长渠道。

“三心”工作法 “零距离”联系服务青年

金陵石化烷一车间团支部

烷一车间团支部落实团干部直接联系服务青年工作机制，推进实施“1+10”项目（即每名团干部联系10名左右团员青年），以“细心”“热心”“精心”工作法确保联系服务青年“零距离”。

用“细心”了解青年。动态调研、搭建桥梁。采取“线上+线下”模式调研团员青年思想动态，有针对性地开展团青活动。聚焦活动策划的互动性和参与感，搭建连接青年与组织之间的桥梁。建立跟踪机制，回访活动参与者，采纳合理建议，不断完善服务，保障活动内容始终贴合青年实际需要，赢得青年肯定和支持。

用“热心”服务青年。用心倾听、办理实事。开展我为青年办实事工作，收集归纳分级分类青年“小需求”，积极寻求党政支持协调解决。建立反馈机制，让合理需求得到快速响应，努力做到件件有着落，事事有回音，打造以“送温暖”“显真情”“助成长”为主题的团支部文化。

用“精心”凝聚青年。搭建平台、丰富生活。开展宿舍走访送温暖、青年员工EAP、青工座谈会、趣味运动会、素质拓展等活动，促进团员青年间沟通交流，增强青年集体归属感和向心力。在春节期间策划主题观影、迎新春包饺子、除夕年夜饭、“一封家书”等“情暖金陵 共贺新春”系列活动，让坚守岗位的青年职工感受到家的温暖，打造充满活力和关怀的青年活动平台。

“三优”工作法构建青年成才新格局

共享南京分公司扬州服务部采购付款部团支部

思想培优。团支部以“明计划、扣热点、抓闭环”为工作导向，让青年政治思想教育紧跟时代步伐。不断丰富学习模式，突出抓好学用结合、学以致用，依托“三会两制一课”开展政治理论原汁原味学、讨论思考学，依托红色教育基地开展党史团史沉浸学、互动学，邀请行业前辈讲团课开展石油石化精神传承学、实践学。创新开展“手拉手，一帮一”党团结对活动，邀请党支部书记解读国家重大政策、重大会议精神，青年的思想自觉、政治自觉、行动自觉显著增强。

能力育优。打造“青苗”支部品牌，以服务青年专业素质提升为目标，营造同进步同提升的浓厚学习氛围，组建 RPA 兴趣小组、考证专业小组、英语互动培训班，日常开展“练 + 赛 + 研”检验学习成效；开创“向外管理”新思路，积极向党委、团总支争取政策制度倾斜、导师资源支持，向石油石化驻苏团青组织争取创新项目、创新思路共享，向团市委、地方高校争取学习交流机会，充分为青年专业素质提升打基础、建平台、争资源。

科学推优。建立青年成长轨迹可视化模型，通过科学赋值、数据计算、图表分析，定期生成青年成长“凭证”和“报表”。团支部灵活运用“报表”结果，分析青年职业合适的发展方向，并向目标部门精准推荐青年人才，帮助青年明晰职业规划，助力青年以饱满的工作热情岗位建功。

第四节 加强团支部建设

“三抓三创”工作法锻造青春堡垒

河南油田勘探开发研究院联合团支部

抓青年思想引领，创建“学习型”团支部。坚持把加强青年思想政治引领工作作为经常性、基础性工作，通过“青年大学习”、“三会两制一课”、主题团日、青年宣讲、联学联讲等形式，持续打造石化青年紧跟党走的思想高地。坚持邀请党支部书记为团员讲授形势任务教育专题团课，邀请“老石油”“老党员”讲油田发展史，与区域内团支部联合开展“三个问题”大讨论、主题团日等，建立互帮、互学、互助的长效机制，持续构筑石化青年精神高地。

抓青年人才培养，创建“规范型”团支部。针对团员基本情况，开展人员大梳理工作，摸清底数。在科研人员一体化管理的背景下，与科研项目一体化攻关团队相结合，创新建立一套由“师带徒”传承式培养、“联建合作”订单式培养、“技术交流”互动式培养组成的青年人才培养机制。以破解“卡脖子”技术难题为目标，开展22期“青年技术小课堂”，邀请油田专家、青年技术能手进行授课，帮助青年科研人员掌握最新的理论技术和研究方法。

抓联系青年实效，创建“服务型”团支部。坚持问题导向、需求导向，支部委员明确责任区、服务对象，全覆盖开展团员青年“一对一”谈心谈话，坚持“一人一策”，提出对策措施，推动解决青年普遍性问题和现实性需求。积极协调各方力量、整合各类资源，围绕青年在婚恋交友、子女教育等方面的现实需求，积极开展地质研学、企地青年联学共建、红泥湾社区义工志愿服务等小型多样、青年喜闻乐见的活动。

“五大引领”齐聚力　建强青春团组织

新疆石油吐鲁番石油分公司机关团支部

政治引领“主心骨”。将习近平新时代中国特色社会主义思想，习近平总书记视察胜利油田、九江石化重要指示精神作为团支部组织生活的“第一议题”，扎实推进青年大学习、大讲堂行动，教育引导广大机关的广大团青自觉感党恩、听党话、跟党走。

思想引领“风向标”。聚焦为党育人，把支部团员青年的思想教育放在首位，严格落实“三会两制一课”制度，持续巩固“青春心向党，建功新时代”主题教育实践活动成效，以参观红色基地等活动为载体，用青年人听得懂、听得进去的方式，帮助机关党支部团青坚定理想信念、理清形势任务。

服务引领“新阵地”。持续扩大机关团支部品牌的影响力和号召力，先后组织团青前往村集体、农田、社区、乡村小学等多地开展志愿服务帮扶活动。在吐鲁番当地的战疫工作中，号召并组织机关团支部团员青年，冲向疫情防控最前线，以实际行动不断向社会传递石化温暖。

实干引领“集结号”。围绕新时代石化青年员工能力提升工程，注重育练并举。设立基础工作大讲堂、练兵台。在各类节日期间，成立“团青突击队”，主动靠前攻坚冲锋，前往经营任务重的加能站帮扶，为基层减负的同时，磨砺本领、增长才干。

榜样引领“千层浪”。大力选树并宣传先进团青典型，搭建榜样与青年对话的平台，用榜样的力量激励青年对标先进、互学互鉴、奋发成才，实现不怕立足“小岗位”，主动作出“大贡献”，促成“先进来自青年，青年赶超先进，先进不断涌现”的良性循环。

“四抓”助推“青年装置通”工作的创新与实践

广州石化化工二部聚丙烯区域团支部

抓业务技能，掀起培训高潮。以开展各类特色岗位练兵活动为抓手，切实加强青工基本功训练。制定《青工手绘流程技能大比武》方案，实行每月一评比，定期开展消气防竞赛、最强巡检等特色团建。借助石化通平台组织开展“情景题抢答”活动，不断强化青工事故处理能力。开展内操每班一题，外操每日一练，新员工每月一考“三个一”培训。

抓中心工作，聚焦生产攻坚创效。组织青工围绕中心工作，依托“青”字号品牌工作建设，助力“青年装置通”工作落到实处。坚持开展青工长周期运行攻关会，聚丙烯区域作为试点开展此项工作后取得良好成效，部门实施广泛推行。组建青年突击队参与装置消缺、青年安全生产示范岗创建、新产品开发等重点工作，让青工在过程中看到自己的优势与差距，有效鼓舞青工奋勇前进的斗志。

抓成果实效，搭建人才展示的平台。借助部门新材料工作室的平台，区域团支部要求年轻技术人员及大学生围绕降本增效、节能减排、技术改造等工作参与攻关学习。宣传上，开辟了“青年装置通”专栏，将全部青工的阶段目标上墙，在完成目标项处贴上红星，营造“比学赶帮超”的浓厚氛围。

抓成果实效，搭建人才展示的平台。结合《化工二部青年装置通培养和考评试行方案》，区域党支部联合区域团支部详细制定了激励措施。结合区域青工人数实际，统一规定激励金为1500元/个岗位，对于取得公司上岗证，实现跨岗位（装置）操作的青工，实现奖金系数增加0.3的奖励。

搭建“四个平台”，打造科研先锋队

华北石油局采油一厂团委开发研究所团支部

搭建学习平台，强化政治引领。一是建强理论学习小组，认真落实“三会两制一课”，以团内组织生活为载体，深化青年大学习。二是加强青年理论宣讲，组织党团组织书记、青马学员深入班组一线开展宣传宣讲活动，用青年人的语言讲深讲透讲活党的创新理论，教育引导团员青年感悟真理伟力和实践伟力。

搭建练兵平台，提升专业素养。一是搭建技术讲堂，连续举办青工油气藏开发技术大讲堂，邀请专家讲解前沿技术及应用，鼓励青年分享技术创新成果。二是强化导师带徒，推行“师带徒 + 岗位练兵”模式，传承技艺，锻炼青年解决问题的能力。三是创新实践锻炼，深化党建带团建，组织团员青年开展野外剖面观测活动。

搭建竞技平台，展现青年风采。一是擦亮青年动态分析大赛品牌，每季度开展基层动态分析会，让青年技术人员展示成果，接受点评与交流。二是擦亮青年联合攻关竞赛品牌，组建跨专业青年团队，攻坚生产难题，展现青年智慧与团队协作精神，为企业技术进步贡献力量。

搭建服务平台，攻坚瓶颈难题。一是成立青年上产突击队，主动承担新井跟踪任务，从前期调研到后期投产全程跟进，及时解决施工中遇到的复杂问题，确保新井高效投产与稳定运行。二是成立青年创新突击队，聚焦企业安全生产、降本增效等中心工作，发挥青年创新思维与拼搏精神，为企业高质量发展注入更多活力动力。

“三抓建三型”工作法

海南炼化质量管理部团支部

抓思想建设，促建学习型团支部。严格落实“第一议题”学习制度，制定月度理论学习计划表，通过“三会两制一课”“青听习语”“党、团组织书记讲团课”“优秀青年宣讲会”和红色实践教学等方式，深入学习习近平新时代中国特色社会主义思想，引导团员青年增强“四个意识”、坚定“四个自信”、做到“两个维护”。

抓组织建设，促建规范型团支部。持续加大党建带团建力度，党支部书记参与指导基层团支部建设强化年工作，组织“群团工作季度专题研讨会”，党支部支委点对点帮扶制定团建工作标准化措施清单。团支部以工作手册为重要抓手，建立健全会议机制，通过“一列二审三通过”方法，即专人提前罗列学习文件、会议议程，两名支委每月轮流逐一审核修改电子版记录，团支部书记、党支部书记和公司团委三重督导检查确认通过后，规范会议记录撰写和上传系统，保障团组织生活制度化、规范化和标准化，实现团建基础工作“零偏差”，形成团支部建设强化年工作亮点经验。

抓活动建设，促建创新型团支部。以“青培养”为重心，通过成立青年创新小组、技术导师服务团队，围绕岗位分析方法创新、设备仪器优化等方面，高效落实青年“五小”创新创效活动。明确创新积分机制，将积分评比结果与创新经费分配、评优评先等挂钩，激发青年队伍活力，使“小积分”发挥出建强创新团支部的“大能量”。

青春聚力浇灌大山深处的“希望之花”

辽宁石油葫芦岛分公司第一团支部

用心用情陪伴学生成长。结合职业特点和优势，将促进学生成长与提升员工品德修养相结合，支部青年员工走进校园开展形势任务教育和安全知识宣讲，上好学生“思想政治”课和“安全教育”课。5 名青年员工与“优才生”结对开展石化伴学。会同心理咨询协会专家赴学校开展面对面 EAP 活动 10 余次。先后 10 余名青年志愿者全程陪同 60 名“优才生”和 20 名优秀教师代表分两批次开展研学活动。

挺膺担当助力硬件改善。针对师生“急难愁盼”需求，辽宁石油先后捐赠智能黑板、课桌椅等价值 100 余万元教学设备设施。每一次捐赠，从信息收集、实地调研、物品搬运、设备验收等都有支部团员青年的踊跃身影。今年 8 月，学校驻地遭遇历史极值洪灾，支部迅速响应，组织 10 余名青年志愿者，通过人拉肩扛将 12900 余件应急救援食品送达受灾群众手中，对校内操场、教室等清淤保洁消毒，保障学校如期开学。

主题团日共建校园文化。支部积极践行落实立德树人根本任务，将主题团日活动与开展学习辅导、打造文化墙、设置宣传栏等结合开展，多种方式培育特色校园文化。在学雷锋纪念日当天，支部协同公司团委，邀请十九届中央候补委员、“当代雷锋”郭明义赴学校讲授“开学第一课”，期间，郭明义对该支部工作给予高度评价，并寄语青年志愿者：把雷锋精神和石油石化优良传统结合起来学习，用“苦干实干”“三老四严”激励自身成长，学雷锋、树新风，学铁人，立新功，像王铁人和雷锋一样能奋斗、能吃苦、能奉献。

“三聚焦”工作法激发青年创新活力

西南石油工程公司井下作业分公司酸化压裂队团支部

为提升青年员工专业技术能力，激发青年员工创新创效动能。井下作业分公司酸化压裂队团支部打造青年创新工作室，积极探索创建“三聚焦”工作法。

聚焦技术创新，集成攻坚“深地工程”。围绕川渝地区天然气开发，开展多项技术攻关集成、新技术的探索应用。针对深层页岩气藏、深层海相酸性气藏、深层致密砂岩气藏开发等，共发表论文12篇。在川西筇竹寺区块资阳2井完成施工获得高产，实现了四川深层页岩气重大勘探突破。

聚焦设备研发改造，打造智能压裂现场。以提升施工效率和压裂设备智能化水平为核心，成立多个攻关小组，围绕配套作业、主体压裂、现场保障等方面，通过小改小革、合理化建议、QC项目、设备改造等方式，对现有设备进行升级改造，开展新设备研发。自2021年工作室成立以来，取得专利18项、QC成果7项、小改小革31项。

聚焦青年员工培养，培育高素质人才队伍。打造“青年大讲堂”，围绕酸化压裂、试油（气）、修井等专业技术难点，开展复杂情况研讨、施工设计手册编写、现场实践论证，提升青年处理复杂问题的能力。制定青年人才培养方案，以“师带徒”、青年论坛、项目攻关、答辩考核为载体，分阶段递进式进行培养，实现青年人才能力素质再提升，培养出中层专家1人、基层副职5人、副主任师4人、主管技师2人；作业队（副）队长、指导员9人等一批优秀青年人才。

协同联动　三“团”工作法

南京工程公司安装工程室团支部

党建带团建，激发“团”活力。团支部建立常态化向党支部汇报共青团工作机制，形成了“党建带团建，团建增活力”良好局面。定期围绕中心工作邀请党支部班子成员讲授主题团课、开展形势任务教育，引导青年同心同向、笃行实干；党支部书记经常性参与团青活动，与青年面对面座谈交流，将党的关怀和温暖送到青年的“心坎上”，不断激发团的组织活力。

强基筑堡垒，夯实“团”基础。团支部严格规范团员教育管理，注重将团员“三会两制一课”现实表现与团内激励、评议有机结合。加强组织运维，及时做好石化党建平台团员信息录入、转接工作。把“推优入党”作为团支部履行政治功能的重要抓手，积极向党组织输送新鲜血液。坚持团员青年学习教育主题化、日常化，聚焦主责主业，旗帜鲜明做好青年思想政治引领工作。

搭台促成长，展现“团”风采。团支部坚持围绕青年成长发展的现实需求，创建“青年榜”特色品牌。通过常态化开展“青享会”“特色英语研学”等活动，为青年搭建互学互鉴、交流提升的平台；通过开展“SP3D 三维建模大赛”“设计技能竞赛”等活动，以赛促学、以学促行，切实提高青年专业技能水平。在活动中注重探寻青年成长特质，强化结果运用，选树先进典型，打造“学—赛—榜”示范阵地，并借助公司团委企业文化故事会、英语风采大赛、新媒体等平台，多次讲述青春与企业“共成长”的奋斗故事，用身边人、身边事带动更多青年挺膺担当、砥砺奋进，为企业高质量发展贡献青春力量。